权威·前沿·原创

皮书系列为

“十二五”“十三五”国家重点图书出版规划项目

智库成果出版与传播平台

大洋洲发展报告（2018~2019）

ANNUAL REPORT ON DEVELOPMENT OF OCEANIA
(2018-2019)

变局中的大洋洲对外关系

Oceania's Relation with a Changing Outside World

主　编／费　晟
副主编／沈予加

图书在版编目(CIP)数据

大洋洲发展报告.2018-2019：变局中的大洋洲对外关系/费晟主编.--北京：社会科学文献出版社，2020.5

（大洋洲蓝皮书）

ISBN 978-7-5201-6501-3

Ⅰ.①大… Ⅱ.①费… Ⅲ.①大洋洲-研究报告-2018-2019 Ⅳ.①D76

中国版本图书馆CIP数据核字（2020）第054681号

大洋洲蓝皮书

大洋洲发展报告（2018～2019）

——变局中的大洋洲对外关系

主　　编／费　晟

副 主 编／沈予加

出 版 人／谢寿光

组稿编辑／高明秀

责任编辑／许玉燕

文稿编辑／王春梅

出　　版／社会科学文献出版社·国别区域分社（010）59367078

地址：北京市北三环中路甲29号院华龙大厦　邮编：100029

网址：www.ssap.com.cn

发　　行／市场营销中心（010）59367081　59367083

印　　装／天津千鹤文化传播有限公司

规　　格／开　本：787mm×1092mm　1/16

印　张：21.5　字　数：319千字

版　　次／2020年5月第1版　2020年5月第1次印刷

书　　号／ISBN 978-7-5201-6501-3

定　　价／128.00元

本书如有印装质量问题，请与读者服务中心（010-59367028）联系

教育部哲学社会科学系列发展报告——大洋洲地区
发展报告项目资助
教育部国别和区域研究培育基地——中山大学大洋洲
研究中心2019年度自主研究专项经费资助

大洋洲蓝皮书编委会

主要编撰者简介

费 晟 中山大学历史学系副教授，教育部国别和区域研究培育基地——中山大学大洋洲研究中心副主任，主要研究领域为亚太国际关系史、大洋洲移民问题及澳大利亚社会问题等。

沈予加 中山大学国际关系学院副研究员，教育部国别和区域研究培育基地——中山大学大洋洲研究中心副研究员，主要研究领域为中澳关系、澳大利亚对外政策和国内政治、太平洋岛国等。

摘　要

2018～2019年，大洋洲政治、经济和外交形势依然保持稳定。在政局方面，澳大利亚又一次出现了因党内斗争引发的领导人变更。在执政的联盟党内，右翼议员发起对特恩布尔总理的不信任投票，尽管未遂，但通过部长集体辞职的方式依然逼迫后者辞职，最终由温和右翼议员莫里森继任总理。澳大利亚政治继续保持渐进化右倾的趋势。新西兰及大洋洲主要岛国政局均保持平稳。

从经济层面看，作为大洋洲发达经济体的澳大利亚及新西兰与大洋洲岛国的境况的差异没有出现明显变化，澳大利亚与新西兰依靠资源型产品及服务业出口继续保持经济相对明显的增长，而除个别大洋洲岛国依靠资源型产品出口外，大多数太平洋岛国在更大程度上依赖外来投资、援助和侨汇。以上现象都已经成为大洋洲地区过去15年各项事业发展不平衡的常态。

2018～2019年，大洋洲地区外交活跃，而且围绕外来因素的影响，内部开始分化，选择也随之变化。位于太平洋西缘的中国、韩国及日本都提高了对大洋洲地区事务的参与度，尤其是对大洋洲岛国的援助与外交合作增加。与此同时，大洋洲地区合作领域发生了新变化，澳大利亚与新西兰公开表示将强化对南太平洋岛国的事务，并宣布大幅提高对南太平洋岛国的援助与支持水平，同时要加强与瓦努阿图等国的安全与防务合作。澳大利亚与新西兰外交及国防部门官员发表了对非传统大国在本地区影响力迅速提升担忧的言论，但这遭到许多当事太平洋岛国的驳斥与批评。

对“美日印澳”同盟及“印太”概念的炒作是本年度大洋洲外交与国际事务中的热门议题，无论是相关国家还是周边国家都对此十分关注。尽管作为支柱之一的澳大利亚在美国全球安全体制安排中地位巩固，但是除更新军备外，双方并没有更多实质上的新军事合作内容。

中国与大洋洲关系的发展，也是本年度大洋洲对外事务的重要内容和亮点。习近平主席出席在巴布亚新几内亚首都莫尔斯比港举行的亚太经合组织领导人非正式会议，同时与建交岛国领导人集体会晤，重申了中国的政策立场，赢得了广泛的认可与好评。在“一带一路”框架下，巴布亚新几内亚等国已经成为中国海外投资的重要增长点之一。

关键词： 大洋洲　澳大利亚　新西兰　太平洋岛国　外交关系

目　录

Ⅰ　总报告

Ⅱ　澳大利亚篇

Ⅲ 新西兰篇

Ⅳ 太平洋岛国篇

Ⅴ 专题篇

Ⅵ 附录

皮书数据库阅读使用指南

总 报 告

General Report

B.1 2018～2019年大洋洲地区发展形势回顾

费 晟*

摘 要： 2018～2019年，大洋洲国家发展总体依然呈现不平衡的趋势，尤其是澳大利亚、新西兰与太平洋岛国的发展差异没有改变。该年度，大洋洲各国内政呈现分化的状况，绝大部分国家保持了稳定，但一个突出的例外是澳大利亚政治内耗严重，再次发生了因党内挑战而造成的政府换帅状况。在经济发展方面，增长整体趋缓。尽管澳大利亚与新西兰保持了相对稳定的增长，但太平洋岛国的发展更加不平衡。受国际形势与经济状况的影响，大洋洲区域合作在不同层面有所推进，与

* 费晟，中山大学历史学系副教授，教育部国别和区域研究培育基地——中山大学大洋洲研究中心副主任，主要研究领域为亚太国际关系史、大洋洲移民问题及澳大利亚社会问题等。

域外国家的联系也更趋紧密。值得注意的是，中国因素在各国内政议题及外交决策领域造成的影响越来越明显。

关键词： 大洋洲　经济发展　政局稳定　区域合作

一　大洋洲各国经济低速增长

在宏观经济指标方面，从 GDP 实际增长率来看，2018 年大部分大洋洲国家经济低速增长，只有瑙鲁负增长；增速上，澳大利亚、新西兰两国略快，太平洋岛国则大多放缓。从消费者价格指数来看，2018 年大洋洲国家均呈上涨态势，但涨速总体可控。从经常账户差额占 GDP 比例来看，不少国家的数值为负，汤加、瓦努阿图、帕劳、所罗门群岛呈现连续负增长，密克罗尼西亚、巴布亚新几内亚（或简称巴新）、基里巴斯则保持 10% 以上的贸易盈余（见表 1）。

在投资方面，大洋洲国家具有鲜明的投资特点，从四项投资指标来看，外商直接投资总体大于对外直接投资，且差额较大，反映出大洋洲国家对外投资能力有限（见表 2）。2018 年，外商直接投资一项，除澳大利亚、巴新保持明显增长之外，其他国家均为微增长或负增长，反映出外商对澳大利亚、巴新之外的大洋洲国家信心不足；对外直接投资一项，除澳大利亚、新西兰有较大增长之外，太平洋岛国均呈现萎缩态势，这是由太平洋岛国的较小经济体量、单一经济结构等因素决定的。

澳大利亚情况。澳大利亚到 2018 年已连续 22 年保持 GDP 正增长，2018 年增长率为 2.8%，跑赢发达国家该年的平均增长率 2.2%，宏观经济发展态势良好；2018 年，在美、英、德外商直接投资减少的情况下，澳大利亚外商直接投资保持了 43% 的高速增长，且数值较为可观，总排名第八，在发达经济体中排名第四①，反映出澳大利亚对外资吸引力十足；澳大利亚的经济结构

① UNCTAD, *World Investment Report 2019* (June 2019), p. 4.

也不再简单呈现哑铃型（即第一、三产业过重），而是以服务业为基础，呈现多元化特征①；澳大利亚意识到本国发展与亚太地区（澳称“印太地区”）息息相关，中国因是澳第一大贸易伙伴而被格外重视，但在美国贸易政策转向期，鉴于美是澳最大的投资伙伴和第三大贸易伙伴，澳大利亚在对美贸易上进行了比对华贸易更高级别、更高频次的接触，2018 年初，澳总理带领史上最大规模政府代表团访美，寻求在工业基础设施合作及钢材、铝材关税方面得到美国优待。②

其他国家情况。新西兰与澳大利亚类似，宏观经济态势总体较好，GDP 增速稍快于澳大利亚；根据相关预测，2018 年新西兰出口增长而进口减少，失业率走低。③ 巴布亚新几内亚在 2018 年初遭受了严重地震灾害，工业基础设施和国民经济遭受重创，但该年巴新在 APEC 峰会驱动及大国博弈的背景下，一改过去数年缺乏外资的窘境，得到了可观的投资。2018 年是中国“一带一路”向南太平洋发展的重要一年，中国资本进入巴新水电等项目，值得注意的是，六个大洋洲国家（基里巴斯、马绍尔群岛、瑙鲁、帕劳、所罗门群岛、图瓦卢）在收支平衡和外商投资等方面总体表现不佳。

表 1　2017～2019 年大洋洲国家宏观经济指标

单位：%

国家	GDP 实际增长率			消费者价格指数			经常账户差额/GDP		
	2017 年	2018 年	2019 年	2017 年	2018 年	2019 年	2017 年	2018 年	2019 年
澳大利亚	2.4	2.8	2.1	2.0	2.0	2.0	-2.6	-2.1	-2.1
新西兰	2.6	3.0	2.5	1.9	1.6	2.0	-2.9	-4.0	-4.4
斐济	3.0	3.2	3.4	3.4	4.1	3.5	-6.2	-5.9	-5.1
密克罗尼西亚	2.4	2.1	1.2	0.5	2.0	2.0	7.5	21.3	2.4
巴新	2.4	0.0	3.8	5.4	4.7	4.3	23.5	23.5	21.5

① Australian Trade and Investment Commission, *Why Australia? Benchmark Report 2019* (Jan. 2019), pp. 7－8.

② DFAT, *Annual Report 2017－18* (Oct. 2018), pp. 21－22.

③ IMF, World Economic Outlook Database, April 2019.

续表

国家	GDP 实际增长率			消费者价格指数			经常账户差额/GDP		
	2017 年	2018 年	2019 年	2017 年	2018 年	2019 年	2017 年	2018 年	2019 年
萨摩亚	2.7	0.7	3.3	1.3	3.7	5.1	-1.8	2.3	-0.6
汤加	2.5	1.8	4.6	7.4	3.9	5.8	-6.3	-9.9	-11.8
瓦努阿图	4.4	3.2	3.0	3.1	2.8	2.0	-1.5	-6.9	-8.0
基里巴斯	0.3	2.3	2.3	0.4	1.9	2.1	20.5	10.3	4.3
马绍尔群岛	2.6	2.4	2.3	0.0	0.8	0.2	4.8	3.8	3.4
瑙鲁	4.0	-2.4	-1.0	5.1	3.8	2.5	4.1	-7.7	-7.5
帕劳	-3.7	0.4	2.0	0.9	2.8	2.3	-17.9	-17.3	-16.0
所罗门群岛	3.5	3.4	2.9	0.5	1.0	1.7	-4.2	-6.4	-8.3
图瓦卢	3.2	4.3	4.1	4.1	4.2	3.7	4.2	3.5	-2.0

注：2019 年数据为 IMF 预测数据。

资料来源：IMF，World Economic Outlook，April 2019。

表 2　2016～2018 年大洋洲国家投资指标

单位：百万美元

国家	外商直接投资			对外直接投资			外商投资股票	对外投资存量
	2016 年	2017 年	2018 年	2016 年	2017 年	2018 年	2018 年	2018 年
澳大利亚	45522	42294	60438	328	3320	3635	682866	490986
新西兰	3069	2538	1404	8	-223	404	74764	17075
斐济	390	386	344	-16	-2	-4	4781	90
密克罗尼西亚	—	—	—	—	—	—	235	5
巴新	-40	-180	335	—	—	-343	4563	473
萨摩亚	3	9	17	15	0.1	—	90	18
汤加	9	14	8	1	1	1	446	109
瓦努阿图	22	24	38	1	1	1	607	25
基里巴斯	2	1	1	0.1	0.1	0.1	14	2
马绍尔群岛	-3	5	-1	—	—	—	186	—
瑙鲁	—	—	—	—	—	—	—	—
帕劳	36	27	22	—	—	1	442	—
所罗门群岛	39	43	12	1	7	9	557	67
图瓦卢	0.3	0.3	0.3	—	—	—	8	—

资料来源：UNCTAD，World Investment Report 2019，June 2019。

二　大洋洲国家内政局势分化，澳大利亚变动最大

在大洋洲国家中，澳大利亚与新西兰素以政局稳定著称，但是在2018年，澳大利亚内政局势不太稳定。在1月与2月，澳大利亚执政党及在野党就各有一名议员因个人修为问题被迫辞职。其中，担任澳大利亚副总理的巴纳比·乔伊斯因婚外情丑闻宣布辞去副总理和澳国家党党首职务。在执政联盟中，虽然自由党在一些地方选举中获胜，但党内派系斗争不休，尤其在有关未来大选的民意测验中支持率呈现持续下降态势，党内于2018年8月发生连续政变，最终首相特恩布尔在党内投票中败于前国库部长斯科特·莫里森，造成执政党最近五年中的第三次斗争，也继续了自2007年以来澳大利亚政坛反复发生的因执政党内部斗争导致政府突然换帅的传统，造成了政治精英群体的严重内耗，澳大利亚面临一些政策变化的可能。如此次莫里森上台后，强势的自由党副党魁、时任外交部长毕晓普亦宣布辞职。[①] 相比于以往的挑战换帅，2018年党内斗争的特点是戏剧性格外强烈，特恩布尔遭遇连续挑战，但主动发起挑战且气势逼人的国土安全部长彼得·达顿并未如愿以偿，行事低调的莫里森渔翁得利。这说明澳大利亚政坛已经缺乏公认度较高的领袖型精英。不过，由于澳大利亚政治体制设计的完善性，也由于新任总理的持重风格，澳大利亚社会生活并未因为政府更迭而发生任何动荡。

需要注意的是，这次政府调整也反映了澳大利亚主流政治思潮持续右倾化但又试图避免极端化的时代特点。事实上，从联盟党执政以来，澳大利亚政坛日益保守化的趋势就在持续强化，本身通过党内挑战上台的特恩布尔总理已经因同性婚姻合法化问题遭到党内保守派和在野党批评。此后他推出的包含强制减排目标的节能法案亦遭到党内保守派强烈

① 《快讯！特恩布尔辞职，莫里森将成澳大利亚新总理》，2018年8月25日，环球网，http：//world. huanqiu. com/exclusive/2018－08/12815461. html？agt＝15438。

反对。为平息党内分歧，他被迫宣布放弃强制减排目标，威信严重受损。不仅如此，特恩布尔还被指责在抗旱赈灾过程中措施不得力，此外在2018年4月宣布的保护大堡礁生态环境的巨额拨款中还涉嫌程序不合法问题。随着执政党民意支持率的持续走低以及大选临近，党内议员希望通过换帅来巩固更多保守派选民票仓。相对以强硬右倾立场著称的达顿对此自信满满而发起了挑战，但是在实际投票中并未成功上位，因此通过辞去部长职务表示不满。结果党政斗争持续蔓延，因为支持达顿的部委首长也纷纷跟进辞职，特恩布尔执政团队遭遇结构性崩坍。为此，特恩布尔被迫辞职，宣布退出政坛，随后提名莫里森参与有关继任的党内选举，从而形成莫里森与达顿及毕晓普的三人竞争局面，最终莫里森胜出。与言行张扬强势的达顿相比，莫里森显得更加稳重务实。自诩为自由党温和派的莫里森不像达顿和前总理阿博特那样激进，但在政策上比特恩布尔更右倾，这使他成为党内各派的最大公约数。① 此外，他素来以业务素质高而非政治手腕突出著称，在历次党内政变中保持中庸，人际关系也均衡。莫里森上任后任命了同样以相对温和右派著称的玛丽斯·佩恩为外交部长，同时依然给激进的达顿安排了内阁中内政部长的职位，从实践层面完成了人事平衡。

相对而言，新西兰及太平洋岛国的内政局面较为稳定。新西兰总理在任内宣布怀孕，一度引起关注，但该国政坛两大政党政策取向相对趋同，在经济与地区局势未遭受重大变故的情况下，一如既往保持了稳定。不过，新西兰政坛右倾化也是有迹可循的，在渐进维持并提高社会福利水准（如提升最低工资标准）的政策基础上，新西兰总理阿德恩正式宣布放弃征收资本利得税，且承诺在她领导下政府将永远不会征收资本利得税。新西兰政坛主流趋势的右倾化是温和且不会引发党内派系斗争的，这不仅与该国保守主义政治传统有关，也与该国人均经济发展持续保持较高水平有关。在太平洋岛

① “Australia Emphasizes Tough Stance on People Smuggling,” *Fox News*, 4 June 2019. 参见 https://www.foxnews.com/world/australia-emphasizes-tough-stance-on-people-smuggling。

国方面，各国内政相对上一年度没有明显变化，巴布亚新几内亚因为举办亚太经合组织领导人非正式会议，在强化枪支管控等提高治安水平领域有所推进，但是个别地区如高地省仍然发生了骚乱。这说明巴新国家治理中既有的权力弥散化、认同家族化以及行政低效化的传统问题没有好转。总体来说，太平洋岛国继续保持无政变尤其是无军事政变的风险，令国际社会较为安心。

三　澳大利亚与新西兰在防务与外交问题上积极靠拢美国

在2018年，大洋洲各国在国际事务上就地区合作采取了不同的态度，伴随中国持续崛起并发挥影响力，各国一方面更关注外部因素的变化，另一方面也采取了有差别的应对态度。作为地区核心大国，澳大利亚与新西兰在对外关系上都继续强化对美国的战略跟随政策。

首先，澳大利亚与新西兰虽然与美国特朗普执政团队存在一些分歧，但在国家安全与外交领域都与美国保持了一致，无论是对美日印太合作的配合，还是强化对美双边关系，澳大利亚尤其主动并坚定地表态在全球事务中追随美国的政策。比如12月15日澳大利亚政府决定正式承认西耶路撒冷为以色列的首都，不过决定暂不迁使馆，然而一周后政府又决定搬迁使馆，印尼为此推迟与澳大利亚签订自贸协定，但依然不能动摇澳大利亚政府积极挺美的立场。不仅如此，澳大利亚还通过进一步加强与美国的军事同盟合作来强化与美国的外交联系。6月，澳美在斐济附近举行了大规模军事演习，这是澳军在南太平洋地区最重要的演习之一。一同停泊在斐济首都苏瓦（Suva）的中国“远望7号”远洋测量船，一度被澳媒体宣称是在针对澳军收集情报的“间谍船”。随后，澳大利亚开始参加世界规模最大的海上军事演习——2018年环太平洋（RIMPAC）演习，出动潜艇及1600人的兵力，演习持续到8月2日。7月24～25日，澳美部长级会议在美国加州举行，会议确认了“全面实施”美军和澳军在澳大利亚的兵力态势倡议。8 月 4 日，澳大利亚、美国与日本在新加坡举行三边战略对话（Trilateral Strategic Dialogue），对南海的开发问题表达“深切担忧”。11 月 17 日，澳方确认将和美国共享马努斯岛上扩建后的隆布朗（Lombrum）海军基地。此外，澳大利亚加大对美军购力度，强化对美安全依赖。12 月下旬，澳大利亚预计耗资 170 亿澳元采购 72 架 F－35 联合打击战斗机的计划开始落地。不过，澳大利亚并没有刻意中止与中国的军事交流。9 月 6 日至 15 日，澳大利亚最大型海陆空军事演习“卡卡杜——2018”联演在达尔文港及其附近海域举行，共有中国、美国、日本、印度、加拿大等 27 个国家派出兵力或观察员参加，中国海军首次应邀参加。而中澳“熊猫袋鼠——2018”联训继续在澳大利亚堪培拉和悉尼进行，这也是中澳陆军第四次双边联训。双方高级别防务官员的定期会晤也没有中断。

其次，澳大利亚与新西兰面对中国在大洋洲地区影响力的持续上升采取抵触性应对的方式。一个最明显的表征是紧跟美国步伐，以国家安全为由，对中国的领军型跨国企业进行排斥与遏制，尤其是针对中国企业华为及中兴等通信行业巨头进行战略遏制。7 月，澳大利亚总理特恩布尔、巴布亚新几内亚总理彼得·奥尼尔和所罗门群岛总理里克·霍尼普韦拉在布里斯班正式签署了铺设海底光缆的协议，华为正式被排除在南太平洋网络建设之外。8 月，澳大利亚政府发布《澳电信运营商 5G 安全指南》，华为被禁止参与澳 5G 网络建设。11 月，新西兰以国家安全风险为由，禁止国内电信运营商 Spark 使用华为的 5G 技术设备。12 月，澳大利亚外交外贸部宣布不允许通过华为和中兴制造的设备连接部门内网。而澳大利亚国防部已不再使用华为设备。

再次，面对中国影响力的上升，澳大利亚与新西兰政界通过软硬手段双管齐下对太平洋岛国发展事业加以干预。一方面，除了排斥中国企业争取岛国市场的举措外，10 月底，澳大利亚自由党参议员、前国际开发部长费拉凡蒂－威尔斯（Concetta Fierravanti-Wells）在《澳大利亚人报》发文警告，中国正利用“债务陷阱外交”在澳大利亚邻近的太平洋岛国中增强自己的影响力。尽管遭到太平洋岛国政治家批评，但该文引起了西方舆论对中国试图“掌控”南太平洋岛国的广泛担忧。11 月 1 日，澳大利亚即宣布和巴新签订协议，双方将联合重新开发巴新马努斯岛的隆布朗海军基地。另一方面，在争取对太平洋岛国更大影响力的领域中，澳新增加政治与经济投入的举措非常扎眼。5 月 8 日，澳大利亚与新西兰几乎同步宣布增加对太平洋岛国的援助，创历史新高并巩固领先优势。如新西兰政府宣布将在未来四年内增加外援 714.22 亿新元，使海外发展资金增加 30%，将主要用于太平洋地区。澳大利亚公布联邦预算案，其中包括拨款 13 亿澳元援助太平洋岛国，占对外援助总额的 30%，创下纪录。不仅如此，而且早在 3 月，新西兰外交部长温斯顿·彼得斯在罗伊国际政策研究所详细阐述了本届联合政府的核心外交战略——太平洋重置（Pacific Reset）。11 月初，澳大利亚也发布“太平洋支点”方针，外交政策重心将转回南太平洋地区。12 月初，新西兰宣布将建立 14 个新的外交职位，分别在萨摩亚、汤加、斐济、瓦努阿图、巴布亚新几内亚、所罗门群岛、基里巴斯和夏威夷，此外，还将在东京、北京、布鲁塞尔和纽约安排 4 名新外交官，以协调太平洋地区的发展政策和伙伴关系。

最后，澳新对华关系“政冷经热”的态势继续保持。在澳大利亚，地方政府与联邦政府态度有别，对接受中国投资及强化经济合作表现积极。比如 4 月，昆士兰州同中国科技部火炬高技术产业开发中心（火炬中心）签署谅解备忘录，其将在昆士兰州建立火炬健康与医药创新园。这将是火炬中心在海外设立的第一家生物医药领域专业园区。7 月，“一带一路”澳大利亚研讨会在北领地达尔文举行。研讨会由澳中工商业委员会（Australia China Business Council）组织，北领地政府协办，是中国国务院总理李克强 2017 年访澳以来关于“一带一路”倡议的最高级别会议。10 月，澳维多利亚州政府和中国国家发展和改革委员会签署“一带一路”谅解备忘录，维多利亚州成为第一个与中国经济规划机构就“一带一路”倡议签署谅解备忘录的澳大利亚州。截至 12 月，据媒体报道，除国防相关项目和“耶稣鱼”液化石油气项目外，澳大利亚北领地与中国签订的协议数（至少

38 项）是其与美国（1 项）和日本（3 项）签订协议数总和的近 10 倍。新西兰主要是通过提升自由贸易水平来加强与包括中国在内的区域经济合作。5 月 1 日，新西兰—中国关系促进委员会发布关于“一带一路”倡议的研究报告，从新西兰视角分析该倡议带来的发展机遇。6 月中旬，中国—新西兰自由贸易协定第四轮升级谈判在北京举行。9 月，中国—新西兰自由贸易协定第五轮升级谈判在北京举行，并结束了政府采购章节。10 月，新西兰奥克兰举行区域全面经济伙伴关系协定（RCEP）第 24 轮谈判。11 月，双方自由贸易协定第六轮升级谈判在北京举行，并实质性结束原产地规则章节谈判。

特别值得一提的是，11 月，在中国上海举行的首届中国国际进口博览会上，大约 150 家澳大利亚企业以及 90 家新西兰企业、斐济企业参加，澳新代表团是规模最大、参会水平最高的西方国家代表团之一。澳大利亚贸易、旅游和投资部长西蒙·伯明翰高调出席并发表热情的讲话。这凸显了澳新对与中国维持良好经贸合作交流的基本态度始终没有改变，也缓和了政治交流时常梗阻的氛围。

四　大洋洲岛国区域合作抗压推进，中国发挥积极作用

在 2018 年，澳大利亚与新西兰都明显加大了对太平洋岛国的干预及援助力度，这一定程度上影响了岛国区域合作的多样化，也使岛国在区域合作问题上的自主性产生分化。但这并未妨碍国际力量尤其是中国发挥更积极全面的影响力，因为这是由太平洋岛国区域化合作历史惯性与现实需要所决定的。

首先，太平洋岛国在区域合作化上坚持强化自主决断，大部分国家对传统地区大国的摆布保持一定距离。如 2 月，第 21 届美拉尼西亚先锋集团领导人峰会在巴新莫尔斯比港召开，与会各国聚焦可持续发展目标。4 月，巴新总理彼得·奥尼尔在第 53 届英联邦政府首脑会议上重申巴新

对多边贸易体系的承诺。随后太平洋岛国论坛经济和财政部长会议在帕劳举行，重点是增强太平洋地区的经济复原力。5 月，亚洲基础设施投资银行（AIIB）宣布，理事会已批准巴布亚新几内亚作为其区域内新成员。8 月，太平洋岛屿论坛官员委员会会议举行，议程涉及区域优先事项，包括安全、渔业、气候变化、弹性和可持续发展、贸易和海洋管理。太平洋岛屿论坛的小岛屿国家（SIS）分组举行第一次会议，议程集中在实施 SIS 战略。同时，太平洋岛屿论坛外交部长在萨摩亚举行会议，讨论区域安全和集体外交。这些活动都反复强调岛国区域合作的自主性以及对域外力量的重视。

其次，澳大利亚掣肘中国大陆参与地区事务。澳大利亚从 6 月开始就全力干预所罗门群岛及巴新海底电缆铺设工程，阻遏中国参与相关项目。次月，时任澳外交部长毕晓普宣布，澳大利亚将与美国和日本建立三边合作伙伴关系，共同投资印度—太平洋地区的基建项目。除了通过签订协议加大对瓦努阿图的安全事务的干预力度之外，澳大利亚政客不时通过“债务陷阱”及“政治渗透”等措辞挑拨中国与太平洋岛国关系。

最后，中国处乱不惊，有效提升了区域合作水平。尽管面临一些杂音干扰，但 2018 年中国参与南太地区合作的努力不仅连续、密集，而且水平迅速提升。从该年初开始，“一带一路”框架下中国承担的基础设施建设项目就持续推进，巴新主流媒体《信使邮报》整版就中国对巴新援助、投资项目进行介绍，积极评价中国对巴新的援助和投资。除了广东、浙江等中国省份单位推动的互访与合作项目外，习近平主席、李克强总理及王毅外交部长都积极关注与南太岛国的交流，尤其是利用巴布亚新几内亚召开 APEC 领导人非正式会议的契机，开展集体外交与穿梭外交，提高了双方及区域合作水平。6 月，中国承建的巴新国家电网一期项目开工仪式在巴新蒙特哈根市举行。这是中巴新两国间第一个能源合作项目。中巴新两国签署《中华人民共和国政府与巴布亚新几内亚独立国政府关于共同推进丝绸之路经济带和 21 世纪海上丝绸之路建设的谅解备忘录》，巴新成为太平洋岛国首个与中方签署“一带一

路”建设谅解备忘录的国家。该月下旬，巴新总理奥尼尔率领包括19名巴新官员和约50名在巴新中国企业家访华。两国同意将双边关系升级为全面战略伙伴关系。APEC其他峰会在巴新首都莫尔斯比港及其他城镇举行，APEC领导人非正式会议主题是“把握包容性机遇，拥抱数字化未来”，习近平主席与会并发表《同舟共济创造美好未来》的重要讲话。

在巴布亚新几内亚进行国事访问期间，习近平主席同建交太平洋岛国领导人会晤，再次重申中国的立场。第一，坚持平等相处，深化政治互信。中方愿和岛国于2019年下半年共同举办第三届中国—太平洋岛国经济发展合作论坛。第二，坚持互利合作，实现共同繁荣。双方应以签署共建“一带一路”合作文件为契机，深化各领域务实合作，提升双方贸易便利化水平，办好2019年中国—太平洋岛国旅游年系列活动。第三，坚持心心相印，增进人民友谊。第四，坚持守望相助，维护公平正义。中方愿同岛国一道维护多边主义和自由贸易体制，加强在国际事务中的沟通和协调，支持岛国发出“太平洋声音”，共同推动落实2030年可持续发展议程，支持岛国推进“蓝色太平洋”倡议。中国重视和理解太平洋岛国在气候变化问题上的特殊关切，将向各岛国提供力所能及的帮助，携手推动《巴黎协定》有效实施，促进全球绿色、低碳、可持续发展。①

五 展望

大洋洲地区由于远离传统地缘政治核心，无论国家经济体量还是政治体制存在何种差异，都很少对国际局势产生主动的影响，但同时也素来是超级大国、地区强国及新兴大国施展并检验影响力的对象。因此，

① 《习近平同建交太平洋岛国领导人举行集体会晤并发表主旨讲话》，央视网，http://news.cctv.com/2018/11/17/ARTI6gyFb94PePASfR5toSqY181117.shtml。

大洋洲地区内部政治与经济局势在历史上及可预见的未来都能保持相对稳定，但是大国主动作为与区域内国家的响应，依然会造成地区内外的纷争与变局。

在特朗普领导下的美国，对南太平洋地区决策基本回归经典地缘政治理论的诉求，美国一方面不愿意向包括盟国在内的区域内国家过多投入资源，另一方面只在战略要点上对可能的新兴力量予以牵制，具体表现就是抛出“美日印太”战略作为威慑，但实际上期待地区权力代理人澳大利亚等国投入更多资源。在这种情况下，在防务及外交决策中长期依赖美国并深深受益的澳大利亚等国虽然对美国政府的“抽身”可能有所紧张与不满，但也更加积极主动地响应美国，尤其是通过战略合作巩固美国的地区存在感及自身的安全感。

然而未来的变化未必如美国及澳大利亚等国所愿。首先，如 2018 年大洋洲各领域发展实况所展示的那样，区域内各国经济自发性增长乏力，在美国等外部国家无法追加“刺激”的情况下，无视甚至抵制新兴国家（如中国等）展示出的搭车机会是不利于经济局面之稳定的。

其次，大洋洲岛国发展的自主性、独立性以及特殊利益需求，在外部力量尤其是中国开始对其投放尊重与实际资源的情况下会进一步强化和增加，这在短期内就可能动摇澳大利亚等国长期自我期许的“大家长”心态。大洋洲岛国的发展有了更多域外资源可供选择，同时在气候变化及全球减排等问题上与日趋保守的澳大利亚及新西兰政治思潮矛盾重重，但与强调“人类命运共同体”的中国有更大互助互利空间，因此大洋洲地区合作的转型也会加剧，尤其是在 2018 年习近平主席访问巴新并提升与建交岛国合作水平后，中国主导作用会日益突出。

最后，澳大利亚及新西兰内部事务发展的压力也会大大影响其国际能动性的发挥。一个突出的问题是，政治保守化与民粹抬头的倾向不仅不利于解决澳大利亚与新西兰社会面临的族群、阶级及多元文化上的分化隔阂问题，而且可能加剧不同利益集团及政治代理人间的矛盾，增加国家资源的消耗，影响更具理性、更富远见以及更有大局观的政治决策。

比如莫里森总理突然上任后需要耗费大量精力进行人事调整并稳定执政团队，短期内对国际事务的直接参与会有所减少，如澳大利亚在提出更重视岛国问题的宣言后，莫里森总理缺席当年太平洋岛国论坛。这些都会影响澳大利亚等国在地区合作上发挥积极作用的可靠度与对外部影响因素研判的连贯性与准确度。

澳大利亚篇

Australia Reports

B.2

2018年澳大利亚内政外交综述

于 镭　Sophia Sui *

摘　要： 2018 年，澳大利亚再次发生在大选年前夕执政党领袖惨遭党内“逼宫”、政府总理更迭的戏剧性一幕。特恩布尔总理的下台既是其涉及医疗、教育和公共福利等一系列政策直接引发民怨的结果，也是澳在全球性经济不景气和国内产业结构畸形的背景下，增长乏力，失业率攀升，贫富加剧，导致党内对其执政能力丧失信心，冀“换将”以挽回民心、挽救执政党地位的结果。澳政府首脑更迭具有强烈的内生性，因而对执政党的国内政策和2019 年的大选竞选纲领将产生一定的

* 于镭，聊城大学太平洋岛国研究中心首席研究员、北京外国语大学澳大利亚研究中心研究员，主要研究领域为东亚安全、中美澳三边关系，其文章发表于 *International Affairs*，*Cambridge Review of International Affairs*，*European Journal of East Asia Studies*。Sophia Sui，迪肯大学博士候选人，主要研究领域为语言的区域受控与差异、中英文化比较等。

影响，而对其整体外交政策影响有限。作为澳第一大贸易伙伴和亚太地区最具活力的经济体，中国对澳经济影响力和中澳经济紧密度仍将稳中有升，这是中澳全面战略合作伙伴关系的基础，也是中澳关系不会因政府领导人更迭而轻易改变的基石。

关键词： 澳内政外交　大选　经济创新与发展　经贸合作　中澳关系

2018 年是澳大利亚各政党积极备战 2019 年大选的关键年。2018 年 8 月，澳大利亚执政党自由党—国家党联盟再次发生“逼宫”事件，国库部长莫里森成为新一任政府总理，并改组了内阁。莫里森的成功“上位”既有党内政治派别权力和利益角逐的外生因素，也有国内政治、经济和外交政策失误，导致选民不满情绪急剧上升的内生因素。执政党自由党—国家党联盟和最大的反对党工党经过 2016 年的大选在议会中“势均力敌”，双方均无法主导议会通过法案。为争夺议会主导权，两党陷于议会补选等权力缠斗，无意也无力推进事关国计民生的社会福利改革、经济转型和“北部大开发”等重大项目，引起广大选民的强烈不满。澳大利亚执政党不得不在大选前“临阵换将”，由前国库部长莫里森换下备受诟病的特恩布尔担任新一届政府总理。如澳大利亚现时大选，最大的反对党工党应有极大胜算。莫里森政治观点保守，但拥有丰富的政党政治和权力斗争经验，是党内政治的“常青树”，前总理阿博特曾不无讥讽地称他是“变色龙”和“政治投机者”[①]。鉴于执政党在任期内的表现已经令澳大利亚民众普遍失望和不满，澳大利亚媒体和民意机构多预计工党将在大选中获胜，成为新的执政党。

① Martin Zavan, “Scott Morrison: The Lump of Coal PM,” *Independent Australia*, 25 August 2018, https://independentaustralia.net/politics/politics-display/the-lump-of-coal-pm, 11825.

一 2018年澳政局发展评析

“历史会重演”，用此语来形容2018年澳大利亚政局和前总理特恩布尔本人的政治生涯颇有几分深意。特恩布尔在2015年曾对自由党—国家党联盟的党首、前总理阿博特发动“逼宫”，叱责阿博特“不孚众望，是位失败的政治领导人”，并恐吓党内同僚阿博特若不下台，政权必然易手[①]。令特恩布尔想不到的是，三年后在澳大利亚政坛素有“变色龙”和“政治投机分子”之称的前国库部长莫里森，取特恩布尔而代之。综观2018年澳政局发展的轨迹不难发现，特恩布尔及其领导的执政党在下台前的民意支持率始终落后于主要竞争对手工党，但最终令其黯然下台的是来自传媒大亨默多克极其神秘的致命一击：特恩布尔必须下台，我宁可忍受工党执政三年![②]

特恩布尔在大选前被党内“政变”驱赶下台，成为澳政坛近年来第四位惨遭党内“逼宫”而下台的政府首脑（前三位分别是陆克文、吉拉德和阿博特）。究其原因，主要有以下几点。

第一，在碳排放政策上反复，既失去广大普通选民的支持，又失去企业主和财团的支持。作为发达国家，澳大利亚人均能源消费水平位居世界前列。由于澳大利亚电能生产严重依赖煤炭等矿物燃料，澳大利亚因而成为世界人均温室气体排放量最高的国家之一。作为《巴黎协定》的签署方，澳大利亚承诺以2005年的温室气体排放量为基准在2030年前减少26%的排放

① Max Margan, “Abbott's Final Revenge: How the ‘Wrecker’ Destroyed Malcolm Turnbull's Leadership and Tore the Liberal Party apart over a Bitter Conflict with the Former PM,” *Daily Mail*, 28 August 2018, https://www.dailymail.co.uk/news/article-6104071/Liberal-leadership-Malcolm-Turnbull-Tony-Abbotts-bitter-feud.html.

② Andrew Probyn, “What Did Rupert Murdoch and Kerry Stokes Have to to with the Liberal Leadership Spill,” Australia Broadcasting Company, 19 September 2018, https://www.abc.net.au/news/2018-09-18/liberal-leadership-spill-rupert-murdoch-kerry-stokes-influence/10262552.

量①。为此，特恩布尔政府推出名为《国家能源保证》的核心能源政策，要求澳大利亚能源供应商必须在提供充足电量的同时实现减排目标，否则将面临注销营业资格等严厉处罚。特恩布尔的能源新政一出即遭到能源生产企业，以及能源消费大户采矿业、农业等企业主的联合反对。而遭到“逼宫”下台的前总理托尼·阿博特更是在执政党内外动员一切力量反对特恩布尔的能源新政，以报昔日“一箭之仇”。阿博特对特恩布尔的“国家能源保证”政策进行大肆批评和攻击，认为减排政策不仅令澳大利亚的企业家蒙受经济损失，而且会削弱澳大利亚的国际竞争力，影响澳大利亚的经济发展。阿博特和其他一些右翼政治人士还鼓动澳大利亚追随美国总统特朗普退出《巴黎协定》②。

在澳大利亚右翼力量的压力下，特恩布尔很快宣布放弃2030年前减少温室气体排放的承诺目标，并亲自致电新闻大亨默多克通报能源政策改弦更张的决定③。但是特恩布尔的让步并未让他收到预期的赞扬，右翼人士不仅继续攻击他缺乏长远目光，澳大利亚广大民众特别是环保人士也对特恩布尔在减少温室气体排放上的倒退立场提出批评，认为这使澳大利亚从应对全球气候变化的“榜样国家”退步为“落后国家”。在特恩布尔代表澳大利亚参加巴黎气候大会前，澳大利亚民众在悉尼和墨尔本等地举行集会，呼吁澳大

① “Australian Department of the Environment and Energy 2015, Australia's 2030 Climate Change Target,” http://www.environment.gov.au/climate-change/publications/factsheet-australias-2030-climate-change-target; Angela Lavoipierre, “Are Australia's Paris 2030 Emissions Reductions on Track Thanks to Loophole?” *Australian Broadcasting News*, 12 December 2018, https://www.abc.net.au/news/2018-12-11/australia-using-loophole-to-claim-emissions-reduction-on-track/10606406.

② Katharine Murphy, “Ony Abbott Urges Withdrawal from Paris Agreement, Despite Signing Australia up as PM,” *The Guardian*, 3 July 2018, https://www.theguardian.com/australia-news/2018/jul/03/tony-abbott-urges-withdrawal-from-paris-agreement-despite-signing-australia-up-as-pm.

③ Anne Davies, “Turnbull Was Warned Rupert Murdoch Was Trying to Remove Him as Prime Minister,” *The Guardian*, 19 September 2018, https://www.theguardian.com/australia-news/2018/sep/19/turnbull-warned-rupert-murdoch-trying-remove-him-prime-minister.

利亚政府采取积极措施应对气候变化。澳大利亚国立大学气候变化政策专家和经济学家弗兰克·约特佐（Frank Jotzo）强调澳大利亚由于煤炭资源丰富，且能源依赖程度高，即便政府兑现减排目标，2030 年的人均碳排放水平仍是目前美国和加拿大的两倍①。环保人士强调如果全球继续升温，澳大利亚著名环境保护区大堡礁也将面临灭顶之灾。墨尔本大学政治学教授罗宾·埃克斯利批评特恩布尔是“彻底向澳大利亚自由党右翼成员投降”，因为这些人想继续维持“澳大利亚的煤炭经济”②。

第二，执政党高层丑闻不断，内失执政联盟团结，外失选民信任和支持。2018 年 2 月初，澳大利亚媒体曝光特恩布尔政府副总理、国家党党首巴纳比·乔伊斯与办公室工作人员坎皮恩的婚外情，引起澳大利亚政界和社会舆论一片哗然，也引发了社会各界对公众知情权的激烈争论③。乔伊斯与妻子育有 4 个女儿，在竞选期间曾信誓旦旦地宣传自己一贯支持传统婚姻价值观，赢得了许多选民的信任和支持。除了办公室恋情外，澳大利亚媒体还指责乔伊斯利用职权两度为坎皮恩谋取联邦政府的高薪职位，并与坎皮恩一起免费居住在由一名政治资金捐助人提供的住所内，有违法收受礼物之嫌。此外，澳媒还指责乔伊斯有性骚扰的嫌疑。乔伊斯的婚外情曝光后，澳大利亚民众和国会议员纷纷要求立法，禁止议员与下属发生性关系，并为其谋取利益。

面对公众的批评和“整改”要求，特恩布尔出于执政联盟内部权力

① Leigh Dayton, “Australia's Emissions Target Panned at Home and abroad,” *Science Magazine*, 12 August 2015, https://www.sciencemag.org/news/2015/08/australia-s-emissions-target-panned-home-and-abroad?r3f_986=, https://www.google.com.au/.

② Colin Packham, Erin Cooper, “Australia Weakens Commitment to Climate Accord after Government Fractures,” *Reuters*, 20 August 2018, https://www.reuters.com/article/us-climatechange-accord-australia/australia-weakens-commitment-to-climate-accord-after-government-fractures-idUSKCN1L507Y.

③ Katharine Murphy, “Barnaby Joyce Denies Improper Behaviour at Function and Breaches over Vikki Campion,” *The Guardian*, 13 February 2018, https://www.theguardian.com/australia-news/2018/feb/13/barnaby-joyce-denies-improper-behaviour-at-function-and-breaches-over-vikki-campion.

合作的需要，当即以“成年人间的（性）关系无法借法规来证明是否正当”为借口，公开否定立法动议。特恩布尔还为乔伊斯开脱称，如果双方“在你情我愿、相互尊重”的前提下建立“情人”关系，“那是成年人的权利”。至于乔伊斯是否应当辞职，特恩布尔刻意强调这是国家党内部事务，他不便表态。[①] 特恩布尔的公开袒护行为激起了澳大利亚民众和国会议员的强烈不满，他们反驳说：“你们身居高位，拿着纳税人支付的40万（澳元）年薪，不应找下属做情人。”[②] 据澳大利亚媒体报道，在特恩布尔为乔伊斯的婚外情和性骚扰辩护后，澳大利亚民调显示，超过65%的受访者要求乔伊斯辞职，33%的受访者认为乔伊斯还应辞去议员职务[③]。在民众和政界的双重压力下，特恩布尔迟至一周后才不得不公开批评乔伊斯的婚外情，要求乔伊斯“休假思过”，并颁布命令禁止部级高官与下属发生性行为。在执政党经历数周的争论和内部交易后，乔伊斯才在公众强大的舆论压力下，被迫宣布辞去副总理职务，但仍留在议会，拒绝辞去国会议员一职。

第三，大幅度削减移民和社会福利，激起广大民众，特别是底层民众的强烈不满。澳大利亚是福利国家，这一观念深植民心，非一人之力、一朝一夕可以改变。这一特质说明了对福利体系的改革只能因势利导，循序渐进。澳以往和当今的政治家并非对高福利制度的弊端全无认知，只是这一问题牵一发而动全身，因而慎之又慎，或采取只说不做的策略，或采取多说少做的策略，敷衍应对。特恩布尔当年取代阿博特时即利用了阿博特

① Amy Remeikis, “Barnaby Joyce Throws Coalition into Crisis over PM's ‘Inept and Unnecessary’ Attack,” *The Guardian*, 16 February 2018, https://www.theguardian.com/australia-news/2018/feb/16/barnaby-joyce-lashes-out-at-turnbull-for-inept-and-damaging-comments-on-his-marriage.

② Gary Martin, “Professor Gary Martin: Why Debate on Barnaby Joyce's Private Life is OK,” *Perth Now*, 10 February 2018, https://www.perthnow.com.au/opinion/professor-gary-martin-why-debate-on-barnaby-joyces-private-life-is-ok-ng-b88740500z.

③ Katharine Murphy, “Barnaby Joyce Should Quit, According to Majority of Voters in Newspoll,” *The Guardian*, 19 February 2018, https://www.theguardian.com/australia-news/2018/feb/19/barnaby-joyce-should-quit-according-to-majority-of-voters-in-newspoll.

急于改革社会福利的失误。只是"不当家不知柴米贵"，在做了总理后，特恩布尔面临巨大的财政压力，因此也不得不考虑推动社会福利改革。在执政地位稍加稳固后，特恩布尔多次发表讲话，为推动社会福利制度改革造势。他警告，澳大利亚政府债务已"堆积如山"，不能继续过着"寅吃卯粮"的生活，而让子孙后代背负巨额债务①。时任国库部长、现任总理莫里森对特恩布尔表现出超乎寻常的支持，他频频接受媒体采访，十分悲观地预言澳大利亚的债务将在10年内超过1万亿美元，呼吁民众支持特恩布尔的社会福利改革②。

莫里森不仅夸赞特恩布尔改革社会福利的决心是为澳大利亚未来几代人的幸福生活做出重要贡献，还"冒天下之大不韪"，口无遮拦地侮辱失业公民和那些接受福利的公民是澳大利亚不纳税的"蛀虫"③。莫里森的侮辱性话语遭到社会各界的强烈谴责，也使特恩布尔政府饱受"出尔反尔"和不守承诺的批评。为了减少财政赤字，特恩布尔采取了双管齐下的策略，一方面推行税收革新，另一方面继续减少社会福利。在2017~2018年联邦预算报告中，特恩布尔政府表示将立法提高医疗税税率0.5个百分点，并对各大银行征收债务税。从2018年7月1日起，对澳大利亚五大商业银行额外征收6个基点的债务税。在教育方面，特恩布尔大幅度削减教育投入，并要求高等教育机构"开源节流"，一方面大幅度提高学费标准，另一方面厉行节约，减少开支。

特恩布尔在增加税收的同时，还把省钱的目标瞄向了社会福利金，频频对澳大利亚家庭福利"动刀"，大幅度削减澳大利亚多种家庭福利金。例如

① Evan Mulholland, "Turnbull's Act of Woeful Hypocrisy," *Sydney Morning Herald*, 4 December 2018, https://www.smh.com.au/national/turnbull-s-act-of-woeful-hypocrisy-20181203-p50jv3.html.

② Mark Kenny, "Debt Emergency: Scott Morrison's $1 Trillion Horror Scenario," *Sydney Morning Herald*, 25 August 2016, https://www.smh.com.au/politics/federal/debt-emergency-scott-morrisons-1-trillion-horror-scenario-20160825-gr1cqd.html.

③ Urban Wronski, "NATION: Scott Morrison's War on the Poor," *Tasmanian Times*, 30 August 2016, https://tasmaniantimes.com/2016/08/nation-scott-morrisons-war-on-the-poor/.

他削减了澳大利亚家庭税收补贴（Family Tax Benefit）、学童补助（Schoolkids Bonus）、带薪产假（Parental Leave Pay）、托儿补助（Childcare Assistance）等福利项目，致使许多家庭损失数千澳元的福利金。特恩布尔政府还加强了对失业救济金领取者的就业指导和不良习惯检查，惩罚不积极寻找工作的失业者和有吸毒等不良习性者，剥夺他们继续领取救济金的资格。特恩布尔政府还对澳大利亚民众特别关注的养老金制度进行改革，宣布退休人员领取养老金的年龄延至65岁，2029年后进一步延至70岁①，这意味着澳大利亚普通民众只能领取几年或十几年的养老金。在根本性伤害普通民众的养老金利益之际，特恩布尔却对联邦政府官员和国会议员予以特殊待遇，他们的养老金领取年龄到2025年仍然为60岁，至少比普通民众多领10年养老金，这种巨大的官民差距瞬间点燃了广大选民的怒火。

此外，特恩布尔还不顾广大移民及其家人的强烈抗议，对移民福利政策一再做出根本性变革。特恩布尔于2017年底宣布所有新移民必须等待3年才可以申请社会福利。半年后，特恩布尔再次将新移民享受福利的等待期延长至4年。据澳方统计，一旦这一方案得以实施，就将有5万多个移民家庭和超过10万名儿童受到影响。特恩布尔政府的这一决定一经公布，立刻遭到移民团体和社会保障机构的反对。澳大利亚联邦少数民族社会委员会批评政府令新移民的生活雪上加霜，澳大利亚社会保障部也批评特恩布尔政府的这一决定“伤害了最易受伤害的群体”。面对社会各界的广泛批评，特恩布尔强硬地表示他的政府不会为这一决定而向移民及其家人道歉②。特恩布尔政府对社会福利政策的一系列改革，引起社会各界特别是广大普通选民的强烈不满，导致执政党的民众支持率一再

① Rick Morton, “Zombie’ Policy for Retirement at 70 Has to Go: Labor,” *Australian*, 30 April 2018, https://www.theaustralian.com.au/national-affairs/policy/zombie-policy-for-retirement-at-70-has-to-go-labor/news-story/2677b5d35888ada6ab677f02fd1c5420.

② Stephen Dziedzic, Henry Belot, “Australian Citizenship Law Changes Mean Migrants Will Face Tougher Test,” Australian Broadcasting Company, 20 April 2017, https://www.abc.net.au/news/2017-04-20/migrants-to-face-tougher-tests-for-australian-citizenship/8456392.

走低。

深感不满的广大选民很快便在全国和各州议会补选中用选票对特恩布尔政府表示不满。在 2018 年 7 月的国家议会补选中，工党一举夺得 5 个补选议席中的 4 席，而特恩布尔领导的自由党—国家党联盟一无所获。澳大利亚两大著名的报业集团——费尔法克斯传媒集团与益普索集团在 2018 年年中发布的民调结果显示，特恩布尔的支持率已跌至执政以来的最低水平，并且低于反对党工党 10 多个百分点。澳大利亚新闻民意调查公司也根据自己的民调结果预测特恩布尔已经没有连任的可能性①。在此情形下，执政党内高层认为如果广大选民对特恩布尔强烈不满的势头延续下去的话，那么自由党 2019 年的大选前景堪忧。而特恩布尔提前下台，则可以为执政党提供一个可以与选民重建关系的机会。

二　2018年澳大利亚经济发展评析

2018 年澳大利亚经济形势表现强劲，虽然澳元对美元汇率有所下降，澳国内生产总值回升至 1.4278 万亿美元。人均国内生产总值也回升至 5.6698 万美元（见表 1）。汇率下跌有利于增强澳大利亚出口商品的国际竞争力，并且国际大宗商品价格的上涨和国际需求量的增长都在较大程度上带动了澳大利亚出口的增长，推动了整体经济以较快的速度回升，澳国际收支经常项目赤字也由 500 多亿美元逐渐下降至 400 亿美元左右②。经济增长拉升了就业，澳失业率也因此降至近年来的最低水平（5.3%）。澳大利亚 2018 年经济形势走强主要有以下几点原因。

---

① “Scott Morrison Is the Preferred Prime Minister over Bill Shorten in the Latest Newspoll, Despite the Coalition Still Lagging behind Labor,” *SBS News*, 9 September 2018, https://www.sbs.com.au/news/morrisno-preferred-pm-but-spill-hurts-coaltion-in-latest-newspoll.

② Department of Foreign Affairs and Trade (Australia), “Fact Sheets of Australia,” January 2019, https://dfat.gov.au/trade/resources/Documents/aust.pdf.

表1 2014～2018年澳大利亚主要经济数据

主要经济指标	2014年	2015年	2016年	2017年	2018年
GDP(10亿美元,现价)	1454.8	1233.5	1266.0	1379.6	1427.8
GDP(10亿美元,购买力平价)	1115.3	1155.2	1198.3	1248.2	1318.6
人均国内生产总值(美元)	61538	51428	51920	55692	56698
人均国内生产总值(美元,购买力平价)	47178	48166	49145	50390	52363
GDP年均真实增长率(%)	2.5	2.5	2.6	2.2	3.2
国际收支平衡(亿美元)	-453	-578	-412	-362	-395
失业率(%)	6.1	6.1	5.7	5.6	5.3

资料来源：Department of Foreign Affairs and Trade (Australia), "Fact Sheets of Australia," February 2019, https://dfat.gov.au/trade/resources/Documents/aust.pdf。

首先，全球大宗商品需求继续回升，对澳大利亚这样的传统资源输出型经济体产生了巨大的带动作用，使资源出口导向的澳大利亚经济走出低谷，重新焕发活力。随着欧美市场的复苏，国际大宗商品需求量不断增长。而中国对大宗商品的需求更是不断推升国际市场铁矿石、镍、煤等大宗商品的价格。据统计，2018财年澳货物商品出口总额约为3150亿澳元，而包括铁矿石、煤、天然气和黄金在内的资源和能源出口额高达1700多亿澳元，约占澳货物商品出口总额的54%[①]。如此巨大的资源与能源出口比例，在全球性大宗商品价格上涨之际，必然会对澳经济产生巨大的带动作用。例如，铁矿石的价格在2015年11月急跌至每吨43美元，而在2018年则温和回升至65美元左右[②]。虽然铁矿石的价格未能大幅度回升，但国际市场的需求量较往年有了较大的增长，致使澳大利亚资源出口贸易条件有了较大的改善，全财年贸易逆差也有了明显的下降。随着资源出口量和创汇能力的缓慢恢复，澳大利亚联邦政府和各级地方政府的财政收入，以及居民收入也有了较大幅度

① Department of Foreign Affairs and Trade (Australia), "Fact Sheets of Australia," February 2019, https://dfat.gov.au/trade/resources/Documents/aust.pdf.

② Thuy Ong, "Iron Ore Drops to 10-year Low, Could See High Cost Australian Producers Go Bankrupt, Analyst Says," Australian Broadcasting Company (ABC), 25 November 2015, http://www.abc.net.au/news/2015-11-25/iron-ore-producers-could-collapse-amid-10-year-low-analyst-says/6973084.

的增长，这在一定程度上增强了政府和居民的消费支出能力。

其次，作为澳最大贸易伙伴和最大出口目的地的中国经济在2018年保持了较高的增长率，其对国际大宗商品的需求量也在快速回升，这对澳大利亚大宗商品出口的回升和增长发挥了重要作用。此外，中国民众购买力的增长在一定程度上促进了澳大利亚服务商品的出口成为澳大利亚出口贸易中新的经济增长点。在过去的40年中，澳大利亚是中国经济长期高速增长的最大受益者之一，得益于中国对铁矿石等矿产资源的旺盛需求，澳迎来了史无前例的矿业繁荣时代，也使澳在过去20多年里幸运地躲过了多次经济危机而保持经济持续增长。据统计，2018年中国仍是澳大利亚最大的货物贸易出口市场，澳对华货物出口总额达1063亿澳元，占澳大利亚货物出口总额的33%。其中对华铁矿石出口额为500亿澳元，约占澳大利亚铁矿石出口总额的83%；对华煤炭出口额约为130亿澳元，占澳大利亚煤炭出口总额的20%。此外，澳大利亚对华服务贸易额为170亿澳元，约占其服务出口总额的1/5，远远超过其与美国和英国的服务出口额之和①。中国市场对澳大利亚货物和服务商品需求的稳步增长对澳大利亚经济保持较快增长发挥了重要作用。

最后，矿产资源出口价格的回升与稳定不仅直接增加了澳联邦政府和各级地方政府的财政收入及国民薪资，而且产生了较好的产业“外溢”效果，带动不少矿业和与矿业相关联的企业“起死回生”和新企业的创立，从而将澳失业率降至近十年来的低点②。澳联邦和地方政府以及普通居民收入和预期收入的增加、失业率的降低、经济前景的好转拉动了澳大利亚国内消费，特别是普通家庭消费支出增加，促进经济增长。而政府收入的增长使政府有能力增加对医疗、教育、社保等社会福利的支出，以及适量增加对基础设施的投入，在一定程度上促进经济的发展。

---

① Department of Foreign Affairs and Trade（Australia），“Fact Sheets of Australia，” February 2019，https：//dfat. gov. au/trade/resources/Documents/aust. pdf.

② Department of Foreign Affairs and Trade（Australia），“Fact Sheets of Australia，” February 2019，https：//dfat. gov. au/trade/resources/Documents/aust. pdf.

此外，特恩布尔政府在上台之初即向美国保证尽快将澳大利亚的军费支出提升至国内生产总值的2%，并追随美国“印太战略”，一再大幅度追加国防开支，用以修建大型军事基地和相应的配套设施，这客观上也在短期内促进澳大利亚经济增长。但从澳大利亚的长期发展来看，这极大地浪费了澳大利亚资源出口换来的宝贵财富，也严重制约了政府加大基础设施和创新研发的资金投入力度，弱化了政府刺激经济增长的能力和手段。

澳大利亚经济虽然于2018年实现了较快增长，但稍加分析就不难发现澳经济结构的根本性问题，即经济成分过于单一、产业结构极度畸形等弊病未能得到有效的治理和改善，这将是影响澳大利亚经济长期发展的重要因素。澳经济结构不合理的“痼疾”并非今天才有，而长期存在，只是以中国为代表的新兴经济体在过去20多年里给澳带来的矿业繁荣潮暂时掩盖了这一危机。早在20世纪80年代末，澳经济就曾增长乏力，物价蹿升，失业率居高不下。新加坡总理李光耀曾对缺乏科技和产业创新意识的澳领导人予以批评①。

包括特恩布尔在内的澳大利亚众多政治人士、经济学家和学者都对澳大利亚的经济痼疾有着较为深刻的认识，也一再试图推行对澳大利亚经济影响深远的改革和创新计划。例如，阿博特政府曾于2015年6月发布了《我们的北部，我们的未来——开发北澳》白皮书，正式提出“北部大开发”的战略构想，描绘了包括西澳大利亚州北部、北领地和昆士兰州在内的北澳大开发的愿景和蓝图②。根据白皮书的构想，联邦政府将在北澳地区进行大规模的投资以强化道路和供水、供电等基础设施建设，同时着力破除商业壁垒，便利投资，以便在未来20年内将北澳地区打造成对

① Kenneth Davidson, “Land of Poor White Trash Approaching,” *Sydney Morning Herald*, 4 October 2010, http://www.smh.com.au/federal-politics/political-opinion/land-of-poor-white-trash-approaching-20101003-162ll.html.

② Australian Government, *Our North, Our Future: White Paper on Developing Northern Australia*, Australian Federal Government, 2015.

全国具有强大经济辐射力的重要增长极。特恩布尔执政后接过这一大旗，表示将全力推进这一计划，建立澳大利亚经济发展的新的增长点。但是，在计划提出以后的3年半时间里，澳换了两任政府，联邦政府对“北部大开发”仍然仅停留在“畅想”上，基本没有较大的实质性投入。

“国家科技创新计划”是特恩布尔执政后推出的另一项重大的经济发展规划，被广泛认为将对澳大利亚未来的经济发展走向产生深刻的影响。商人出身的特恩布尔对澳大利亚的经济弊端有着清醒的认知，他认为澳大利亚经济必须寻找新的驱动力，尽快实现产业结构的根本转型。为此，特恩布尔上台伊始即推出“国家科技创新计划”，宣布在未来4年内投入巨资推动国家科技创新，并以此激发经济活力，引领经济转型，塑造一个“现代且充满活力的21世纪经济”①。这一计划是特恩布尔就任总理后推出的首项重大经济政策，也是澳经济转型和持续发展的核心战略。作为地广人稀的发达国家，澳在劳动力成本上缺乏竞争优势，因此推动科技创新、增加产品和服务的科技含量的确是走出矿业繁荣消退后经济困境的较为可行的方式。与不可再生的矿业资源不同，创新产业具备长期可持续发展的巨大潜力。对此，特恩布尔一有机会就不厌其烦地宣传创新产业的优势，以赢得选民的理解和支持：“与矿业繁荣相比，创新繁荣可以永远持续下去，它只受限于我们的想象力。”② 但是，由于创新产业无法像矿业那样可以向政府提供大量的“快钱”，因而在特恩布尔执政期间，其并没有得到政府的重视和扶持。此外，相较于其他发达国家，澳目前的创新产业优势并不突出，产值和从业人员分

① Eliza Borrello, Francis Keany, “Innovation Statement: PM Malcolm Turnbull Calls for ‘Ideas Boom’ as He Unveils $1b Vision for Australia’s Future,” Australian Broadcasting Company (ABC), 8 December 2015, http://www.abc.net.au/news/2015-12-07/pm-malcolm-turnbull-unveils-$1-billion-innovation-program/7006952.

② Eliza Borrello, Francis Keany, “Innovation Statement: PM Malcolm Turnbull Calls for ‘Ideas Boom’ as He Unveils $1b Vision for Australia’s Future,” Australian Broadcasting Company (ABC), 8 December 2015, http://www.abc.net.au/news/2015-12-07/pm-malcolm-turnbull-unveils-$1-billion-innovation-program/7006952.

别仅占 GDP 的 8% 和就业人口的 2%①，因此也缺乏强大的科研力量和产业的支持。在特恩布尔执政期间，这一计划未能像特恩布尔预期的那样得到落实和推进，相反该计划基本上处于设想和规划阶段。随着特恩布尔的下台和矿业繁荣的缓慢“回升”，澳大利亚各级政府对矿业发展仍然表现出积极的支持和依赖。

三　2018年澳大利亚外交发展评析

特恩布尔及其继任者莫里森的对外政策均表现出鲜明的两分性，这就是在经济方面，加速“转向亚洲”，以便搭乘亚洲特别是中国和印度经济发展的快车，为澳谋求实实在在的经济和贸易实惠；而在军事和安全方面，则表现出更加紧密地追随美国的军事霸权策略，积极推动美国主导的“印太战略”的落实和实施，以不断强化美澳军事同盟，维护美国于冷战时期在亚太地区编织的安全体系从而护持美国在印太地区的军事霸权，以及基于其上的区域秩序和既得利益。澳大利亚政府的外交战略特点主要表现在以下两个方面。

（1）澳大利亚政府“顶住”国内工会和一些行业协会势力的反对和阻挠，积极推动澳大利亚与亚洲的经济融合，并视之为推动澳实现经济复兴与持久繁荣的基础。在与亚洲主要经济体中、日、韩和东盟签署自由贸易协定之后，澳大利亚于 2018 年底与亚洲重要经济体中国香港和印度尼西亚达成自由贸易协定，并积极推动区域全面经济伙伴关系协定和澳大利亚与印度自由贸易协定谈判。包括中、日、韩在内的亚洲国家是澳大利亚重要的贸易伙伴，中、日、韩是澳列前三名的货物商品出口目的地和重要的进口商品来源国。2018 年，中、日、韩和印度是在澳大利亚居前四位的货物商品出口目的地，出口额占澳大利亚商品出口总额的 61.3%，而居第五位的美国的出

① 《矿业繁荣退潮，澳欲以创新驱动经济转型》，2015 年 12 月 13 日，人民网，http：//world.people.com.cn/n1/2015/1213/c1002－27922490.html。

口额仅占澳货物出口总额的3.90%（见表2）。据汇丰银行报告预计，在今后若干年内，澳与亚洲的经济融合势头将进一步加速。报告指出，随着亚洲中产阶级对牛肉、羊肉等高品质食品，国际化教育，以及海外度假需求的增长，到2020年，澳对亚洲的出口额将占其出口总额的80%①。亚洲如此巨大的经济体量且仍不断增长的经济权重，是澳任何政治家都无法忽视的。这就是为什么不论澳大利亚政治人士的态度和观点如何，一旦执政后均无一例外地力挺澳与包括中国在内的亚洲国家进行经济合作。特恩布尔和莫里森都曾直言不讳地告诫国民，处于“后矿业繁荣”时期的澳大利亚必须抓住，并充分利用中国和亚洲经济不断增长所带来的机遇。

表2　澳大利亚2017～2018财年货物商品主要出口目的地所占份额

单位：%

国家	份额
中国	33.70
日本	15.60
韩国	6.80
印度	5.20
美国	3.90

资料来源：Department of Foreign Affairs and Trade（Australia），“Fact Sheets of Australia，” 2019，https：//dfat. gov. au/trade/resources/Documents/aust. pdf。

（2）特恩布尔和莫里森均一再强调与美国的军事联盟对澳大利亚“至关重要”，是澳外交政策和对外关系的基石，强调澳美同盟决不会随亚太地区地缘政治和地缘战略的重大变化而变化。澳大利亚政府积极推动美国及其盟国切实落实“印太战略”的军事和安全投入与部署，并一再“忠告”美国政府不要在“印太战略”上“三心二意”，而应抓紧时间，从速落实“印太战略”。澳大利亚政府和军方还一再重申澳美同盟是澳大利亚外交与国防

① Liam Dilley，“Australia's Rapidly Rising Asian Connections，” Export Council of Australia，9 June 2015，http：//www. export. org. au/eca－news/page/46/#sthash. AvxLHAJ1. dpuf.

政策的基石，澳大利亚将一如既往地成为美军在亚太地区的“前进基地”和美国在该地区的安全“南锚”[①]。国防部长派恩在国会听证会上表示澳大利亚将大幅加强在南海和澳大利亚以北地区的军事力量与存在，加强与日本、韩国、印尼和菲律宾等国的安全合作，增加澳大利亚军舰对这些国家港口的访问次数。2017 年底，特恩布尔派遣 6 艘军舰穿越南海，这是澳大利亚 30 年来规模最大的海军行动。莫里森执政后立即宣布与日本构建“准军事同盟”，并拨付特别款项与美军一道在巴布亚新几内亚的马努斯岛构建大型军事基地[②]。莫里森政府的一系列举动深刻表明其欲配合美国在印太地区遏制中国发展的强烈欲望。从“印太战略”的建构中，我们不难发现美国在其中发挥了重要的主导作用，澳大利亚则起到了积极引导和推动的作用。

四 2018年中澳关系评析

2018 年，中澳关系继续呈现经贸往来迅速发展，而双方在政治和安全领域分歧日益扩大之势。执政党由于面临 2018 年至关重要的议会补选，因而一直试图将政策右转，以拉拢右翼选民，改变执政党的“跛鸭”状态。执政党在议会补选全面失利后，则完全丧失了对议会的控制力量，不得不进一步依赖党内外右翼力量的支撑以维持执政地位。在国内外和党内外右翼势力的巨大压力下，执政党在外交政策上不得不大幅度右转，并一再在对华政策和双边关系上向美国和国内右翼势力妥协，从而导致中澳关系“政经背离”现象进一步加剧。

2018 年，中澳双边经贸关系继续强化，中国连续十年蝉联澳第一大贸易伙伴。澳大利亚政府一再表示中澳自贸协定为澳未来的经济繁荣奠

---

① Erik Paul, *Australia as US Client State: The Geopolitics of De-democratization and Insecurity* (Palgrave Mcmillan: New York, 2017).

② Katharine Murphy, “America to Partner with Australia to Develop Naval Base on Manus Island,” *The Guardian*, 18 November 2018, https://www.theguardian.com/australia-news/2018/nov/18/america-to-partner-with-australia-to-develop-naval-base-on-manus-island.

定了基础，是关乎澳大利亚未来繁荣的重要基石之一①。中澳自贸协定得到进一步落实，98.5%的澳大利亚商品都以免税或者优惠的价格出口至中国，为双边贸易取得突破性进展奠定了基础。据澳方统计，2018财年中澳双边贸易总额创下1900多亿澳元的历史新高，其中澳对华货物和服务出口总额高达1230亿澳元，比2017财年增长了10%多②，奶制品、葡萄酒和美容护肤品等澳大利亚特色商品的对华出口额更是翻了一番多。更令澳方欣喜的是，澳大利亚对华商品出口近年来还呈现多元化的趋势，其不仅为中国市场提供农业、矿业等传统优势出口产品，还提供大量的服务业产品，涵盖健康、教育、养老等多个领域。据统计，澳大利亚对华六周出口额超过对英国的全年出口总额。澳大利亚服务业的对华出口总额甚至超过了对英国、美国服务业出口总额之和③。由此可见，中国市场对澳大利亚具有无可替代的重要意义。中国已成为澳第一大贸易伙伴、第一大出口目的地、第一大进口来源国、第一大贸易顺差来源国④。中澳经贸合作关系的进一步增强标志着中澳两国的经贸合作已经达到前所未有的历史高度，为中澳关系的稳定与发展奠定了坚实的基础，不论来自哪个党派的澳政治家都认为中澳两国关系必须“更加深入，更加稳固”⑤。

在中澳双边经贸关系不断加速发展之际，中澳两国在政治、外交和印太区域的安全观和安全架构上的分歧呈现加速扩大之势，这主要表现在以下几

① Malcolm Turnbull, “ChAFTA and Rebalancing of Chinese & Australian Economies: Speech to Australia-China Business Forum,” Malcolmturnbull Website, 6 August 2015, http://www.malcolmturnbull.com.au/media/China-Business-Week.

② Department of Foreign Affairs and Trade (Australia), “Fact Sheets of Australia,” 2018, https://dfat.gov.au/trade/resources/Documents/aust.pdf.

③ Steven Ciobo, “UTS-Australia China Relations Institute Event,” 28 June 2018, http://trademinister.gov.au/speeches/Pages/2018/sc_sp_180628.aspx? w=tb1CaGpkPX%2FlS0K%2Bg9ZKEg%3D%3D.

④ Department of Foreign Affairs and Trade (Australia), “Fact Sheets of Australia,” 2018, https://dfat.gov.au/trade/resources/Documents/aust.pdf.

⑤ Alex Oliver, “What to Expect from Malcolm Turnbull,” *Foreign Policy*, 16 September 2015, http://foreignpolicy.com/2015/09/16/what-to-expect-malcolm-turnbull-australia-tony-abbott-prime-minister/.

个方面。

首先，澳大利亚政界、安全防卫界、新闻界不断渲染中国“锐实力”和“中国威胁论”。其次，澳大利亚政府将政治问题扩大化，把一些原本属于正常商业活动的行为定性为关乎国家安全和“为外国政府和外国利益服务”。政治问题的扩大化严重影响了中澳两国经贸合作，直接导致两国经贸增长势头趋缓和中国近期投资大幅度下降。再次，中澳两国对亚太乃至印太地区在后冷战时代的安全体系与安全架构的分歧进一步增大。在后冷战时代，中国一直倡导以互信、合作和共同安全为主体的新安全观来取代旧有的以军事集团对抗为主的冷战模式。澳大利亚政府坚持澳美军事同盟是澳对外政策的基石，也是维护印太地区安全体系和澳大利亚既得利益和地位的最重要力量。对此，特恩布尔和莫里森政府都积极推动和支持美国的“印太战略”，竭力将澳大利亚打造成“印太战略”最为重要的军事枢纽。最后，澳大利亚右翼势力一直攻击“一带一路”倡议和中国对太平洋岛国的援助具有强烈的地缘政治色彩，因而不仅拒绝合作，而且一再呼吁并积极推动以美国为首的西方国家增加对印太区域的基建投入。

特恩布尔和莫里森政府对华政策的大幅度右转是国内政治角力和美国压力综合作用的结果。首先，国内政治斗争激化迫使特恩布尔和莫里森不得不右转，并将国内政治斗争“外溢化”，以求摆脱政治困境。2016 年的大选造成澳大利亚政府成为事实上的“跛鸭”，已经对国内政局丧失了掌控能力。为了 2018 年的议会补选和 2019 年的大选，澳大利亚政府不得不迎合党内和国内的右翼势力，以换取他们的政治支持。而国内政治气氛的右转反过来又进一步迫使执政党领导人与中国做“切割”，主动提出“反外国干涉法”的动议，以迎合右翼势力。如此循环往复，极大地恶化了澳大利亚国内政治氛围。其次，来自国外特别是美国的压力是迫使执政党右转，以保住其执政地位的强大的外部原因。中澳近年来经贸合作不断深化、中国在澳投资领域日益扩大触及了西方一些国家特别是美国的既得利益，致使美国政要如前总统奥巴马和前国务卿希拉里·克林顿都当面对特恩布尔发出警告[①]。美国一些政府机构和情报部门，如中央情报局等也借机对澳大利亚国家安全发出警报，向特恩布尔和莫里森政府施加压力[②]。因此，加强对中国投资的审查和限制，保护西方一些国家和团体的既得利益是澳大利亚政府必须采取的措施。对亚太局势稍有一些了解的人都会一眼看穿澳政府决策背后的美国身影。

澳大利亚对澳美同盟的执着与固守深刻反映了与“超级大国”结盟，以谋取政治、经济和安全利益的立国之策在澳大利亚政界、军界和学界的“根深蒂固”。从全球权力架构体系的视角分析，美国无疑是现行全球体系与秩序的缔造者和主导者，维护这一体系与秩序的稳定，遏阻任何新兴大国的挑战，维护美国的全球霸权和既得利益无疑是美国的头号战略目标[③]。而澳大利亚追求强化澳美同盟，以维护美国在印太地区霸权体系与秩序的策略既有着深刻的内生性，又有着明显的外生性。与美日同盟的成因和对日本“既利用又控制”的战略意图不同，美国对澳大利亚的战略重要性的认知具有明显的渐进过程。在澳美同盟的形成和演进中，澳大利亚具有明显的主动性。由于地广人稀，经济完全依赖海外贸易，而国防力量又非常脆弱，澳大利亚历届政府一直为自身的安全担心。与此同时，澳大利亚又自诩为“生活在亚洲丛林中的白人文明国家”，因而始终抱有称霸亚太和南太平洋地区的“雄心”[④]。

澳大利亚自立国以来竭力试图与美国建立牢不可破的军事同盟，以抵御其他帝国主义列强的威胁，并借力超级大国美国确立在世界权力架构中的“中等

① Peta Donald，“Let Us Know Next Time：Obama to Turnbull on Darwin Port Lease，” Australian Broadcasting Company，19 November 2015，http：//www. abc. net. au/worldtoday/content/2015/s4355269. htm.

② Jonathan Pearlman，“US Alarm over Aussie Port Deal with China Firm，” *Strait Times*，19 November 2015，http：//www. straitstimes. com/asia/australianz/us – alarm – over – aussie – port – deal – with – china – firm.

③ W. Tow，B. Loke，“Rules of Engagement：America’s Asia-Pacific Security Policy under an Obama Administration，” *Australian Journal of International Affairs*，Vol. 63，No. 4，2009，pp. 442 – 457.

④ Joanne Wallis，“Hollow Hegemon：Australia’s Declining Influence in the Pacific，” *Diplomat*，21 September 2016，http：//www. eastasiaforum. org/2016/09/21/hollow – hegemon – australias – declining – role – in – the – pacific/.

强国”地位，最终实现称霸南太平洋地区和亚太区域的“雄心”[①]。基于这“两心”，澳大利亚较其他西方国家更为重视和倚重与美国的军事同盟，并在一个多世纪的漫长岁月里一场不落地积极参与由美国发动的战争，现在其对美国表现出难以企及的“忠诚”和在政治、军事、外交政策上的“亦步亦趋”[②]。澳大利亚主动寻求与全球体系中的超级大国结盟，以获取政治、经济利益和安全庇护，既是澳在弱肉强食的西方国际政治游戏中的无奈之举，又不乏深刻理解“物竞天择，适者生存”的强权政治的智慧。澳大利亚通过与超级大国美国的结盟，成功地跻身“地区强国”的行列，不仅在太平洋地区推行自己的“门罗主义”[③]，而且成为亚太和南太平洋地区维护美国主导的霸权体系与秩序的“副警长”[④]。因此，澳大利亚在巩固和强化澳美同盟、显示对美国效忠、充当美国政治与军事马前卒等方面有着极强的内生性。维护美国在亚太区域的霸权体系，延长美国治下的区域和平与稳定，就是维护包括澳在内的美国亚太地区军事盟友的既得政治、经济利益和在区域权力体系中的既得地位。

澳美同盟不仅为澳带来了安全利益，同时也为其带来了丰厚的经济利益。据统计，截至2018年，美对澳投资存量有8900多亿澳元，是中国投资存量的10多倍[⑤]，这意味着美国资本已经深入澳经济生活的各个方面。美国投资人实际上是澳许多大型矿山和企业的最大股东，对澳经济稳定与发展以及普通民众的就业影响巨大。例如，澳最大的本土品牌汽车HOLDON的投资人实为美商。该车在澳历史悠久，并且仅在阿德莱

---

① James Cotton, John Ravenhill, *Middle Power Dreaming* (Oxford University Press: Melbourne, 2012), p. 1.

② Josh Frydenberg, “Washington Is Intergral to Our Region,” *Australian*, 21 September 2010, p. 8.

③ W. M. Roger Louis, “Australia and the German Colonies in the Pacific, 1914 – 1919,” *Journal of Modern History*, Vol. 38, No. 4, 1966, pp. 407 – 425.

④ Alex Spillius, “Bush Entrusts ‘Deputy Sheriff’ Howard with Pacific Policing Role,” *Telegraph*, 15 August 2005, http://www.telegraph.co.uk/news/worldnews/australiaandthepacific/australia/1438992/Bush-entrusts-deputy-sheriff-Howard-with-Pacific-policing-role.html.

⑤ Department of Foreign Affairs and Trade (Australia), *Fact Sheets of the United States*, 9 April 2018, https://dfat.gov.au/trade/resources/Documents/usa.pdf.

德一地就雇用了数千名当地工人。因此，该汽车厂宣布破产关闭时，在全澳引起极大震动。正是由于美资对澳经济和社会生活的重大影响，澳外长毕晓普才在国会和对媒体讲话时一再提醒议员和选民，美国才是澳"唯一最重要的经济伙伴"，是澳对外关系的基石①。

澳大利亚在追随美国并协助维护美国在亚太和印太地区霸权体系上也有着极强的外生性，这就是来自美国的军事、政治和经济压力。不论这种压力以何种形式出现，其后果均为澳无法承受。中澳近年来经贸合作的不断深化、中国在澳投资领域的日益扩大触及了西方一些国家特别是美国的既得利益，致使一些美国政要（如前总统奥巴马和前国务卿希拉里·克林顿）警告澳大利亚在经济上不要与中国走得太近②。在获悉中国企业租赁澳北部重镇达尔文港后，奥巴马当面批评特恩布尔"以后必须提前报告中国在澳大型投资"。此后，时任国库部长莫里森（现总理）即以安全为由，连续否决中国企业多个大型并购申请。在澳一些政治家看来，否决中国对澳大型投资虽然与澳国家安全无关，却是为了防止中国在澳美同盟中钉入一枚离间的楔子。美国前助理国防部长阿米塔吉（Richard Armitage）更是明确无误地严厉警告澳大利亚，"如果澳大利亚在未来可能发生的中美冲突中不能坚定地站在美国一边，那就意味着美澳同盟的终结"，这也意味着澳大利亚将无法再获得美国的庇护③。

由于澳大利亚立国以来一直奉行与全球体系中超级大国结盟的策略，以获取政治、经济和安全利益，因此，任何澳大利亚领导人都很难在短时间内改变这一政策取向。这是由澳大利亚的国家利益和民族思维定式共同决定的，很难因政府领导人的更迭及其个人好恶而改变。但是，与美国强化军事同盟，并不一定意味着澳大利亚会立即在中美之间选边，也不意味着其会马

① Julie Bishop, *US-Australia: The Alliance in an Emerging Asia*, Minister for Foreign Affairs, http: //foreignminister. gov. au/speeches/Pages/2014/jb_ sp_ 140122. aspx? ministerid =4.

② Peta Donald, "Let Us Know Next Time: Obama to Turnbull on Darwin Port Lease," Australian Broadcasting Company, 19 November 2015, http: //www. abc. net. au/worldtoday/content/2015/s4355269. htm.

③ M. Weslehy, *Australia as an Asia-Pacific Regional Power* (Abingdon: Routledge, 2007).

上介入中美之间的纠纷，这也是由澳大利亚的国家利益所决定的。作为中等强国，澳大利亚的国家利益与美国并不完全重合，并且它也不会自不量力到像美国一样以扼制一个新兴大国的崛起为自己的战略目标①。为了自己的既得利益，澳大利亚仍会延续21世纪以来的外交方略，继续在中美间奉行平衡策略，以两头获利。

① William Tow, "Australia, the US and a China Growing Strong," *Australian Journal of International Affairs*, Vol. 55, No. 1, 2001, pp. 37 – 54.

B.3

2018 ~2019年中澳关系发展状况与分析

黄家瑜*

摘　要： 中澳两国过去一年仍然就政治、经济、安全与社会层面等议题存有不同意见，再加上澳大利亚国内政治情势多变，中国问题往往被政客当作政治斗争的工具，双边关系整体来说仍然处于较动荡的状态。本报告从近期中澳两国主要关注的议题、影响双边关系的原因以及未来两国关系发展走向三个方面进行分析，认为中澳对于看待深化彼此经济与政治互动虽仍有歧义，不过随着情势演变，两国关系在中短期内有望“止跌回稳”，维持大框架下相对稳定、小范围内持续纷扰的局面。

关键词： 中国　澳大利亚　一带一路　国家安全

近年来，随着“中国崛起”的话题在澳大利亚国内不断发酵，澳大利亚政界、学界甚至商业界对于如何与综合实力不断增强的中国打交道发生了激烈争辩，随着争辩的日趋激烈，中澳双边关系也因而掀起阵阵波澜。2018 ~ 2019 年，中澳两国持续纠缠着 2016 年下半年起开始热炒的争议，例如“中国影响力渗透澳大利亚政治”以及“中资企业掌握澳大利亚通信基础设备”等。此外，澳大利亚政坛在 2018 年 8 月再次上演执政党内逼宫戏码，总理

---

* 黄家瑜，澳大利亚新南威尔士大学国际政治学博士，中山大学南方学院通识教育中心副主任，主要研究领域为国际政治、中国外交政策、亚太区域安全研究。

特恩布尔被迫下台，由时任国库部长莫里森接手。莫里森长期以来被认为是自由党内的保守派，并且是特恩布尔政府推动排华法案——“反外国干涉法案”的骨干成员，他对于开放中国资金进入澳大利亚市场持谨慎态度①。莫里森上台后尝试修补特恩布尔执政下紧张的中澳政治关系，他表示将致力于与中国领导人的各项合作，并对中澳两国的伙伴关系抱以期待②。莫里森的相关言论迎来了中国方面的善意回应，双方在 2018 年下半年之后逐渐恢复了一些较为高层的政治互动。即便如此，中澳间的各种争端并没有就此停止，整体来说，两国关系在过去一年仍无法摆脱相对动荡的状态。

本报告主要包括以下四个部分，第一部分从四个层面回顾 2018 ~ 2019 年中澳两国关系的发展，第二部分分析影响过去一年两国互动的主要原因，第三部分评估中澳关系发展的可能走向，第四部分则提出综合性的结论。

一　中澳关系发展回顾

（一）政治层面

虽然中澳一路下滑的政治关系在 2018 年中开始出现止跌的现象，但整体气氛仍然紧绷，尤其旧议题“中国影响力渗透澳大利亚政治”继续严重破坏着两国互信。“中国影响力渗透澳大利亚政治”议题自 2017 年起便受到澳大利亚媒体的持续渲染，特别是到了 2018 年 2 月下旬，澳大利亚查尔斯特大学教授汉密尔顿（Clive Hamilton）撰写了一本极具争议

① John Power, “Australia's New Prime Minister Scott Morrison: Bad News for China?” *South China Morning Post*, 24 August 2018, https://www.scmp.com/week-asia/politics/article/2161282/australias-new-prime-minister-scott-morrison-bad-news-china-ask.

② 《澳新任总理：澳政府坚定致力于与中国紧密合作》，2018 年 10 月 12 日，人民网，http://world.people.com.cn/n1/2018/1012/c1002-30338061.html。

性的反华书《无声的入侵——中国如何将澳大利亚变成傀儡国家》，该书立即引起了两国政界、学界更大一波的争辩①，中国外交部也立即做出回应，表示“个别人对中国恶意炒作和抹黑攻击毫无意义和价值”②。此争议持续到 2018 年 6 月底，澳大利亚国会正式通过了所谓的“反外国干涉法案”，并宣称此法案最重要之目的在于防止澳大利亚政客、媒体、特定族群以及社会组织受到外国势力的不当影响③。“反外国干涉法案”刚一通过，中国政府就表达了严重的关切与抗议，指出澳方此举将进一步破坏中澳关系。诚如澳大利亚著名国际关系学者怀特（Hugh White）所言，即便澳大利亚不断解释法案内容并未指名道姓，很显然这个法案就是针对中国的④。

中澳间紧张的政治气氛虽然在莫里森发表一系列较积极的谈话后稍有缓和，但离真正的“政治破冰”仍有相当大的差距。2018 年 11 月，中国外交部长王毅在北京与澳大利亚外长佩恩会晤时就强调，目前最需要做的工作就是“努力消除双方间互信赤字”⑤。然而，要消除互信赤字并不容易。2019 年 2 月 1 日农历春节前夕，莫里森开通了中国社交媒体微信的公众号，他在第一篇帖文中高度评价华人对澳大利亚所做的贡献，并希望能够通过微信平

---

① Frances Mao, “China Influence Book Proves Divisive in Australia Debate,” *BBC News*, 8 March 2018, https://www.bbc.com/news/world-australia-43193146; Bill Birtles, “China Cites Australian Critics to Trash Clive Hamilton's Controversial New Book,” *ABC News*, 2 March 2018, https://www.abc.net.au/news/2018-03-02/chinese-government-media-cite-australian-critics-denounce-book/9504146.

② 《外交部：个别人对中国抹黑攻击毫无意义》，2018 年 3 月 1 日，央视网，http://m.news.cctv.com/2018/03/01/ARTIp59qTz9IYUD5hTcRXiS8180301.shtml。

③ Jason Scott, “Australia Passes Anti-Foreign Meddling Laws in Message to China,” *Bloomberg*, 28 June 2018, https://www.bloomberg.com/news/articles/2018-06-28/australia-passes-anti-foreign-meddling-laws-in-message-to-china.

④ 《摇摆在东西方的澳大利亚：对美国渐失信心，与中国出路何在》，2018 年 7 月 11 日，环球网，http://world.huanqiu.com/article/2018-07/12463373.html?agt=61。

⑤ 《王毅同澳大利亚外长佩恩举行中澳外交与战略对话》，2018 年 11 月 8 日，中华人民共和国外交部网站，https://www.fmprc.gov.cn/web/wjbzhd/t1611492.shtml。

台介绍他的政策①。莫里森此举拉拢华裔选民的意图相当明显，但不到一个星期，两国关系就因澳大利亚华商黄向墨的“间谍风波”而再生波澜。此风波导因于澳情报单位以黄向墨涉嫌通过政治捐献增强中国对澳政坛与学界的影响力为由，取消了黄向墨的永久居留权并驳回其入籍申请，这是2018年6月“反外国干涉法案”通过后澳官方的第一次反制中国人对澳进行“不当干预”的具体行动②。而黄向墨则大声喊冤，表示这些指控都是澳情报单位给他的欲加之罪③，由于黄向墨已经委托律师向澳行政上诉审裁处上诉，此风波在短期内恐难以平息。

（二）安全层面

2018～2019年中澳两国在安全层面的互动主要围绕两个话题展开：中国是否参与澳大利亚5G建设以及中国在南太平洋的“军事布局”。就5G建设而言，事实上，中国能否参与投资澳大利亚通信设施相关建设项目的争论已存在多年，早在2012年澳大利亚政府就禁止华为子公司参加国家宽带网络（National Broadband Network，NBN）的竞标，理由就是所谓的“国家安全考量”④。此争议到了2017年渐趋白热化，在“中国影响力渗透澳大利亚政治”的思维主导下，澳政府再次限制中国资金参与澳通信设备的建设项目。澳政府先是在2017年12月否决了华为在数月前与所罗门群岛达成的一项铺设海底电缆的协议，后又在2018年4月继美国之后宣布将逐渐淘汰华

① “Scott Morrison Joins China's WeChat ahead of Federal Election,” *ABC News*, 2 February 2019, https://www.sbs.com.au/news/scott-morrison-joins-china-s-wechat-ahead-of-federal-election.

② Dan Conifer, Stephanie Borys, “Australia Denies Citizenship to Chinese Political Donor Huang Xiangmo and Strips His Permanent Residency,” *ABC News*, 6 February 2019, https://www.abc.net.au/news/2019-02-06/australia-denies-citizenship-chinese-businessman-huang-xiangmo/10784512.

③ 《专访被拽入“间谍风波”的华商黄向墨：澳大利亚“巨婴”需要成长》，2019年2月12日，环球网，http://world.huanqiu.com/exclusive/2019-02/14287120.html?agt=61。

④ 《涉国家安全 华为被禁在澳大利亚竞标》，2012年3月26日，BBC中文网，https://www.bbc.com/zhongwen/simp/business/2012/03/120326_australia_china_huawei。

为、中兴两大中国品牌手机，以避免“有外国政府背景的企业参与澳5G建设”。四个月后澳官方三度出手，于8月23日发布了《澳电信运营商5G安全指南》，该文件同样高举“维护国家安全”的大旗，正式封杀华为参与澳5G建设[①]。

除了抵制华为外，澳大利亚政坛与媒体也开始关注中国在南太平洋的“军事布局”。澳向来以南半球的中等强国（Middle Power）自居，认为除了美日等盟国之外，不愿意看到其他国家过于介入该地区的事务。2018年4月，澳媒体报道中国政府将援助瓦努阿图建设码头，并在当地建立一个军事后勤基地，认为这是中国在该区域进行“军事深耕”的重要指标。此报道虽然被中国与瓦努阿图两国政府否认，但仍引起澳大利亚高度重视[②]。2018年11月，总理莫里森正式发布“太平洋支点”（Pacific Pivot）外交方针，宣布澳大利亚将重返南太地区，并投入约30亿澳元的资金协助南太岛国的经济发展。虽然该方针的内容大致与2017年公布的外交白皮书内容相似，但其中的亮点之一便是澳将强化与巴布亚新几内亚、瓦努阿图等国的安全合作，并与美国合作扩建位于巴布亚新几内亚马努斯岛东部的隆布朗海军基地[③]，这一系列政策反映出澳大利亚欲强化美澳在南太地区的军事存在，反制中国的用意十分明显。

（三）经济层面

由于政治关系紧张，中澳两国间的经济投资也从2017年起受到连带负面

① Danielle Cave, Tom Uren, “Why Australia Banned Huawei from Its 5G Telecoms Network,” *Financial Times*, 30 August 2018, https://www.ft.com/content/e90c3800 - aad3 - 11e8 - 94bd - cba20d67390c.

② Michael O'Keefe, “Response to Rumors of a Chinese Military Base in Vanuatu Speaks Volumes about Australian Foreign Policy,” *The Conversation*, 11 April 2018, https://theconversation.com/response - to - rumours - of - a - chinese - military - base - in - vanuatu - speaks - volumes - about - australian - foreign - policy - 94813.

③ Michael Shoebridge, “Morrison's Pacific Pivot,” *The Strategist*, 9 November 2018, https://www.aspistrategist.org.au/morrisons - pacific - pivot/.

冲击，澳大利亚国立大学在2018年10月所发布的中国在澳投资数据库资料显示，中国在澳的商业投资在2016年达到峰值，总值约为149亿澳元，但2017年便急剧下跌至89亿澳元，减少了40%①。另一项针对中国人在2018年投资澳大利亚房地产的调查也反映出相同的趋势，该调查发现，2015～2016年为中国人投资澳房地产的高峰期，但自2017年起便开始降温，2018年更下降了约20%②。由于对澳投资金额的减少，故在连续五年成为澳大利亚最大的投资国后，中国于2018年让出了第一名的宝座，由美国取而代之③。至于中国资金进入澳大利亚市场大幅减少的原因，除了中国政府近年来加强监管以防止国内资本外流之外，也与澳大利亚政府对外国资金投入敏感基础建设与地产项目的审查日趋谨慎严格有关。例如，2018年11月澳大利亚财政部否决了香港长江和记实业集团以130亿澳元收购澳大利亚最大天然气管道输送公司APA集团的计划，否决的理由即为“让外国企业掌控如此重要的天然气管线并不符合澳大利亚国家利益”④。

除了经济投资数据的黯淡之外，两国的经济合作也出现了一个较特殊的现象，那就是澳大利亚的联邦政府与地方政府对中资看法不同，以“一带一路”倡议为例。自2015年起，中国政府便表示欢迎澳大利亚加入“一带一路”的相关合作项目，并建议将“一带一路”与澳大利亚的“北部大开发”计划相对接。中方的建议受到澳北部地区政府与商界欢迎，认

---

① Lisa Murray, "Chinese Investment in Australia Slumps 40%," *Financial Review*, 8 October 2018, https://www.afr.com/news/policy/foreign-investment/chinese-investment-in-australia-slumps-40-per-cent-20181007-h16bc7.

② Hannah Blackiston, "Chinese Investment in Australian Property to Stay Strong in 2019 as Buyers Look to Grab a Bargain," https://eliteagent.com/chinese-investment-in-australian-property-to-stay-strong-in-2019-as-buyers-look-to-grab-a-bargain/.

③ 《澳大利亚慌了吗？中国对澳投资额跌至第二！时隔5年美国重回第一》，2019年3月1日，雪球网，https://xueqiu.com/2336460002/121977964。

④ James Thornhill, "Australia Blocks CK Group's $9.5 Billion Bid for APA Pipelines," *Bloomberg*, 20 November 2018, https://www.bloomberg.com/news/articles/2018-11-20/australia-blocks-ck-group-s-a-13-billion-bid-for-apa-pipelines.

为中方倡议有助于当地经济发展[①]，但澳大利亚联邦政府的态度始终保守，对中方的倡议充满疑虑。澳地方政府对于中国“一带一路”倡议的兴趣明显高过联邦政府，做法也更为积极。2018 年 11 月维多利亚州政府绕过澳大利亚联邦政府同中国国家发改委签署了“一带一路”合作备忘录，希望拓展双方在设施联通、贸易投资、工程设计等方面的合作[②]。然而，此备忘录的签署立即遭到总理莫里森的批评，并宣称他对维多利亚州政府在没有与联邦政府进行协商的情况下就私自签约之举深感震惊[③]。维多利亚州政府的举措不仅成为其他对中国投资有兴趣的地方政府的榜样，也直接点破了澳联邦政府与地方政府对于接纳“一带一路”倡议的矛盾立场。

（四）交流层面

人员的交流往来是判定两国关系的另一项重要指标，可用来评判中澳两国在社会层面的互动是否同样受到政治纠纷的干扰。澳国家统计局的统计资料显示，2018 年中澳两国旅客（涉及旅游、洽公、探亲）往来人数均持续增加，从入境澳大利亚的人数来看，一整年共有约 920 万人次的外国旅客访澳，其中来自中国内地的旅客就超过了 143 万人次，占整体外国旅客人数的 15.5%，中国也自 2017 年底超越新西兰成为澳最大的国外旅客来源国。另外，澳旅客赴中国的数量也持续增加，2018 年共有约 59 万人次，占全年出国旅客总数的 5.4%，数量次于新西兰、印尼、美国、英国，排名第五[④]。

---

① 《澳大利亚达尔文：走在“一带一路”上》，2018 年 7 月 12 日，中国新闻网，http：//www.chinanews.com/gj/2018/07－12/8565117.shtml。

② 《澳大利亚维多利亚州政府与中国国家发展改革委正式签署“一带一路”合作谅解备忘录》，2018 年 10 月 26 日，中华人民共和国外交部网站，https：//www.fmprc.gov.cn/web/zwbd_673032/wshd_673034/t1607317.shtml。

③ “Morrison Lashes Victoria over China Deal,” *SBS News*, 6 November 2018, https：//www.sbs.com.au/news/morrison－lashes－victoria－over－china－deal.

④ Australian Bureau of Statistics, “Australia's International Travel－2018,” 19 February 2019, http：//www.abs.gov.au/ausstats/abs@.nsf/Latestproducts/3401.0Feature%20Article1Dec%202018?opendocument&tabname=Summary&prodno=3401.0&issue=Dec%202018&num=&view=.

必须指出，即便两国互访旅客数量持续增加，但增加幅度有明显趋缓的迹象，2016 年中国赴澳旅行人数的增长率约为 28%，2017 年降为 12.7%，到了 2018 年更仅有 5.5%。而澳赴中国旅行人数增长率也从 2017 年的 17% 降至 2018 年的 9.6%[①]，可见 2017 ~2018 年双边关系的紧张仍然在一定程度上影响了两国人员的交流。

至于中澳两国人民对于对方国家的印象，近期的调查研究也显示出矛盾与纠结的现象。澳大利亚著名智库罗伊国际政策研究所在 2018 年 6 月公布了年度全国民意调查结果，其中的调查问题就包括受访者对中国的印象。调查显示，中国列“澳大利亚人最信任的外国”排行榜第六名，约 52% 的受访者表示相信中国，更有约 82% 的受访者认同中国是经济伙伴，仅有 12% 觉得中国是军事威胁[②]。然而，同一份调查也显示，澳大利亚人确实对“中国影响力渗透澳大利亚政治”这个议题相当关注，尤其是经济投资方面，约有 72% 的受访者认为政府开放太多中国资金进入澳大利亚，比 2014 年的 56% 高出许多[③]。如此矛盾的想法同样出现在中国，根据媒体在 2018 年初的一份调查，中国民众对澳大利亚的印象基本上仍然是正面的，认为那里环境优美，适合居住，但是部分受访者也感觉到澳大利亚人似乎对中国人不太友善，甚至担心有种族歧视的问题，而这种担心在很大程度上与自由党政府出台一系列禁止外国势力干涉澳大利亚内政的法令有关[④]。

---

① Stephanie Chalmers, “More Australians Travelling Overseas, as China Tourism Boom Continues,” *ABC News*, 19 January 2018, https://www.abc.net.au/news/2018-01-19/more-aussies-pull-out-their-passports-with-nz-trips-on-the-rise/9344692；《中国成澳大利亚最大旅游客源国》，2018 年 3 月 28 日，新浪网，http://news.sina.com.cn/c/2018-03-28/doc-ifysshxz5821064.shtml。

② Alex Oliver, *Lowy Institute Poll 2018*, Sydney: Lowy Institute for International Policy, 2018, pp. 5, 11.

③ Alex Oliver, *Lowy Institute Poll 2018*, Sydney: Lowy Institute for International Policy, 2018, p. 10.

④ Michael Smith, “How the Chinese View of Australia Is Shifting,” *Financial Review*, 24 January 2018, https://www.afr.com/news/how-the-chinese-view-of-australia-is-shifting-20180122-h0m6kt.

二　影响中澳互动的主要原因

（一）西方国家对“中国崛起”的不信任

中澳关系的不睦与中美贸易战开打有着高度的相关性，在高举保护主义与“美国优先”两面大旗的特朗普当选美国总统之后，美国即开始拉拢盟国在自由贸易、科技发展等层面对中国采取抵制的举措，而根据一般的观察，作为美国坚实的战略同盟伙伴，澳大利亚政府近期的对华政策事实上就是配合特朗普政府外交路线的基本步调①。无论是澳大利亚还是美国，它们抵制中国最根本的因素都源于它们对中国国力迅速崛起的不信任与忧虑。它们担心中国会触动它们目前主导全球政经发展的既得利益，尤其是随着它们的科技通信等高附加值产业优势不断丧失，因此认为它们必须及时采取措施。

“中国军方借由学术交流获取先进科技知识”争议是澳大利亚对中国综合国力快速提升不信任的另一个案例。学术交流与合作向来是国与国间相互往来非常重要的一部分，中国更是澳最大的留学生来源国，留学生数量占整体留学生数量的30%②。然而，自2017年底起，澳保守派便开始积极宣传“特定中国军方背景人士隐匿其身份借由学术交流攫取西方先进科学技术”的论点，认为澳大利亚政府必须管控中澳间的学术往来③。到了2018年10月，具有澳军方背景的智库——澳大利亚战略政策研究所（Australian

① 《澳大利亚跟着美国对华为和中兴也说“不”》，2018年3月1日，新浪网，http：//tech. sina. com. cn/t/2018－03－01/doc－ifwnpcns8678832. shtml。

② Natasha Robinson，“Australia Hosting Unprecedented Numbers of International Students，” *ABC News*，18 April 2018，https：//www. abc. net. au/news/2018－04－18/australia－hosting－unprecedented－numbers－international－students/9669030.

③ Clive Hamilton，Alex Joske，“Australian Universities Are Helping China's Military Surpass the United States，” *The Sydney Morning Herald*，17 October 2017，https：//www. smh. com. au/world/australian－universities－are－helping－chinas－military－surpass－the－united－states－20171024－gz780x. html.

Strategic Policy Institute，ASPI）公布了一份研究报告，再次强调上述观点，并认为西方国家的战略优势将逐步受到侵害①，此报告再度引起澳国内的关注以及来自中国方面的不满。中国军方与外国学术单位的交流合作由来已久，中澳两国的军界也定期进行人员的互访，本属相当正常的现象，也无人反对，近期却被澳保守派大肆炒作，这显然是受到担心中国快速崛起心态的影响，也凸显了西方国家对维持其在科技产业的优势缺乏自信。

（二）澳大利亚国内政治斗争激烈

澳大利亚政坛过去数年处于较动荡的姿态，2010～2018 年共更换了五任总理，而且大多数是因执政党爆发内讧而被逼下台，真正因政党轮替产生新总理只发生在 2013 年 9 月的联邦大选，阿博特领导的在野联盟击败陆克文领军的工党而取得执政权②。由于总理轮替的频率过快，政府新发布的一条命令可能没过多久就被后来上台的总理所否定，因而政府推动的政策变得相对不稳定，其中自然包括对华政策。此外，2018 年执政的自由党—国家党联盟由于多位所属的国会议员辞职，再加上补选失利与议员退党出走，已经沦为名副其实的少数政府（Minority Government）③。为了顺利执政，在较难寻求最大反对党工党的支持下，特恩布尔与莫里森只能转而争取与自己立场相近的小党与独立议员的支持，而这些政客所持的政治路线基本是保守排外的，也进而影响执政联盟制定对华政策的思维与路线。

① Michael Shoebridge, "China's Military Has One Aim in Sending Its Scientists to Study in the West," *The Strategist*, 31 October 2018, https://www.aspistrategist.org.au/chinas-military-has-one-aim-in-sending-its-scientists-to-study-in-the-west/.

② 澳大利亚的前四任总理特恩布尔、阿博特、吉拉德以及陆克文都遭遇到党内挑战者的逼宫而被迫辞职。

③ Helen Davidson, "Canberra Chaos: Australian Minority Government Loses Another MP," *The Guardian*, 27 November 2018, https://www.theguardian.com/australia-news/2018/nov/27/canberra-chaos-australian-minority-government-loses-another-mp-julia-banks.

澳大利亚在对华事务处理上也受到地方与联邦政府分庭抗礼、党派较劲的影响。由于疆域辽阔、人口分布不均，为了能够有效维护不同地方人民的利益，澳大利亚采用了联邦制的政体，州政府比单一制国家的地方政府能获得更大的自主权，并有一定处理对外事务的权力，此制度的设计也因而给予各州政府更多与中央政府讨价还价甚至相互抗衡的筹码。如前所述，维多利亚州政府在未经联邦政府同意的情况下与中国签署了“一带一路”合作备忘录，开了澳地方政府公开挑战联邦政府抵制“一带一路”的“第一枪”。无独有偶，2019 年 3 月西澳大利亚州政府宣布继续推动与华为的合作，将共同在西澳首府珀斯建立 4G 火车无线通信系统，步调也与联邦政府明显不同①。值得注意的是，在对华事务公然与联邦政府唱反调的维多利亚州与西澳大利亚州均由工党执政，而工党又志在 2019 年 5 月所举行的联邦国会大选击败莫里森取回中央执政权，在大选期程逼近的背景下，两大党均为了胜选而全力冲刺。因此，虽然两州的决策看似为了地方经济发展，但仍有浓厚的党派较劲的意味。

三　中澳关系发展走向的评估

未来一段时间内中澳两国关系的走向主要受到三种因素影响，分别是中国对南太平洋地区的政策、美澳同盟以及澳大利亚的联邦选举。第一，“中国影响力进入南太平洋地区”这一议题。如前所述，澳向来以南太平洋区域的领头羊自居，不愿意见到中国在该地区的影响力不断扩大，从而挑战它在这一地区享有的既得利益。另外，中国政府强化与南太岛国关系符合中国的国家利益，更是落实“一带一路”倡议的重要手段之一，要叫停相关的政策几无可能。如果中澳两国的政治互信足够，那么即便双方对此议题有不同的看法，仍然可以及时通过各种方式进行沟通，所造成的负面冲击将可以

① “Huawei Contract for WA Trains to Proceed,” *SBS News*, 14 March 2019, https://www.sbs.com.au/news/huawei-contract-for-wa-trains-to-proceed.

大幅减少。中国与澳大利亚应加强互动与提升互信水平。

第二，美澳同盟的发展将连带影响日后中澳两国的互动。虽然澳大利亚向来标榜其是一个独立自主的国家，但事实上外交战略在很大程度上受到美国的影响，美澳同盟自20世纪50年代以来始终由美国扮演领导者的角色，澳大利亚在很多国际议题上都跟随美国的脚步。特朗普上台之后高举孤立主义大旗，强调“美国优先”，导致包括澳大利亚在内的美国传统盟友的不满与猜疑，但在面对“中国崛起”这个战略问题时，美澳双方还是有共同语言的。作为美国忠实战略盟友的澳大利亚虽不至于与中国持续交恶，但仍将忠实扮演美国在南太地区的“副警长”的角色，与中国保持一定的竞合关系。

第三，澳大利亚联邦大选结果对中澳关系的发展有一定影响。近年来中澳关系的动荡在很大程度上与澳国内的政治纷扰有关，尤其在执政联盟的民意支持度不高、与在野党间斗争非常激烈时，中国问题就被政客们视为攻击政治对手的最佳武器之一。例如，自由党曾多次利用“与中国来往过于密切”的理由来攻击工党的政治人物①，特恩布尔甚至用言语对中国做出挑衅以换取保守派的支持②，一改他2015年上台之初对中国的友善态度。继任总理莫里森在处理中澳关系上也出现了类似问题，他虽然在上台之初对中国释放善意，并积极争取华裔选民的支持，但也高调反对由工党执政的维多利亚州政府与中国所签订的商业协议，以显示自己与工党对于“保护国家安全”立场的不同。2019年5月举行的联邦大选显然是关键所在，根据大多数民意调查，在野的工党获得较多选民支持，对执政联盟造成的压力颇大。③ 然而无论选举结果为何，外界预期澳政局在选举纷扰

① 例如自由党人士不断抨击工党籍联邦参议员邓森（Sam Dastyari）收取华裔人士的“不法资助”，导致邓森承受巨大政治压力，并于2017年12月宣布辞去参议员职务。

② 特恩布尔在2017年12月9日的记者会上用普通话喊出“澳大利亚人民站起来了”，表示澳将不再过度依赖中国，挑衅的意味非常浓厚。

③ Michelle Grattan, “The End of Uncertainty? How the 2019 Federal Election Might Bring Stability at Last to Australian Politics,” *The Conversation*, 24 February 2019, https://theconversation.com/the-end-of-uncertainty-how-the-2019-federal-election-might-bring-stability-at-last-to-australian-politics-111827.

的因素消失而进入相对较为平稳的阶段后，对中澳关系的正向发展是相对有利的。

总的来说，中澳两国间各种经济、安全、政治方面的争议并不会立即结束，但过去两三年以来动荡的双边关系已经出现停损点，中澳间的互动在未来也可能有一定程度的回温，两国关系中短期内有可能维持大框架下相对稳定、小范围内持续纷扰的局面。

四　结论

2018～2019年中澳仍面临自2016年以来的种种政治、经济与安全方面的争议，其核心原因仍在于两国对彼此的认知以及深化交流有着不同的观点与诠释。对中国来说，澳大利亚是一个亚太地区大国，也是自身所需进口原物料的重要来源国之一，更是“一带一路”倡议在南太平洋地区推动的必经之地，是需要积极交往的对象。澳大利亚在政治、经济、军事安全方面对中国均不构成威胁，更不是中国潜在的战略竞争者，深化各项交流合作对中国来说是有利的。然而澳大利亚方面的看法却存在矛盾与分歧，一方面乐见中澳经济合作所带来的巨大商业利益、两国人员交流所带来的和平红利；另一方面忧虑由于双方综合实力的差距较大，深化交流可能造成澳过于依赖中国的反效果，更担心“一带一路”倡议在南太岛国的开展可能冲击澳在此区域长期以来的领导地位①，加上受席卷多数欧美国家保守排外浪潮的影响，部分保守派人士高声宣传排华主张，澳大利亚政府面临艰难的战略选择。

中国与澳大利亚是紧密的贸易伙伴，两国实际上已经建立起深厚的相互依存关系，双边关系的动荡对各自长远的国家利益来说都是不利的，而且考

① John Garrick, “Soft Power Goes Hard: China's Economic Interest in the Pacific Comes with Strings Attached,” *The Conversation*, 16 October 2018, https://theconversation.com/soft-power-goes-hard-chinas-economic-interest-in-the-pacific-comes-with-strings-attached-103765.

虑到整体的国家实力与经济规模，澳因两国关系不睦所受到的负面冲击事实上比中国要多很多，尤其是在经贸方面。有鉴于此，澳国内也逐渐出现希望能够看到中澳关系正常发展的声音，其中不乏重要人物的呼声，例如澳前总理霍华德在 2018 年 6 月即呼吁时任总理特恩布尔尽快结束与中国的冰冻关系，并且强化两国领导人的互动①；10 月下旬另一位前总理陆克文也表示中澳两国必须求同存异，开展合作②。展望未来，随着澳动荡的国内政局在联邦大选后逐渐缓和，中美贸易摩擦也在波折中持续谈判，一些不利于中澳发展的因素正在消失，即便自 2016 年起笼罩在两国上方的阴霾不会在短期内完全消散，“中国崛起”的议题在澳国内亦将持续发酵，局部的政治经济纠纷也可能再次出现，但中短期内两国关系在大的框架下应不至于再恶化，有望进入一个相对较平稳的阶段。

---

① 《澳大利亚前总理献计澳政府：应面对面修复澳中关系》，2018 年 6 月 2 日，环球网，http：//world. huanqiu. com/exclusive/2018 –06/12147804. html？agt =15422。

② 《“中澳未来论坛”悉尼举行　澳前总理吁求同存异加强合作》，2018 年 10 月 29 日，中国新闻网，http：//www. chinanews. com/gj/2018/10 –28/8662083. shtml。

B.4

莫里森政府时期澳大利亚气候变化政策

王学东 方仕杰*

摘 要： 气候变化是影响澳大利亚政治发展的重要议题，气候变化政策是澳大利亚政治博弈的晴雨表。本报告在阐述莫里森政府时期澳大利亚的气候变化政策的基础上，着重分析澳大利亚气候政策变动的原因。本报告认为，经济结构、党派博弈、社会民意和国际环境是塑造莫里森政府时期澳大利亚气候变化政策的四大基本动因。其中，经济结构对澳大利亚气候变化政策发挥着决定性作用。展望未来，澳大利亚气候变化政策仍将以相对保守的方式稳步推进。

关键词： 气候变化政策 澳大利亚 莫里森政府

气候变化政策是澳大利亚政治博弈的重要议题，近几年来随着澳总理的不断更迭而时常出现转折。2015 年 9 月，在气候变化问题上持保守立场的总理阿博特在自由党党内投票中落选下台，接任者特恩布尔在气候变化问题上的立场相对积极①。自 2015 年 9 月担任澳大利亚总理以来，特恩布尔积极推动气候变

* 王学东，博士，中山大学国际关系学院副教授，教育部国别和区域研究培育基地——中山大学大洋洲研究中心副主任，主要研究领域为澳大利亚气候变化政策、中国与南太平洋岛国关系。方仕杰，中山大学国际关系学院 2018 级硕士研究生。

① 本报告将特恩布尔时期的气候变化政策评价为“相对积极”，是将特恩布尔时期的气候变化政策与其前任阿博特、后任莫里森的气候变化政策比较之下做出的评价。总体而言，以上三位自由党总理执政时期的气候变化政策都是偏向保守的，尤其是与工党执政时期的气候变化政策相比。

化应对政策，包括批准《京都议定书》多哈修正案和《巴黎协定》、承诺 2020 年和 2030 年的温室气体减排目标、沿用“减排基金”（Emissions Reduction Fund，ERF）、推动“国家能源保障”政策（National Energy Guarantee，NEG）等。特恩布尔的积极气候变化政策惹恼了执政党内的右翼阵营，造成自由党内部再次分裂，引发 2018 年 8 月以内政部长达顿为代表的右翼阵营“逼宫”事件。在 2018 年 8 月的自由党内部投票中，特恩布尔惨遭淘汰，自由党右翼领袖莫里森接任自由党党首和总理职位，澳大利亚气候变化政策再起波澜。

本报告在简要梳理澳大利亚气候变化政策发展历程的基础上，着重阐述莫里森时期的气候变化政策，并对澳大利亚气候变化政策的发展动因展开分析。

一　澳大利亚气候变化政策概述

20 世纪八九十年代，澳大利亚“绿色运动”蓬勃发展。在绿色政治力量和包括工党在内的左翼力量联合推动下，澳大利亚成为国际气候变化事务的领军者，体现在：率先批准 1988 年多伦多会议提出的“多伦多目标”、率先批准《联合国气候变化框架公约》和积极参加《京都议定书》谈判。1996 ~ 2007 年，自由党霍华德政府上台后追随美国，拒绝批准《京都议定书》，成为国际气候变化谈判的麻烦制造者。在 2007 ~ 2013 年工党执政时期，澳大利亚再次举起气候变化大旗，推出资源超额利润税和碳税，试图领跑碳交易机制。2013 年 9 月，自由党领袖阿博特上台执政后废除碳税，澳大利亚气候变化政策再次倒退。

2015 年 9 月，自由党内左翼领袖特恩布尔接替阿博特担任自由党党首和澳大利亚总理。自上任以来，特恩布尔采取相对积极的气候变化政策。在国际上，批准《京都议定书》多哈修正案和《巴黎协定》，承诺到 2020 年减排 5%、到 2030 年减排 26% ~28%。[①] 在国内层面，继续沿用阿博特时期

① 《澳大利亚正式批准气候变化〈巴黎协定〉》，2016 年 11 月 10 日，环球网，http：//world.huanqiu.com/hot/2016 -11/9662498.html? agt =15438；王学东、林文若：《澳大利亚绿党的气候变化政策与气候变化博弈》，载喻常森主编《大洋洲发展报告（2015 ~2016）》，社会科学文献出版社，2016。

的减排基金，并推出“国家能源保障”政策。NEG 要求能源零售商在确保电力供应稳定的基础上，必须严格控制平均碳排放水平，否则将面临取消注册资格等严厉处罚。[①] 2018 年 8 月，特恩布尔推动对 2030 年减排目标进行立法，引发自由党内部右翼阵营的反对浪潮。为平息各方反对浪潮和扭转不利的民调形势，特恩布尔向自由党内右翼势力投降，宣布放弃对 2030 年减排的目标进行立法。

二 莫里森政府时期的气候变化政策

2018 年 8 月 24 日，莫里森在自由党内部投票中当选新任党首和政府总理。为弥补特恩布尔激进气候变化政策带来的党内分裂和民意下降，莫里森上台伊始便迅速宣布放弃“国家能源保障”政策，表示不再继续追求对减排目标进行立法，努力降低全国电价。[②] 莫里森上台后将尽快降低居民电费作为澳大利亚政府的当务之急，新任能源部长泰勒也表示，“降低电费并重塑消费者信心是第一要务”[③]。总理发言人称“澳大利亚政府仍将努力实现《巴黎协定》的减排目标，但是，政府不会为此立法”。莫里森向媒体表示，前总理特恩布尔提出的“国家能源保障”政策已经没戏了。[④]

作为自由党内偏右翼的政治家，莫里森重视发展经济、增加就业、降低民众生活成本、力挺传统能源。在气候变化问题上，莫里森政府采取稳健的

---

① Australian Government Department of the Environment and Energy, “2017 Review of Climate Change Policies,” December 2017, p. 25, https: //www. environment. gov. au/climate - change/review - climate - change - policies;《为平息内斗 澳大利亚总理放弃政府减排目标》，2018 年 8 月 21 日，新华网，http: //www. xinhuanet. com/world/2018 - 08/21/c_ 129936529. htm。

② 《莫里森“当家”》，2018 年 9 月 26 日，新华网，http: //www. xinhuanet. com/globe/2018 - 09/26/c_ 137478552. htm。

③ 《澳大利亚拟推能源新政》，2018 年 9 月 10 日，人民网，http: //paper. people. com. cn/zgnyb/html/2018 - 09/10/content_ 1880570. htm。

④ 《降电费没戏了？国家能源保障计划被莫里森“判死刑”，谭保曾因它下台!》，2018 年 9 月 9 日，搜狐网，http: //www. sohu. com/a/252812066_ 170561。

政策，试图在发展经济、降低能源价格和应对气候变化之间寻求平衡。澳大利亚环境与能源部于2019年3月发布的气候政策文件中提到，“在发展经济和降低能源价格的基础上，澳大利亚政府承诺在气候变化问题上采取行动”①。

上任以后，莫里森明确表示坚持被前总理特恩布尔宣布放弃的2030年减排目标。莫里森2018年9月2日接受悉尼广播电台采访时明确表示：“我们将坚持《巴黎协定》中承诺的减排目标。”② 澳大利亚环境与能源部于2019年3月5日发布的官方文件明确提出，“澳大利亚2030年比2005年减排26%～28%的目标是负责任和可实现的”③。根据澳大利亚环境与能源部2018年12月发布的数据，为完成2030年的减排目标，澳大利亚在2020～2030年需要完成的减排任务为3.28亿吨至3.95亿吨。④ 为落实2030年的减排目标，莫里森政府于2019年2月25日出台了总投资额为35亿澳元的气候问题一揽子解决方案（Climate Solutions Package），具体包括气候解决方案基金（Climate Solutions Fund）、提高能源效率、国家电池项目（Battery of the Nation Project）和国家电动汽车战略（National Electric Vehicle Strategy）四个方面。⑤

---

① Australian Government Department of the Environment and Energy, “Climate Solutions Package,” 5 March 2019, p. 2, https://www.environment.gov.au/climate-change/publications/climate-solutions-package.

② 《澳大利亚拟推能源新政》，2018年9月10日，人民网，http://paper.people.com.cn/zgnyb/html/2018-09/10/content_1880570.htm。

③ Australian Government Department of the Environment and Energy, “Climate Solutions Package,” 5 March 2019, p. 2, https://www.environment.gov.au/climate-change/publications/climate-solutions-package.

④ Australia Government Department of the Environment and Energy, “Australia's Emissions Projections 2018,” December 2018, p. 10, https://www.environment.gov.au/system/files/resources/128ae060-ac07-4874-857e-dced2ca22347/files/australias-emissions-projections-2018.pdf.

⑤ 详见 Australian Government Department of the Environment and Energy, “Climate Solutions Package,” 5 March 2019, https://www.environment.gov.au/climate-change/publications/climate-solutions-package。

（一）气候解决方案基金

气候解决方案基金是一揽子方案的中心措施。莫里森政府预计为该基金投入20亿澳元，旨在通过该基金在2020～2030年完成1亿吨的减排任务，这占据澳大利亚总减排任务的接近1/3。[①] 气候解决方案基金的用途主要是继续投资现有气候项目和继续推进减排。

目前，澳大利亚可再生能源署（Australian Renewable Energy Agency，ARENA）已向441个清洁电力项目（包括大型太阳能发电项目和水力发电项目）提供了13.47亿澳元的资金支持。澳大利亚清洁能源金融公司（Clean Energy Finance Corporation，CEFC）向110多个清洁能源项目投资超过64亿澳元，这些项目的总资产超过210亿澳元。[②] 同时，莫里森政府投资支持发展核电技术。

气候解决方案基金为农民、企业、当地社区实施减排项目提供资金支持。在偏远地区，该基金雇用当地社区居民担任森林防火员，既增加就业岗位和收入，又降低森林失火带来的碳排放量。在商业企业领域，该基金支持中小企业更新电灯、空调和制冷系统，既降低能耗、节约企业运营支出，又降低企业运营过程中的碳排放量。在农业领域，该基金支持农民绿化荒地、改善水质，减少农场土地的侵蚀、盐碱化和干旱。此外，气候解决方案基金还支持社区降低生活垃圾中的碳排放量。

通过现有的减排基金实现低成本减排，也是气候解决方案基金的重要内容。在特恩布尔时期，ERF形成了以“减排登记、逆向购买、保障机制”为核心的减排机制。[③] 澳大利亚政府先向成功落实减排计划的企业、社区和

① Australian Government Department of the Environment and Energy, “Climate Solutions Package,” 5 March 2019, p. 6, https://www.environment.gov.au/climate-change/publications/climate-solutions-package.

② Australian Government Department of the Environment and Energy, “Climate Solutions Package,” 5 March 2019, p. 3, https://www.environment.gov.au/climate-change/publications/climate-solutions-package.

③ Australian Government Climate Change Authority, “Review of the Emissions Reduction Fund,” December 2017, pp. 17-19, http://climatechangeauthority.gov.au/review-emissions-reduction-fund.

个人发放“澳大利亚碳信用额度”（Australian Carbon Credit Units，ACCUs），而后以逆向拍卖的方式回购 ACCUs，实现以最低成本降低碳排放量。2015 年 4 月到 2017 年 4 月，澳大利亚政府累计组织了 5 次 ACCUs 逆向拍卖活动，累计实现减排 1. 89 亿吨，累计投入拍卖的总资金为 22. 34 亿澳元，平均拍卖价格为 11. 83 澳元/吨。[①] 保障机制从 2016 年 7 月开始实施，旨在避免政府购买的碳减排额度被其他经济部门增加的碳排放量抵消，该机制的具体内容是：政府为年排放量超过 10 万吨二氧化碳的企业制定排放限额，若年排放量预计超过排放限额，这些企业应就超出部分向政府购买 ACCUs 。[②]

（二）提高能源效率

提高能源效率是莫里森政府气候问题一揽子解决方案的第二大政策措施。到 2030 年，澳大利亚政府预计通过一系列提高能源效率的措施减排 0. 63 亿吨。[③]

莫里森政府认为，通过提高能源效率既能降低居民和企业的能源支出，又能降低温室气体排放量。在提高能源效率方面，莫里森政府采取了以下两方面举措。一方面，在市场上销售的居民家用电器和企业电力设备上统一张贴能耗标志（Energy Rating Labels）。消费者在购买电器的时候，可以比对不同电器之间的能耗，选择节能的、经济的电器设备。张贴能耗标志的做法在澳大利亚已实施多年，据澳大利亚官方报告称，这一做法平均每年可降低居民家庭支出 90 ~ 190 澳元，在 2000 ~ 2014 年已实现累计减排 2300 万吨 ~

① Australian Government Climate Change Authority, “Review of the Emissions Reduction Fund,” December 2017, p. 19, http://climatechangeauthority. gov. au/review – emissions – reduction – fund.

② Australian Government Climate Change Authority, “Review of the Emissions Reduction Fund,” December 2017, p. 19, http://climatechangeauthority. gov. au/review – emissions – reduction – fund.

③ Australian Government Department of the Environment and Energy, “Climate Solutions Package,” 5 March 2019, p. 6, https://www. environment. gov. au/climate – change/publications/climate – solutions – package.

3500 万吨。[①] 莫里森政府正计划联合电器制造商和各州（领地）政府扩大能耗标志的适用范围，预计覆盖 26% 的家用电器。[②] 另一方面，澳大利亚政府采取措施提高建筑物的能源效率。政府通过提供资金、培训、工具设备等方式帮助商业建筑和住宅建筑节约能源。此外，政府还将提高建筑物的审核评价标准以满足提高建筑物能效和减排的需要。[③]

（三）国家电池项目

国家电池项目是气候问题一揽子解决方案的又一重要措施。到 2030 年，国家电池项目有望实现累计减排 2500 万吨。[④] 国家电池项目是指澳大利亚政府将塔斯马尼亚岛富余的发电量以抽水蓄能的方式储存起来，传输到澳大利亚大陆。塔斯马尼亚岛现有 400 兆瓦时的发电能力盈余，这些电能全部来自低成本、零排放的水力发电。据调查，塔斯马尼亚岛仍有 2500 兆瓦时的清洁水电可供开发，这是塔斯马尼亚岛目前已开发水电量的两倍以上。[⑤] 大雪山水电项目是澳大利亚政府在塔斯马尼亚岛的大型水力发电项目。2017 年，特恩布尔政府投入 800 万澳元就大雪山水电项目扩容（即“大雪山计划 2. 0”，Snowy 2. 0）进行可行性研究，目标是使大雪山水电项目的发电能

① Australian Government Department of the Environment and Energy, “2017 Review of Climate Change Policies,” 19 December 2017, p. 29, https://www.environment.gov.au/climate - change/review - climate - change - policies.

② Australian Government Department of the Environment and Energy, “Climate Solutions Package,” 5 March 2019, p. 6, https://www.environment.gov.au/climate - change/publications/climate - solutions - package.

③ Australian Government Department of the Environment and Energy, “Climate Solutions Package,” 5 March 2019, p. 6, https://www.environment.gov.au/climate - change/publications/climate - solutions - package.

④ Australian Government Department of the Environment and Energy, “Climate Solutions Package,” 5 March 2019, p. 7, https://www.environment.gov.au/climate - change/publications/climate - solutions - package.

⑤ Australian Government Department of the Environment and Energy, “Climate Solutions Package,” 5 March 2019, p. 7, https://www.environment.gov.au/climate - change/publications/climate - solutions - package.

力增加 50%。[①] 莫里森政府继续推进“大雪山计划 2.0”，提出将通过该项目额外增加 2000 兆瓦时的发电能力和 35 万兆瓦时的电能储蓄能力。[②] “大雪山计划 2.0”一方面增加了发电量，确保电力供应稳定；另一方面减少了电力部门常规能源的使用，降低了碳排放量。

除加大水电工程建设和抽水蓄能设施建设力度外，澳大利亚政府积极兴建横跨巴斯海峡的传输线路，将塔斯马尼亚岛的清洁水电输送到澳大利亚大陆，缓解澳大利亚国家电力市场的供电压力和减排压力。目前，在塔斯马尼亚岛和澳大利亚大陆之间已建成一条电力传输线路 Marinus Link，其成功将来自塔斯马尼亚岛的清洁水电输送至澳大利亚大陆的维多利亚州。[③] 此外，莫里森政府即将在塔斯马尼亚岛和澳大利亚大陆之间建设第二条传输线路，以将清洁水电输送到南澳大利亚州。将塔斯马尼亚岛的水电储存起来并输送到澳大利亚大陆，能弥补风能和太阳能在稳定性方面的缺陷，使澳大利亚大陆的维多利亚州和南澳大利亚州即使在风力较小或缺乏太阳光的时候，仍能获得大量的清洁电力。

（四）国家电动汽车战略

莫里森政府气候问题一揽子解决方案的第四项政策措施是国家电动汽车战略。交通部门是澳大利亚温室气体的第二大来源，仅次于电力部门。近年

① Australian Government Department of the Environment and Energy, “2017 Review of Climate Change Policies,” December 2017, p. 27, https://www.environment.gov.au/climate-change/review-climate-change-policies.

② Australian Government Department of the Environment and Energy, “Climate Solutions Package,” 5 March 2019, p. 3, https://www.environment.gov.au/climate-change/publications/climate-solutions-package.

③ 2005 年后，澳大利亚的电力部门分为国家电力市场（National Electricity Market）、西澳大利亚电力市场（Western Australia Wholesale Electricity Market）、其他小规模网格和离网发电（Other Small Grids and Off-grid）三大部分。根据 2018 年数据，国家电力市场的碳排放量占整个电力部门碳排放量的 85%。Australia Government Department of the Environment and Energy, “Australia's Emissions Projections 2018,” December 2018, p. 17, https://www.environment.gov.au/system/files/resources/128ae060-ac07-4874-857e-dced2ca22347/files/australias-emissions-projections-2018.pdf.

来，澳大利亚交通工具排放的温室气体量呈现不断上升的趋势，从 2005 年的 8200 万吨上涨至 2018 年的 1.02 亿吨。[①] 鉴于经济发展和人口增长的需要，澳大利亚政府预计交通部门的温室气体排放量在 2020 ~ 2030 年仍然呈上涨趋势。

汽车是澳大利亚交通部门温室气体排放的最主要来源。2018 年，交通部门 1.02 亿吨温室气体排放量中，有 4400 万吨来自小汽车，占比达 43%；若将轻型商务车、公交巴士、货运卡车计算在内，来自汽车的温室气体排放量达到 8500 万吨，占整个交通部门温室气体排放总量的 83%。[②] 因此，降低来自汽车的温室气体排放量，对控制交通部门温室气体排放量的增长而言，具有重要意义。到 2030 年，澳大利亚政府预期通过实施国家电动汽车战略累计减排 1000 万吨。[③]

目前，澳大利亚电动汽车的销售量和使用量处于较低水平。促进电动汽车的推广和使用，以降低来自使用汽车的温室气体排放量，具有极大潜力。自 2010 年以来，澳大利亚电动汽车的年销售量为 500 ~ 1000 辆，仅占每年汽车总销售量的 0.1%。截至 2017 年 12 月，澳大利亚已登记上牌的电动汽车和插电式混合动力汽车共有约 4000 辆，其中大约 1100 辆是特斯拉纯电动汽车。特恩布尔政府曾提出在 2030 年实现电动汽车销售量达到新车销售量的 15%、电动汽车保有量达 100 万辆的宏伟目标。[④] 莫里森政府上台后虽未

---

① Australia Government Department of the Environment and Energy, "Australia's Emissions Projections 2018," December 2018, p. 12, https://www.environment.gov.au/system/files/resources/128ae060 - ac0 7 - 4 874 - 857e - dced2ca22347/files/australias - emissions - projections - 2018.pdf.

② Australia Government Department of the Environment and Energy, "Australia's Emissions Projections 2018," December 2018, p. 22, https://www.environment.gov.au/system/files/resources/128ae060 - ac0 7 - 4 874 - 857e - dced2ca22347/files/australias - emissions - projections - 2018.pdf.

③ Australia Government Department of the Environment and Energy, "Climate Solutions Package," 5 March 2019, p. 7, https://www.environment.gov.au/climate - change/publications/climate - solutions - package.

④ Australia Government Department of the Environment and Energy, "2017 Review of Climate Change Policies," 19 December 2017, p. 34, https://www.environment.gov.au/climate - change/review - climate - change - policies.

重提这一目标，但也明确提出推动电动汽车技术的发展和促进有关设施的建设。[①] 为落实国家电动汽车战略，澳大利亚多个政府部门纷纷采取相关措施：可再生能源署负责提供财政津贴补助，清洁能源金融公司负责提供金融贷款，澳大利亚政府理事会交通和基础设施委员会负责协调不同政府部门、企业和城乡社区的有关行动。

（五）小结

莫里森政府的气候变化政策既有保守的色彩，也有积极进步的一面。一方面，与工党的主张、特恩布尔执政后期的气候变化政策相比，莫里森政府的气候变化政策带有一些保守的成分。在 2019 年 5 月的大选中，工党提出了 45% 的减排目标，而莫里森承诺的减排目标是 26% ~28%。在气候变化政策上，特恩布尔采取了一些刚性的、硬约束政策，包括尝试推动对 26% 的减排目标进行立法、通过“国家能源保障”政策规定能源零售商的减排保证义务等。莫里森上台后，随即宣布放弃特恩布尔时期的刚性气候变化政策，更多采用补贴减排项目（气候解决方案基金）、直接投资发展清洁能源（国家电池项目、国家电动汽车战略）和推广使用节能电器和节能建筑工艺等软约束力手段。综观莫里森政府的各项气候变化政策，主要集中在以财政手段和宣传手段鼓励节能减排和投资发展清洁能源项目两大领域，几乎没有为传统能源企业设立任何硬性减排指标，并未直接打击传统能源产业。

另一方面，莫里森的气候变化政策也有积极进步的成分。首先，莫里森坚持了曾被前任总理特恩布尔放弃的减排目标。长期以来，自由党的保守派对气候变化议题持有强烈怀疑态度，并极力抵制减排目标。在前任特恩布尔因过于积极的气候变化政策而被保守派驱赶下台的背景下，新上任的莫里森能够继续坚持 26% 的减排目标尤为可贵。其次，莫里森政府为落实 2030 年

---

① Australian Government Department of the Environment and Energy, “Climate Solutions Package,” 5 March 2019, p. 7, https://www.environment.gov.au/climate-change/publications/climate-solutions-package.

的减排目标而制定了气候问题一揽子解决方案，将总体减排任务分解到各项政策措施，为将来的减排行动制定了路线图。气候问题一揽子解决方案的出台时间恰巧在2019年3月（正好在2019年5月大选前），有为莫里森谋求连任之嫌。但不可否定的是，作为莫里森政府在气候变化问题上最新出台的纲领性政策文件，气候问题一揽子解决方案表明莫里森有意推动气候变化问题的治理。

总体而言，莫里森的气候变化政策是务实的。澳大利亚的资源结构、能源结构、经济产业结构和民众对稳定电力供应、降低电价的需求，决定了过于激进的气候变化政策在澳大利亚难以有效持续推进。这意味着澳大利亚政府必须在顾及国家经济利益和民众生活成本的基础上，逐步推进气候治理，回应民众和国际社会的减排需求。莫里森政府的气候变化政策较好地在发展经济、保障民生和应对气候变化三方面压力之间取得平衡。

三　澳大利亚气候变化政策的原因分析

自20世纪80年代后期以来，澳大利亚的气候变化政策一直是曲折多变的。即使是从2015年到2019年的短短4年，从阿博特时期、特恩布尔时期到莫里森时期，澳大利亚气候政策也几经转折。2015年9月，对气候变化问题持保守立场、曾经废除碳税的阿博特总理在党内投票中下台。特恩布尔上台后，采取了“国家能源保障”政策、减排基金、推动减排目标立法等一系列积极气候变化政策，在2018年因自由党内保守势力反对而下台。莫里森上任后，随即废止了特恩布尔提出的“国家能源保障”政策，并于2019年3月正式公布气候问题一揽子解决方案。澳大利亚气候变化政策的演变和转折主要由以下四方面因素造成。

（一）经济结构

澳大利亚是一个矿产资源丰富的国家，是世界上第一大的烟煤出口国、第二大铁矿石出口国、第三大铝出口国。[①] 煤炭是澳大利亚最主要的能源资源，不仅储量丰富，而且开采难度小，品质高。这决定了澳大利亚的能源结构以煤炭等传统能源为主。2017 年，澳大利亚能源矿产总产量为 21563 兆焦耳，其中烟煤产量达 12154 兆焦耳，占 56.4%；天然气产量达 4372 兆焦耳，占 20.3%；液化天然气产量达 2864 兆焦耳，占 13.3%。仅烟煤、天然气、液化天然气三项传统能源矿产的产量在澳大利亚能源总产量中的占比就达 90%。[②] 在 2018 年澳大利亚发电能源构成中，煤炭占比在 60% 以上，天然气占比在 20% 左右，煤炭和天然气目前仍是澳大利亚电力供应的主要能源。据估计，到 2030 年，即使风能发电和太阳能发电的比例有所增加，煤炭发电的比例仍然占据 50% 左右。[③]

矿产资源丰富、开采成本低廉，不仅为澳大利亚民众的生活提供了大量廉价的能源，也支撑了澳大利亚的经济。矿业部门是澳大利亚国民经济利润最大的产业部门，2018 年的税前利润达 1051 亿澳元，比 2017 年增长 26%，增长势头强劲。[④] 煤炭、铁矿石和天然气是澳大利亚前三大出口商品，出口额在澳大利亚 2018 年出口总额中分别占 15.3%、14.4% 和 9.9%。黄金、铝矿石和原油则是澳大利亚第六、第七和第九大出口商品，出口额在澳大利亚 2018 年出口总额中分别占 4.4%、2.6% 和 1.8%。[⑤] 矿产资源不仅在澳大利亚出口商品中占有最大

① 《澳大利亚国家概况（最近更新时间：2019 年 4 月）》，详见中华人民共和国外交部网站，https：//www. fmprc. gov. cn/web/gjhdq_ 676201/gj _ 676203/dyz _ 681240/1206 _ 681242/1206x0_ 681244。

② Australia Bureau of Statistics, "Physical Energy Supply and Use," 22 February 2019, https：//www. abs. gov. au/ausstats/abs @ . nsf/Latestproducts/4604. 0Main% 20Features112016 – 17?opendocument&tabname = Summary&prodno = 4604. 0&issue = 2016 – 17&num = &view =.

③ Australia Government Department of the Environment and Energy, "Australia's Emissions Projections 2018," December 2018, p. 16, https：//www. environment. gov. au/system/files/resources/128ae060 – ac07 – 4874 – 857e – dced2ca22347/files/australias – emissions – projections – 2018. pdf.

④ Australia Bureau of Statistics, "Australian Industry, 2017 – 18," 31 May 2019, ttps：//www. abs. gov. au/ausstats/abs@ . nsf/mf/8155. 0 .

⑤ Australia Government Department of Foreign Affairs and Trade, "Australia's Top 25 Exports, Goods & Serviecs," May 2019, https：//dfat. gov. au/trade/resources/trade – statistics/trade – in – goods – and – services/Pages/australias – trade – in – goods – and – services – 2018. aspx.

比重，而且出口额增长速度也相当快，成为推动澳大利亚出口增长和经济增长的支柱。在澳大利亚2018年前25大出口商品中，出口额增速较快的前3种商品全部为矿产商品，分别是天然气（69.0%）、原油（54.3%）和铝矿石（34.6%）。[①] 澳大利亚2017年的能源使用总量为23738兆焦耳，其中有17536兆焦耳用于出口，出口比例高达73.9%。[②]

同时，烟煤等传统能源的开采、使用也成为澳大利亚温室气体排放的主要来源。化石燃料燃烧造成的温室气体排放量高达1亿吨，化石燃料开采、加工、运输过程中发生的逃逸造成温室气体排放5500万吨。在电力部门1.82亿吨的温室气体排放中，有80%以上来自煤炭和天然气发电。[③] 与化石燃料相关的温室气体排放已达3亿吨，占澳大利亚全年温室气体排放总量的56%以上。

澳大利亚的经济发展严重依赖煤炭、铁矿石等矿产资源的开采以及火力发电，导致温室气体排放量大增。对于澳大利亚这样的资源密集型国家而言，减排的经济代价是极其沉重的。自2011年以来，澳大利亚经济增长持续低迷，除2012年外的其余各年GDP增速均在3%以下，低于2001~2010年3.1%的GDP平均增速。[④] 根据IMF公布的数据，澳大利亚2019年的GDP增速仍将继续下滑。[⑤] 澳大利亚储备银行季度货币政策声明将2019年6

---

① Australia Government Department of Foreign Affairs and Trade, "Australia's Top 25 Exports, Goods & Serviecs," May 2019, https://dfat.gov.au/trade/resources/trade-statistics/trade-in-goods-and-services/Pages/australias-trade-in-goods-and-services-2018.aspx.

② Australia Bureau of Statistics, "Physical Energy Supply And Use," 22 February 2019, https://www.abs.gov.au/ausstats/abs@.nsf/Latestproducts/4604.0Main%20Features112016-17?opendocument&tabname=Summary&prodno=4604.0&issue=2016-17&num=&view=.

③ Australia Government Department of the Environment and Energy, "Australia's Emissions Projections 2018," December 2018, p.12, https://www.environment.gov.au/system/files/resources/128ae060-ac07-4874-857e-dced2ca22347/files/australias-emissions-projections-2018.pdf.

④ International Monetary Fund, "World Economic Outlook," April 2019, p.157, https://www.imf.org/en/Publications/WEO/Issues/2019/03/28/world-economic-outlook-april-2019.

⑤ International Monetary Fund, "World Economic Outlook," April 2019, p.47, https://www.imf.org/en/Publications/WEO/Issues/2019/03/28/world-economic-outlook-april-2019.

月的全年 GDP 增速预期从原先的 2. 5% 降至 1. 75% 。[①] 经济增速放缓给澳大利亚带来了就业压力，自 2017 年以来，澳大利亚失业率持续在 5% 以上，远高于日本、韩国、新加坡等亚太区域内其他发达国家。[②] 经济下行和居高不下的失业率不仅引发民众担忧，也对政府施政造成压力。在经济和就业压力下，政府不得不以经济为重，继续依靠煤炭等传统矿产产业支撑经济发展，缓解近年来居高不下的失业率。

（二）党派博弈

在澳大利亚的议会制度下，一般由众议院的多数党领袖担任政府总理，领导政府工作。因此，政治党派的主张以及党派之间的博弈成为影响气候变化政策的重要因素。澳大利亚目前的大型政党主要分为两派，一派是自由党和国家党组成的执政联盟，该派政党的关注点为发展经济、增加就业和大幅减税，对气候变化、减排和能源转型持保守态度；另一派是工党，该党在气候变化问题上相对积极，主张减排、弃煤和积极应对气候变化。[③]

根据对澳大利亚民众调查问卷的回归分析结果，政党因素对气候变化议题具有重要影响，具体表现为：工党和绿党的受访者比执政联盟所在党的受访者更愿意相信全球变暖是对他们生活的严重威胁，工党支持批准《京都议定书》，执政联盟所在党反对批准《京都议定书》。[④] 党派偏见同样影响了澳大利亚民众对气候变化原因的看法，工党和绿党的支持者偏向于认为气候变化是由人为因素导致的，自由党和国家党的支持者则倾向于认为气候变化

---

① 《澳洲联储将截至 2019 年 6 月一年的 GDP 经济预期下调至 1. 75%》，2019 年 5 月 10 日，中国金融信息网，http：//world. xinhua08. com/a/20190510/1826746. shtml。

② International Monetary Fund, "World Economic Outlook," April 2019, p. 47, https：//www. imf. org/en/Publications/ WEO/Issues/2019/03/28/world - economic - outlook - april - 2019.

③ 《澳洲“短视”气候政策或将延续》，2019 年 5 月 27 日，人民网，http：//paper. people. com. cn/zgnyb/html/2019 - 05/27/content_ 1927288. htm。

④ Bruce Tranter, "Political Divisions over Climate Change and Eenvironmental Issues in Australia," *Environmental Politics*, Vol. 20, No. 1, February 2011, p. 89.

是由自然原因导致的，其他党派人士的观点则居于上述两派之间。[①] 党派属性也影响民众对气候变化风险的认知，澳大利亚的政治保守阵营往往倾向于低估气候变化对生产生活造成的危害。正是由于自由党内保守势力的反对，特恩布尔于2018年8月被迫下台。在此背景下，莫里森必须采取比特恩布尔更保守的气候变化政策，以巩固党内保守阵营对政府的支持。

在2019年5月举行的议会大选中，莫里森成功连任，澳大利亚民众再次选择了执政联盟和莫里森。在选举中，莫里森始终大打经济牌，强调振兴经济、增加就业和大幅减税，并以“成本过大”为由打压工党提出的减排45%的目标。莫里森称，工党提出减排45%的目标，将给澳大利亚带来2640亿澳元的损失，并减少16.7万个工作机会。[②] 莫里森成功连任，意味着澳大利亚政府仍将继续以发展经济为重，不会大幅削减煤炭等传统矿产产业所占的份额。在气候变化问题上，莫里森政府将在支持传统能源和矿产行业的基础上采取渐进的、温和的措施以回应民众对气候变化议题的诉求。

莫里森在2019年5月的大选中成功当选与澳大利亚近年来的经济低迷密切相关。在发达国家纷纷削减煤炭消费、中国用煤需求量逐年下降的背景下，澳大利亚煤炭行业增长速度持续放缓。[③] 经济增长速度放缓、就业形势恶化使澳大利亚民众将发展经济视为首要目标，这促使更多选民支持执政联盟党、选择莫里森。

（三）社会民意

在议会制和政党制度下，民意成为影响澳大利亚气候变化政策的又一重要因素。澳大利亚2018年以来经历了一系列极端天气，民众愈发重视气候问题。2018年，澳大利亚度过有史以来最炎热的夏季，北部地区遭遇前所

① Bruce Tranter, “It’s Only Natural: Conservatives and Climate Change in Australia,” *Environmental Sociology*, Vol. 3, No. 3, March 2017, p. 279.

② 《澳洲“短视”气候政策或将延续》，2019年5月27日，人民网，http://paper.people.com.cn/zgnyb/html/2019-05/27/content_1927288.htm。

③ 《澳洲“弃煤” 道阻且长》，2019年5月10日，人民网，http://env.people.com.cn/n1/2019/0510/c1010-31078600.html。

未有的洪水，东部多个州遭受百年不遇的干旱。根据澳大利亚智库 Lowy Institute 开展的 2019 年民意调查结果，气候变化是澳大利亚未来十年的最大威胁，64% 的民众认为气候变化是一个严重威胁。[①] 2019 年，有 61% 的澳大利亚民众认为"全球变暖是一个严重且亟待解决的问题，即使付出大量成本，也应立即采取相应措施"。持有这种观点的民众数量比 2012 年增加了 25%，达到 2008 年以来的峰值，可见澳大利亚民众在应对气候变化问题上具有较高意愿。[②] 这促使政府采取减排措施以回应民众关切，莫里森政府 2019 年 3 月发布的气候问题一揽子解决方案便是最好的例证。

虽然澳大利亚民众十分关注气候变化问题，但是在面临经济利益与气候治理之间的抉择时，大量民众将选票投给了能够带来经济利益的一方。当被问及"在降低碳排放量、减少家庭电费开支、确保电力供应三者之间，哪一个应当成为政府优先考虑的目标"时，47% 的澳大利亚民众选择把"降低碳排放量"作为政府优先考虑的目标，只有 38% 和 15% 的民众选择把"减少家庭电费开支"和"确保电力供应"作为政府优先考虑的目标。[③] 由此可见，当降低碳排放量涉及增加家庭开支、电力供应稳定性下降时，反对减排的民众便成为多数派了。

对澳大利亚的民意应当一分为二地进行理解。一方面，澳大利亚民众关心气候变化问题，具有采取措施应对气候变化的意愿；另一方面，澳大利亚民众是务实的，他们更关心就业、税收、电费支出和供电稳定。这就可以理解在民调数据显示大多数民众认同气候变化是澳大利亚面临的最大威胁的情况下，莫里森仍然在 2019 年大选中胜出。这表明澳大利亚民众支持的不是一个仅仅能应对气候变化的政府，而是一个在推动经济、增加就业、降低民众生活成本的基础上采取减排措施的政府。

---

① Lowy Institute, "Lowy Institute Poll 2019," 26 June 2019, p. 13, http://www.lowyinstitute.org/sites/default/files/lowyinsitutepoll-2019.pdf.

② Lowy Institute, "Lowy Institute Poll 2019", 26 June 2019, p. 14, http://www.lowyinstitute.org/sites/default/files/lowyinsitutepoll-2019.pdf.

③ Lowy Institute, "Lowy Institute Poll 2019," 26 June 2019, p. 15, http://www.lowyinstitute.org/sites/default/files/lowyinsitutepoll-2019.pdf.

（四）国际环境

自2017年就任美国总统以来，特朗普采取了包括退出《巴黎协定》、废止清洁能源计划和回归传统能源等一系列“去气候化”[①] 政策，成为全球气候变化治理进程中的逆流。特朗普政府奉行“美国优先”原则，其政策具有明显的内向性——追求自身国家利益、逃避国际责任。在气候变化政策领域，特朗普政府复兴国内能源产业、鼓励化石能源出口、降低对新能源的支持力度、拒绝减排约束。特朗普认为，《巴黎协定》将给美国带来3万亿美元的经济损失和导致650万人失业，这不符合美国的利益。[②] 2017年6月，美国正式宣布退出《巴黎协定》，全球气候治理进程遭受重大打击。

一方面，全球气候治理格局发生重大变化。奥巴马时期，美国气候治理行动积极，在国际上形成了欧盟、以美国为代表的伞形国家集团、“77国集团+中国”三足鼎立的全球气候治理格局。随着特朗普上台后退出《巴黎协定》、采取消极的气候变化政策，这一治理格局已被打破。近年来，欧洲深陷英国脱欧和难民危机的困境，在气候治理领域无法发挥强有力的领导作用。作为伞形国家集团的一员，澳大利亚在气候变化立场上追随美国。2018年12月，在波兰卡托维茨举行的联合国气候变化大会上，政府间气候变化专门委员会发表报告指出，必须将全球气温升幅限制在1.5℃，并要求各国大力减少来自化石燃料的排放。对于这份报告，美国等四个石油生产国表示反对，小岛国联盟和绝大多数缔约方则表示支持，而澳大利亚却在辩论中保持沉默。[③] 在卡托维茨大会期间，澳大利亚政府气候变化谈判代表团团长帕

① 所谓“去气候化”，即把原先奥巴马政府或更早前美国政府采取的一些应对气候变化的政策措施予以调整、修改甚至废除，不再承担相应义务或履行承诺。李慧明：《特朗普政府“去气候化”行动背景下欧盟的气候政策分析》，《欧洲研究》2018年第5期，第43页。

② 李巍、宋亦明：《特朗普政府的能源与气候政策及其影响》，《现代国际关系》2017年第11期，第36页。

③ 《澳大利亚与〈巴黎协定〉若即若离》，2018年12月14日，中国社会科学网，http：//www.cssn.cn/gjgxx/gj_ qqwt/201812/t20181214_ 4793394.html。

特里克·萨克林出席美国政府组织的推广使用化石燃料的活动，再次为美国气候变化消极立场站台。在该活动中，澳大利亚是唯一以国家身份参与其中的主体。

另一方面，美国退出《巴黎协定》及其一系列消极政策，增加了其他国家参与气候治理的成本和减排压力。在 2009 年哥本哈根气候变化大会上，发达国家同意在 2013～2020 年每年向绿色气候基金提供 1000 亿美元的资金，支持发展中国家应对气候变化。然而，特朗普上台后拒绝继续向绿色气候基金提供资金支持，并宣布不再兑付尚未到位的款项。即使是在全球气候治理呼声高涨的 2013 年和 2014 年，发达国家对绿色气候基金的实际出资也仅有 231 亿美元和 239 亿美元。[①] 美国拒绝为绿色气候基金提供支持，不仅增加了包括澳大利亚在内的其他发达国家的出资承诺压力，也使绿色气候基金难以撬动更多的私人资本。更重要的是，作为全球第一大经济体和第二大温室气体排放国，美国在气候变化政策上采取保守立场，将给全球减排任务带来巨大的压力，国际社会则不得不共同分担美国的减排任务。

美国的气候政策逆流不仅影响了全球气候治理进程，而且改变了国际能源市场的供求关系。在发达国家的能源需求出现结构性减少、新能源正在加速替代石油的背景下，国际能源市场处于供过于求的状态，化石能源价格处于历史低位。特朗普鼓励国内能源产业发展和化石能源出口，使美国逐步从油气进口国转变为油气出口国，更加加剧了全球能源市场供求关系失衡。作为一个依赖能源出口的国家，澳大利亚的经济遭受严重挫折，就业率面临压力，国内保守势力在政治博弈中占据上风。

对于澳大利亚来说，特朗普政府气候变化政策的调整起到非常负面的示范作用。作为发达国家阵营的“带头大哥”，美国无视减排国际义务，将严重打击追随美国的其他发达国家的减排意愿。澳大利亚一贯在国家利益和减排责任之间摇摆不定，美国此番在气候政策上“开倒车”，更容易导致澳大

---

① 冯帅：《美国气候政策之调整：本质、影响与中国应对——以特朗普时期为中心》，《中国科技论坛》2019 年第 2 期，第 184 页。

利亚减排立场发生动摇，趋于保守。尤其是在国际能源出口不振、经济低迷的背景下，澳大利亚保守派更容易以发展经济为借口，不履行减排义务。

四　结语

莫里森在2018年8月上台以后，终结了特恩布尔时期部分积极的、刚性的气候政策，澳大利亚气候变化政策趋向相对保守和务实。特恩布尔执政时期，澳大利亚政府气候变化政策相对积极，其“国家能源保障”政策甚至直接构成对传统能源产业碳排放量的硬性约束，被保守阵营视为对经济、就业和电价的重大打击。综观莫里森政府时期澳大利亚各项气候变化政策，其皆以鼓励减排项目、投资清洁能源为主，并未硬性限制传统能源产业的碳排放量。莫里森一直呼吁“为煤松绑”，他在众议院曾发表讲话称“在我看来，那些担忧煤炭行业带来环境污染的人，对煤炭保持着‘病态般的恐惧’”①。

徘徊反复是澳大利亚气候变化政策的一贯特点。具体说来，影响澳大利亚气候变化政策的因素主要来自以下四个方面。第一，资源密集型的经济结构决定了澳大利亚的减排过程是漫长曲折的。近年来，由于经济状况持续低迷，澳大利亚更加需要依靠传统矿业和传统能源为经济增长和缓解就业压力提供支撑。在此背景下，澳大利亚几乎不可能采取积极的气候变化政策。第二，党派观点分歧和政党政治决定了气候变化政策的曲折反复。澳大利亚不同政党上台执政后采取完全不同的理念和政策，导致气候变化政策无法始终朝着同一方向前进。即使是在自由党在2015～2019年连续执政，其党内阵营的政策分野同样导致总理更迭和政策摇摆。第三，矛盾的社会民意要求政府在发展经济、降低民众生活负担和减少温室气体排放之间取得艰难平衡。澳大利亚民众一方面十分认同把气候变化视为一项重大威胁，也认可采取行

① 《澳洲“短视”气候政策或将延续》，2019年5月27日，人民网，http://paper.people.com.cn/zgnyb/html/2019-05/27/content_1927288.htm。

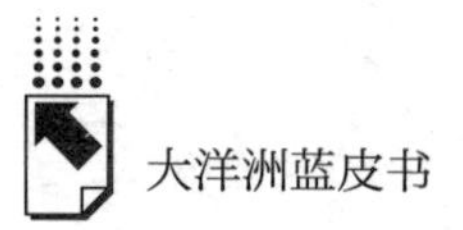

动应对气候变化，但另一方面更关心经济收入和家庭生活成本。第四，国际气候合作进程出现波折，促使澳大利亚国内保守阵营抬头。特朗普上台以来，美国退出《巴黎协定》，拒绝履行减排义务，消极应对气候变化。在这样的国际形势下，澳大利亚国内保守阵营借机抬头，打压左翼阵营的减排意愿，重新推动传统能源和矿产产业发展。

究其根本，经济结构是澳大利亚气候变化政策的决定性因素。丰富的矿产资源储备和低廉的开采成本，决定了澳大利亚具有资源密集型的经济结构，同时造成大量的二氧化碳排放。经济结构的转型是艰难的、漫长的、痛苦的，这就决定了澳大利亚气候变化政策也具有一个反复曲折的发展过程。在尚未完全挣脱对煤炭的依赖之前，期待澳大利亚采取同欧盟那样的积极气候变化政策是不现实的。

党派博弈、社会民意、国际环境对澳大利亚气候变化政策发挥影响，其根源在于澳大利亚本身的经济结构。政治党派的博弈结果是由经济发展进程决定的。近年来一直低迷不振的经济增长状况，决定了澳大利亚需要一个强有力的推动经济发展的政府，这体现为莫里森率领的执政联盟在 2019 年大选中胜出。经济结构同样也决定了社会民意的倾向。在目前仍然把煤炭和天然气作为电力供应主要能源的背景下，在没有其他产业替代传统能源和矿产行业提供足够的就业岗位之前，民众反对积极的气候变化政策的呼声将始终占据主流。在国际层面，澳大利亚追随美国采取消极的气候变化应对政策，固然有美澳同盟关系等安全和政治方面的考虑，更有在国际能源出口不振的背景下通过发展传统能源和矿产产业实现本国经济利益的考量。

莫里森在 2019 年 5 月大选中成功连任，预示着澳大利亚将来的气候变化政策仍将让位于经济发展和就业增长，秉持较为保守的减排目标，采取较为稳健的政策措施。莫里森政府的气候变化政策虽然饱受国内外气候变化积极阵营的诟病，但是符合澳大利亚经济结构和民众需求，具备务实推进的基础。

B.5
澳大利亚与印度贸易关系研究（2000 ~2018年）

喻常森　刘舒琪*

摘　要： 2000～2018 年，澳大利亚与印度的经济联系愈加紧密，双边、次区域和多边经济的发展都离不开澳印两国的参与。随着印太概念的逐渐兴起，澳大利亚与印度在贸易方面进一步接触。本报告对 2000～2018 年澳大利亚与印度贸易关系的发展情况进行说明，旨在探究印太战略在澳大利亚与印度贸易关系发展中起到的作用。本报告指出，2000～2018 年，澳大利亚与印度的进出口贸易显著增长，澳印贸易关系呈现贸易结构互补性强、贸易总额曲折增长以及贸易合作与失衡并存等特点。在印太战略兴起背景下，澳大利亚与印度有效化解种族冲突带来的负面影响，双边贸易关系迎来了新的发展机遇。

关键词： 澳印贸易关系　贸易结构　贸易不平衡　印太战略

2018 年 7 月，澳大利亚政府发布了《印度经济战略 2035》，该报告长达 516 页，主要探讨澳大利亚与印度的经济关系以及改善双边经济关

* 喻常森，教育部国别和区域研究培育基地——中山大学大洋洲研究中心常务副主任。刘舒琪，华东师范大学国际关系与地区发展研究院博士研究生。

系的策略。[①] 该报告是在印太战略兴起的背景下，由时任澳大利亚总理马尔科姆·特恩布尔委托澳大利亚前外交贸易部秘书兼印度特使彼得·瓦尔格塞拟订的一份印度经济战略报告，旨在促进澳大利亚与印度的经济交往与合作。

自印太概念兴起以来，印度在美国及其盟国的全球战略中占据重要地位。澳大利亚亦重新制定和调整对印度的经济和外交政策，以适应全球战略格局的变化。因此，分析和说明 2000～2018 年澳大利亚与印度的贸易关系不仅有助于学者全面了解 2000～2018 年澳印贸易关系的发展情况，进一步丰富国内外学术界对澳印经济关系的研究，而且可以从长时段的考察中看出印太战略在澳大利亚与印度贸易关系中的作用，即印太战略对澳印经济关系的改善和印太地区的经济发展具有重大且深远的意义。

本报告第一部分简要阐述 2000～2018 年澳大利亚与印度贸易关系的发展情况，旨在为下文分析印太战略在澳印贸易关系中的作用奠定基础。第二部分分析 2000～2018 年澳大利亚与印度贸易关系的三大特点，得出澳印贸易互补性强、双边贸易失衡以及贸易总额高速增长等结论。第三部分着重考察印太战略对澳印贸易关系的影响，并预测澳印贸易关系的发展前景。第四部分对全文进行总结，并为中国对印度和澳大利亚的外交定位提供新的着力点。

一　2000～2018年澳印贸易关系的概况

2000～2018 年，澳大利亚与印度之间的经济交往日益频繁，贸易规模不断扩大，务实合作进一步深化。直至 2010 年，双边贸易关系保持积极的正增长态势，双边贸易总额增长了近 7 倍。然而，2009～2010 年澳大利亚

① "An India Economic Strategy to 2035," Department of Foreign Affairs and Trade, https://dfat.gov.au/geo/india/ies/index.html，访问时间：2019 年 7 月 6 日。

发生了印度留学生遭受暴力袭击事件，对2010～2013年澳大利亚与印度的贸易合作产生了负面影响，造成双边贸易总额急转直下。不过随着印太战略的兴起，澳印双方意识到发展双边经济的重要性，重视双边贸易合作的恢复，澳印贸易自2013年开始重回正常轨道。

具言之，2000～2010年，澳大利亚与印度的贸易关系取得了许多新的进展。双边贸易总额从32.9亿澳元增长至228.15亿澳元。[①] 2004年，澳大利亚与印度的贸易往来增长速度超过了澳大利亚与其他主要贸易伙伴的贸易往来增长速度，印度成为澳大利亚重要的贸易合作伙伴。[②] 就澳大利亚对印度出口而言，澳大利亚各州及地区向印度出口较多的商品是煤炭、黄金、铜矿石和精矿、原油、其他矿石和精矿、羊毛及其他动物毛发（包括皮毛）和蔬菜等科技含量不高的农产品及矿产品，制造业出口量占比不高。在服务贸易方面，2000～2010年，澳大利亚从印度进口的服务贸易额从2000年的2.6亿澳元曲折上升至2010年的8.68亿澳元，印度成为澳大利亚第20大服务贸易进口来源国。旅行服务是澳大利亚对印度出口服务贸易的最大类别，占澳大利亚向印度出口服务贸易量的90%以上。[③] 其中2000～2010年，与教育有关的澳大利亚旅行服务是澳大利亚对印度服务出口的支柱产业。自2002年以来，印度学生的入学率每年都在增长，大约有3.6万名印度学生在澳大利亚的研究所和大学学习。[④] 在澳大利亚从印度进口方面，制造业产品是澳大利亚从印度进口的主要商品，澳大利亚的进口量占印度对澳大利亚

---

① Australia's Direction of Goods and Services Trade-calendar Years from 1987 to Present, Department of Foreign Affairs and Trade, https://dfat.gov.au/trade/resources/trade - statistics/Pages/trade - time - series - data.aspx，访问时间：2019年7月7日。

② Rajaram Panda, Pranamita Baruah, "India-Australia Strategic Partnership: A Case for Holistic Approach," *India Quarterly*, Vol. 66, No. 2, 2010, p. 214.

③ *International Trade: Supplementary Information, Financial Year, 2016 - 17*, Australian Bureau of Statistics, https://www.abs.gov.au/AUSSTATS/abs@.nsf/DetailsPage/5368.0.55.0032016 - 17? OpenDocument，访问时间：2019年7月7日。

④ Australia's Direction of Goods and Services Trade-calendar Years from 1987 to Present, Department of Foreign Affairs and Trade, https://dfat.gov.au/trade/resources/trade - statistics/Pages/trade - time - series - data.aspx.

出口商品贸易量的80%左右。①

然而，2010～2013年，受到在澳印度留学生遭受暴力袭击事件的影响，澳大利亚与印度的贸易关系发展得并不顺利。澳大利亚与印度的贸易总额急剧下滑，从2010年的228.15亿澳元下跌至2013年的156.84亿澳元，跌幅高达31%。② 其中，澳大利亚对印度出口贸易额大幅下跌，相对而言，印度对澳大利亚出口贸易波动幅度较小。具言之，尽管2010～2013年澳大利亚对印度商品出口的结构基本未变，但是澳大利亚对印度商品出口总额从2010年的164.25亿澳元下降至2013年的95.17亿澳元，降幅高达42%。③ 在澳大利亚从印度进口方面，部分是由于澳大利亚政府方面并不希望因此影响澳印之间的贸易关系，极力安抚国内种族主义的声音；同时也是由于印度需要维持过去十年的增长率，必须继续开放经济，保证对澳输出贸易④，澳大利亚从印度进口的贸易总额在2011～2013年不但没有下降，反而上升。在服务贸易领域，旅行服务仍是澳大利亚对印度服务出口的最大类别。但由于在2009～2012年澳大利亚和印度媒体广泛报道了针对印度人（包括在澳大利亚的印度学生）的暴力事件，印度来澳留学的人数明显下降。⑤ 2013年，澳方重新审视对印贸易，澳大利亚与印度恢复接触，印度学生在澳大利亚的入学人数迅速增长，澳大利亚对印度出口的旅行服务贸易逐步回升。

2013～2018年，澳大利亚与印度的贸易关系有了显著的改善，澳大利

① State by Country and TRIEC Pivot Table 1990 to 2018, Department of Foreign Affairs and Trade, https://dfat.gov.au/about-us/publications/Pages/trade-statistical-pivot-tables.aspx，访问时间：2019年7月7日。

② "Australia's Direction of Goods and Services Trade-calendar Years from 1987 to Present," Department of Foreign Affairs and Trade, https://dfat.gov.au/trade/resources/trade-statistics/Pages/trade-time-series-data.aspx，访问时间：2019年7月7日。

③ "Australia's Direction of Goods and Services Trade-calendar Years from 1987 to Present," Department of Foreign Affairs and Trade, https://dfat.gov.au/trade/resources/trade-statistics/Pages/trade-time-series-data.aspx，访问时间：2019年7月7日。

④ Michael Moignard, "Unfinished Business: Re-imagining the Australia-India Economic Relationship," Australia India Institute, Vol. 2, 2013, p. 5.

⑤ 《澳大利亚连发印度人被害案　印澳关系或受影响》，中国网，http://www.china.com.cn/international/txt/2010-01/06/content_19188756.htm，访问时间：2019年7月7日。

亚与印度的商品和服务贸易额从2013年的156.84亿澳元增长到2018年的291.16亿澳元，增幅高达86%。[①] 其中，澳大利亚与印度的商品贸易额在澳大利亚与印度的贸易额中占比最大，占澳大利亚与印度贸易额的75%左右；此外，澳印双边服务贸易也明显脱离了较低的基数，在2018年达到了79.71亿澳元。[②] 2018年，印度是澳大利亚第五大出口目的地，出口额占澳大利亚出口总额的5%以上，是澳大利亚商品和服务的第五大贸易伙伴。[③] 同时，由于澳大利亚对印度出口的贸易总额比印度从澳大利亚进口的贸易总额多，因此，贸易更有利于澳大利亚。

综上所述，2000～2018年，澳大利亚与印度的贸易关系发生了显著的变化，双边贸易总额从32.9亿澳元曲折增长至291.16亿澳元。[④] 澳大利亚与印度的贸易关系经历了三个发展阶段：2000～2010年澳印贸易快速发展期、2010～2013年澳印贸易阻滞期以及2013～2018年澳印贸易高速发展期。尽管澳印贸易总额尚未超过1000亿澳元，但澳大利亚与印度贸易依存度不断提升，印度与澳大利亚的商品和服务贸易往来显著增加，呈现一系列新的特征。

二　2000～2018年澳印贸易关系的特点

上文已对2000～2018年澳大利亚与印度贸易关系的发展情况做出简要

① "Australia's Trade Statistics at a Glance," Department of Foreign Affairs and Trade, http://dfat.gov.au/trade/resources/trade-at-a-glance/pages/default.aspx，访问时间：2019年7月7日。

② "India Fact Sheet 2018," Department of Foreign Affairs and Trade, https://dfat.gov.au/trade/resources/Documents/inia.pdf，访问时间：2019年7月7日。

③ "Australia's Trade in Goods and Services 2017-18," Department of Foreign Affairs and Trade, https://dfat.gov.au/trade/resources/trade-statistics/trade-in-goods-and-services/Documents/australias-goods-services-by-top-15-partners-2017-18.pdf，访问时间：2019年7月7日。

④ "Australia's Trade in Goods and Services 2017-18," Department of Foreign Affairs and Trade, https://dfat.gov.au/trade/resources/trade-statistics/trade-in-goods-and-services/Documents/australias-goods-services-by-top-15-partners-2017-18.pdf，访问时间：2019年7月7日；"India Fact Sheet 2018," Department of Foreign Affairs and Trade, https://dfat.gov.au/trade/resources/Documents/inia.pdf，访问时间：2019年7月7日。

说明，下文将对这一时期澳印贸易关系的特点进行阐述。2000～2018年，澳大利亚与印度的贸易关系呈现三大特征：第一，贸易结构互补性强，双边贸易潜力较大；第二，双边贸易虽有起伏，但总体高速增长；第三，双边贸易不平衡凸显，印度长期处于逆差状态。

（一）双边贸易结构互补性强

2000～2018年，科学技术快速进步，全球经济高速发展，国际分工与合作成为世界经济的主要模式，这使经济水平和贸易结构不同的国家彼此加强了交流与联系。在这种背景下，澳大利亚与印度的贸易合作进一步深化。澳大利亚被誉为“坐在矿车上的国家”和“骑在羊背上的国家”，主要出口矿产品和农产品，印度则提出了“印度制造”倡议，重点发展制造业，出口工业制成品，使两国具有贸易合作的客观基础。

具体而言，澳大利亚是自然资源丰富的发达国家，拥有世界领先的矿产资源储备量。同时，澳大利亚拥有具有一定国际竞争力的矿产企业，可以开拓澳大利亚矿业在国际市场上的空间。例如，2010年12月，澳大利亚建筑、采矿和服务承包商泰斯在印度赢得了一项里程碑式的55亿美元矿山开发和煤矿合同。此外，澳大利亚力拓也计划投资20亿美元用于印度奥里萨邦铁矿石项目。与此同时，印度国家的战略目标是成为举足轻重的世界大国，一个“有声有色的大国”。从经济层面看，印度想要达成这一目标首先得成为世界经济强国，而发展经济需要充足的资源，以满足国内生产生活的需求。澳大利亚工业、创新和科学部的报告显示，印度可能无法以足够的速度增加产量，满足钢铁生产带来的需求。[①] 并且，尽管印度政府已将研究和开发工作放在优先位置，以减少炼焦煤在炼钢过程中的

① “Resources and Energy Quarterly September 2017: India—The Other Population Superpower,” Department of Industry, Innovation and Science, https://publications.industry.gov.au/publications/resourcesandenergyquarterlyseptember2017/documents/Resources - and - Energy - Quarterly - September - 2017 - India.pdf，访问时间：2019年7月9日。

使用，[①] 但鉴于钢铁产量的预期增长，印度炼焦煤的储量并不足以支撑国内资源产业的发展。换言之，澳大利亚对印度的出口贸易对印度而言是“雪中送炭”，对双方而言是“共赢”。

此外，在澳大利亚的产业结构中，农业是澳大利亚四大主导产业之一，这使澳大利亚积极开拓海外市场，寻求新的商机。尽管印度已经成为农产品净产出国，但是印度的农作物产量对气候高度敏感，因此经常需要进口农产品以补充国内供应。故澳大利亚对印度的蔬菜以及小麦的出口不仅有利于澳大利亚农业的发展，而且可以保证印度的粮食安全。随着印度人口的持续增长和国内人民生活水平的提高，澳大利亚与印度农产品贸易总额不断增加，这对澳印经贸关系而言是有利的催化剂。

在制造业方面，由于澳大利亚从 21 世纪初开始就着力于发展资源型产业，因此其制造业在国际市场中竞争力不强，相关产品多依赖进口，例如需要从东南亚国家进口小家电等轻工业产品。而印度对澳大利亚的产业优势体现在其第二产业方面，其第二产业相对发达，能够弥补澳大利亚制造业的劣势。所以，澳大利亚从 2000 年开始，从印度进口的商品都以工业制成品为主，其进口量占印度对澳商品出口量的 80% 左右，印度是澳大利亚重要的商品进口来源国。[②]

综上所述，澳大利亚与印度的贸易发展迅速，根本动因在于两国在矿产品、农产品以及制造业领域具有较高的贸易互补性。由于澳大利亚与印度在自然资源、产业结构和生产能力上存在差异，双方各有比较优势，澳大利亚对印度的初级产品出口贸易以及印度对澳大利亚的制成品出口贸易成为双边贸易往来中的重要支柱。

---

① “Research and Development in Iron and Steel Sector,” Ministry of Steel of the Republic of India, http：//steel. gov. in/technicalwing/research - development - iron - steel - sector，访问时间：2019 年 7 月 9 日。

② “State by Country and SITC Pivot Table 2007 to 2018,” Department of Foreign Affairs and Trade, https：//dfat. gov. au/about - us/publications/Pages/trade - statistical - pivot - tables. aspx，访问时间：2019 年 7 月 8 日。

（二）双边贸易总额曲折增长

2000～2018 年，澳大利亚与印度的贸易额从 32.90 亿澳元增长至 291.16 亿澳元，仅有 2010～2013 年出现明显下降。2000 年以来，除了 2010～2013 年出现负增长之外，其余年份都是正增长（见图 1）。

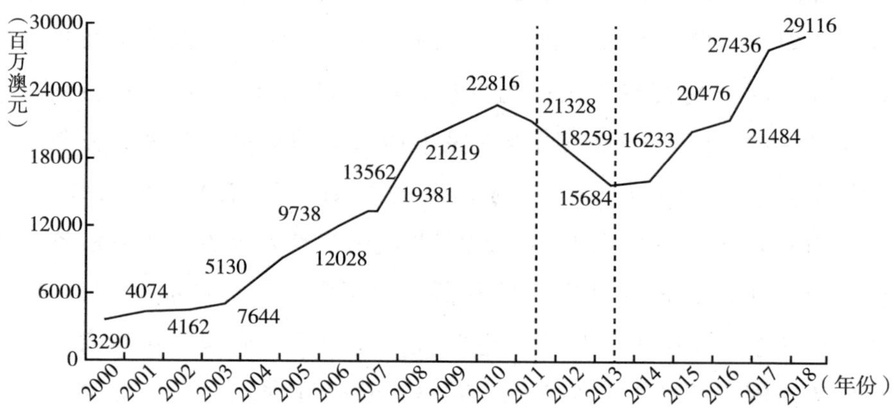

图 1　2000～2018 年澳大利亚与印度商品和服务贸易进出口额

资料来源："Australia's Direction of Goods and Services Trade—Calendar Years from 1987 to Present，" Department of Foreign Affairs and Trade，https：//dfat. gov. au/trade/resources/trade－statistics/Pages/trade－time－series－data. aspx，访问时间：2019 年 7 月 7 日；"India Fact Sheet 2018，" Department of Foreign Affairs and Trade，https：//dfat. gov. au/trade/resources/Documents/inia. pdf，访问时间：2019 年 7 月 7 日。

2008 年，由于受到全球金融危机的影响，澳大利亚与印度贸易增速暂时放缓。此外，2009～2010 年澳大利亚发生了多起针对印度学生的严重袭击事件，这也直接导致 2010～2013 年澳印贸易关系面临阻滞，澳大利亚与印度双边贸易额持续下跌，2013 年降至 156.84 亿澳元，回落到 2008 年以前的水平。①

① "Australia's Direction of Goods and Services Trade-calendar Years from 1987 to Present，" Department of Foreign Affairs and Trade，https：//dfat. gov. au/trade/resources/trade－statistics/Pages/trade－time－series－data. aspx，访问时间：2019 年 7 月 7 日。

随着世界经济形势的好转以及两国贸易往来和合作的增多，澳大利亚与印度的贸易规模在2014年以后迅速扩大。并且，2014年，两国总理莫迪和阿博特为澳印贸易关系增添了活力。2014年9月，澳大利亚时任总理阿博特访问印度，他在9月5日发行的印度报纸上撰文，指出澳大利亚和印度的关系应该比现在更亲近，希望建立“第一流的”澳印关系。① 阿博特访印期间，双方签署了澳大利亚向印度出口铀矿石的合同。阿博特还委派贸易投资部长罗布（Andrew Robb）在澳大利亚与中国完成自贸协定谈判之后，重点关注与印度达成自贸协定，以促进澳大利亚与印度之间的经贸往来。② 2014年11月19日，首位访澳的印度总理莫迪在澳大利亚联邦会议上乐观地表示，澳大利亚是印度“寻求进步和繁荣的重要伙伴”③。莫迪认为，印度和澳大利亚有很大的经济合力，澳印两国将推动自由贸易协定进程。④ 此外，在2015年举行的两次峰会上，印度总理莫迪和澳大利亚总理阿博特决定将印澳关系提升到全面发展的水平。由此，2015年，澳大利亚与印度的双边贸易总额首次突破200亿澳元大关，达到204.76亿澳元。⑤

2017年，澳大利亚政府发布了《外交政策白皮书》，里面提及印度经济的高速发展将为澳大利亚带来巨大的经济机会。⑥ 同年，澳大利亚与印度贸易总额再创历史新高，达到274.36亿澳元，印度成为澳大利亚第五大贸易

---

① 《媒体称澳大利亚将和印度展开自由贸易谈判》，凤凰网，http：//finance.ifeng.com/a/20140906/13076065_0.shtml，访问时间：2019年7月7日。

② 《媒体称澳大利亚将和印度展开自由贸易谈判》，凤凰网，http：//finance.ifeng.com/a/20140906/13076065_0.shtml，访问时间：2019年7月7日。

③ “Narendra Modi，Indian Prime Minister，Tells Federal Parliament He Sees Australia as Major Economic Partner，” Australian Broadcasting Corporation（ABC），http：//www.abc.net.au/news/2014-11-18/narendra-modi-addresses-parliament/5899262，访问时间：2019年7月7日。

④ 《印澳推进自贸协定莫迪着眼经济外交》，网易财经，http：//money.163.com/14/1119/02/ABCLMMTI00253B0H.html，访问时间：2019年7月7日。

⑤ “Australia's Direction of Goods and Services Trade-calendar Years from 1987 to Present，” Department of Foreign Affairs and Trade，https：//dfat.gov.au/trade/resources/trade-statistics/Pages/trade-time-series-data.aspx，访问时间：2019年7月7日。

⑥ Commonwealth of Australia，2017 Foreign Policy White Paper，p.28.

伙伴。除此之外，澳大利亚政府基于对双边经济关系的新认识，于 2018 年 7 月发布了《印度经济战略 2035》[①]，提出关于澳印经济关系发展至 2035 年的建议，并将印度作为澳大利亚新的经济战略重心，双边贸易关系在这一年保持正增长趋势。

可以看出，澳大利亚与印度的贸易关系在 2000 ~2018 年总体向好发展，曲折上升。尽管中间稍有波折和挑战，但就整体而言还是取得了重大且显著的成就。

（三）双边贸易合作与失衡并存

正如上文所述，2000 ~2018 年，澳大利亚与印度的经贸合作相互依赖，利益交融不断深化，印度成为澳大利亚重要的贸易合作伙伴，澳大利亚在印度的进出口贸易中所处的地位显著提升。然而，在澳大利亚与印度的进出口贸易中，印度一直处于逆差状态，且每年的逆差绝对额都超过当年印度对澳大利亚出口的贸易额。这表明，在澳大利亚与印度的贸易关系中，不仅存在有利于双边贸易合作的因素，也存在不利于双边贸易合作的贸易失衡等现实问题。

2000 年，印度对澳贸易逆差为 13. 06 亿澳元，2002 年达到 18. 21 亿澳元。2003 年，印度对澳贸易逆差为 27. 18 亿澳元。随后，印度对澳贸易逆差上涨，到 2010 年达到峰值 171. 32 亿澳元。2011 年，印度对澳贸易逆差下跌，到 2014 年下跌至 68. 35 亿澳元。之后，印度对澳贸易逆差持续上升，至 2018 年，逆差额达到 131. 74 亿澳元（见图 2）。总而言之，印度对澳贸易逆差在 2000 ~2018 年波动增加，这不仅不利于澳大利亚与印度的贸易关系，而且容易在两国之间产生贸易摩擦。

印度对澳大利亚存在贸易逆差的原因是澳大利亚与印度的发展模式存在差异，以及澳印双方重视双边贸易关系程度不同。在发展模式上，印度

① “An India Economic Strategy to 2035,” Department of Foreign Affairs and Trade，http：//dfat. gov. au/geo/india/ies/index. html，访问时间：2019 年 7 月 7 日。

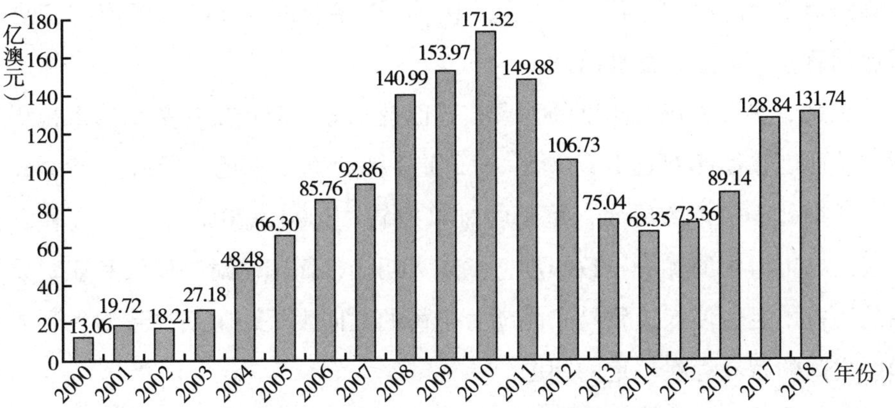

图2　2000～2018年印度对澳大利亚的贸易逆差

资料来源：“Australia's Direction of Goods and Services Trade—Calendar Years from 1987 to Present,” Department of Foreign Affairs and Trade，https：//dfat. gov. au/trade/resources/trade－statistics/Pages/trade－time－series－data. aspx，访问时间：2019年7月7日；“India Fact Sheet 2018,” Department of Foreign Affairs and Trade，https：//dfat. gov. au/trade/resources/Documents/inia. pdf，访问时间：2019年7月7日。

是制造业出口导向模式，其工业制成品在澳大利亚具有一定的市场份额。相比之下，澳大利亚国内劳动力不足，劳动力成本高昂，制造业产品在国际上不具有竞争优势。但是，澳大利亚是一个拥有丰富资源的国家，且资源成本较低，因此，澳大利亚政府扬长避短，采取资源出口型经济发展模式，增加了对印度的出口贸易额。① 此外，尽管澳大利亚的制造业出口相较于服务业、矿业以及农业优势不足，在澳大利亚与印度的双边贸易中不占优势，但是由于印度的工业制成品出口受制于国内基础设施落后、国际竞争力不强等因素，印度不能充分发挥制造业出口导向模式的优势，在澳印贸易关系中处于不利地位。此外，在印度看来，澳大利亚既不是一个像日本那样本身就很重要的“主要大国”，也不是一个像新加坡那样作为有用“门户”的小国，所以，除了作为潜在的能源供应者外，印

① 《澳大利亚经济发展现状及特点》，新浪网，http：//finance. sina. com. cn/roll/20071022/09081734499. shtml，访问时间：2019年7月7日。

度很难将澳大利亚视为不可缺少的伙伴。[①] 尽管近年来印度对澳印贸易关系愈加重视，但这仍需要时间。

总之，澳大利亚与印度的发展模式以及双方对双边贸易关系的重视程度不同使印度在澳印双边贸易关系中面临贸易竞争力不足、所占市场份额较小、长期处于逆差的局面，短期内难以扭转。2000～2018 年，澳大利亚在初级产品出口中的优势导致印度逆差扩大明显，而印度对与澳大利亚贸易关系的重视不足也使双边贸易未能朝着平衡的方向发展，最终导致澳大利亚与印度之间的贸易存在一定的问题。

综上所述，2000～2018 年，在澳大利亚与印度的贸易关系中，既存在有利于经济战略融合的一面，例如双边贸易结构互补性强，也存在阻碍利益趋同的因素，例如印度高额的贸易逆差，双边贸易合作在曲折中前进。

三　印太战略下的澳印贸易关系及发展趋势

2000～2018 年，澳大利亚与印度的贸易合作波动发展。2010 年，受到在澳印度留学生遭受严重暴力袭击事件的影响，澳印贸易合作急转直下。2013 年，印太概念进入澳大利亚政府的视野，澳大利亚首次发布官方文件明确将其战略利益定位至印太地区，澳印经济和外交关系经历新一轮的转型升级。近年来，澳大利亚与印度的贸易合作恢复至种族冲突前的水平，很大一部分原因是印太战略方兴未艾，为澳大利亚与印度在矿业、农业以及服务业等领域提供了经济合作的机会，进一步加强了双边贸易合作。

2009 年发生的在澳印度留学生遭受严重暴力袭击事件影响了澳大利亚与印度的矿产品贸易，双边矿产品贸易额下降。与此同时，中国是澳

---

① 〔澳〕大卫·布鲁斯特：《印度之洋：印度谋求地区领导权的真相》，杜幼康、毛悦译，社会科学文献出版社，2016，第 221～222 页。

大利亚铁矿石和炼焦煤出口的主要对象国，但澳大利亚在搭乘中国经济发展快车的同时，国内社会也深感不安。澳大利亚担心与中国贸易相互依赖程度的逐渐加深不利于国内经济的健康发展，希望分散经济风险，降低自身的经济脆弱性。随着印太战略的兴起以及印度实力的增长，澳大利亚与印度克服种族冲突带来的负面影响，澳大利亚逐步发挥其在资源产业上的优势。同时，由于印度工业化和城市化正在快速发展，印度国内对铁矿石和煤等产品的需求不断增长。澳大利亚对印度输出的铁矿石和炼焦煤恰恰能够满足印度高速发展的需求。2013 年以来，澳大利亚对印输出的炼焦煤量不断增长，输出额从 2013 年的 47.94 亿澳元增长至 2018 年的 109.79 亿澳元，超越种族冲突前的增长水平。① 而且，随着印度工业化和城市化进程的继续，印度对资源类大宗商品的需求将逐渐增加。例如，印度政府预测，到 2030 年，印度国内钢铁产量将增加到 3 亿吨，是目前产量的 3 倍多。② 换言之，印度钢铁产量的预期增长将增加对澳大利亚铁矿石和炼焦煤的需求。

在农产品贸易方面，由于澳大利亚与印度的农业贸易总额较小，加之印度在过去几十年的持续产出使其成为农产品净出口国，双边农业贸易情况受到种族冲突及印太战略影响不大，大体上跟随国际贸易市场走势而波动。但是，印度的农作物易受天气的影响，产量没有保障，这也使得澳大利亚与印度在农产品方面仍存在一定的合作空间。在过去十几年，澳大利亚与印度在小麦及蔬菜等农产品贸易领域进行合作，补充了印度国内供应。与此同时，过去十年，澳大利亚对印度的豆类出口量大幅增加。未来，正如《印度经济战略 2035》所指出的，到 2025 年，印度的总体粮食需求将增长 2%～

① "State by Country and SITC Pivot Table 2007 to 2018," Department of Foreign Affairs and Trade, https://dfat.gov.au/about-us/publications/Pages/trade-statistical-pivot-tables.aspx，访问时间：2019 年 7 月 8 日。

② "New Steel Policy," Ministry of Steel of the Republic of India, http://steel.gov.in/sites/default/files/policy1_0.pdf，访问时间：2019 年 7 月 8 日。

3%，即使印度的生产力水平提高，需求也将超过 2035 年的国内供应量。① 未来，伴随印度人口的继续增长，为了保证其粮食安全，印度将增加农产品进口量，澳大利亚对印度的农产品出口量也可能进一步增加。然而，由于印度政府过去也曾利用贸易政策支持本国农民，这也给澳大利亚出口商带来了不确定性。②

在服务贸易方面，21 世纪前十年，前往澳大利亚接受高等教育的学生数量激增，尤其是来自中国和印度的学生。2009 年，大约有 97000 名印度学生在澳大利亚学习，与在这之前 5 年的大约 30000 人相比有显著增长。③ 尽管在印度留学生遭受严重袭击之后，印度学生在澳大利亚的入学率迅速下降，但随着印太战略的兴起，澳大利亚政府重视对印度侨民的培养，印度方面亦于 2015 年启动“技能印度”计划，这使从印度前往澳大利亚留学的人数不断增加。近年来，教育和旅游已成为澳印服务贸易的主要类别，印度将澳大利亚视为可靠的服务贸易伙伴。未来 20 年，印度裔澳大利亚人可能会成为澳大利亚与印度之间的“活桥梁”，有助于提高和增强澳大利亚在印度的地位和影响力以及增加双边服务贸易的交往。④ 然而，双方应尽量避免发生类似 2009 ~2010 年的负面事件而影响双方服务贸易的积极趋势。

总而言之，印度近年来经济稳步发展，印度政府的经济改革计划旨在促进城市化和扩大制造业生产规模，这使企业信心反弹和投资强劲增长。印度国内经济状况的改善反过来又推动印度进口贸易的复苏，以及澳大利亚对印度商品和服务出口额的增加。未来，印度的国内政策可能会限制澳印双边贸易的增长范围。然而，贸易增长的潜力以及教育服务和农矿产品等领域的现

---

① “An India Economic Strategy to 2035,” Department of Foreign Affairs and Trade, http://dfat.gov.au/geo/india/ies/index.html，访问时间：2019 年 7 月 7 日。

② “Economic Trends in India,” Reserve Bank of Australia, http://www.rba.gov.au/publications/bulletin/2018/jun/economic-trends-in-india.html，访问时间：2019 年 7 月 8 日。

③ Gail Mason, “Naming the ‘R’ Word in Racial Victimization: Violence against Indian Students in Australia,” *International Review of Victimology*, Vol. 18, No. 1, 2011, p. 42.

④ “Australia-India Ties: Closing the Gap between Intent and Action,” Lowy Institute, https://www.lowyinstitute.org/the-interpreter/australia-india-ties-closing-gap-between-intent-and-action，访问时间：2019 年 7 月 8 日。

有贸易关系表明，未来几年，澳大利亚可以从与印度扩大的商品和服务贸易中受益。[①]

四　结论

2000～2018年，澳大利亚与印度的贸易关系发生了显著的变化，尤其是澳大利亚对印度出口贸易实现了跨越式增长。2000～2018年，澳大利亚与印度贸易关系的发展呈现澳印贸易互补性强、双边贸易失衡以及贸易总额高速增长等特点。在印太战略兴起的背景下，澳大利亚与印度的贸易关系克服了种族冲突带来的负面影响，在农业、矿业以及服务业等领域寻得更多的合作机会。从长远来看，澳大利亚与印度的商品贸易和服务贸易合作前景广阔，印度可能于2035年成为澳大利亚第三大出口目的地。

对中国而言，澳大利亚与印度贸易合作的进一步深化与发展将对中澳贸易以及中印贸易产生影响。面对澳大利亚和印度不断亲近的关系，中国应该尽力管控好与这两个国家之间的分歧与矛盾，营造和平发展的局面。同时，中国也应该继续加大对澳大利亚与印度的外交工作力度，努力说好“中国故事”，打造“中国形象”。中国应继续保持与澳大利亚的经济交往，秉持合作共赢的原则，发展中澳双边关系。此外，中国和印度应保持近年来维系的经济关系，通过双边经济联系的加强改善“地区竞争、双边对抗”的局面。

① “Economic Trends in India,” Reserve Bank of Australia, http://www.rba.gov.au/publications/bulletin/2018/jun/economic-trends-in-india.html，访问时间：2019年7月8日。

B.6
澳大利亚职业教育发展及借鉴意义*

陈蕴哲　张晋慧**

摘　要： 澳大利亚职业教育是世界职业教育领域的成功典范，为世界其他国家的职业教育发展奠定了基础，提供了借鉴的范本。本报告通过对澳大利亚职业教育的概况和发展历程及其特点进行分析，从而将澳大利亚职业教育的成功经验运用于我国的职业教育发展过程中。

关键词： 澳大利亚　职业教育　终身教育

一　澳大利亚职业教育的概况

（一）澳大利亚职业教育的基本情况

澳大利亚的职业教育又称为澳大利亚职业技术与继续教育（学院）（TAFE）。它是一种新型的、成熟的人才培养模式。它在澳大利亚的高等教育中属于第三部分的内容，经历了将近百年的发展历程，现已趋于完善，在各国的职业教育中成为典范。

---

* 本报告为“中国青年政治学院留学归国人才科研支持计划项目”（课题批准号：182020361）成果。

** 陈蕴哲，共青团中央中国特色社会主义理论体系研究中心研究员、中央团校青年运动教研室主任，教育部国别和区域研究基地——中山大学大洋洲研究中心特约研究员。张晋慧，中央团校一带一路战略研究院助理研究员，硕士研究生。

澳大利亚在各地均设有职业教育院校，它是针对澳大利亚早期出现的学校人才培养与就业市场要求对接不上的问题而建立的一个新型的教育体系。它的出现是解决人才培养与就业不匹配问题的尝试，与此同时，澳大利亚也建立了终身教育的体系。其政府发扬终身学习和终身教育的观念。该教育模式的形成是政府对于经济与教育协调发展的动力，同时也是改革的成果。

澳大利亚的职业教育学院都是经过国家注册的公立学校，由政府主办。该教育模式的发展资金主要由政府出资，学校自身出资一部分。其中，政府包括联邦政府和州政府，两者同时出资推动职业教育发展。其投资额的依据是在校生的人数及开设的课程。因此，澳大利亚政府比较鼓励招收海外学生，扩大生源，其生源大多是高中生，大学生占一小部分，会有少部分人选择在职业院校毕业后继续晋升。

（二）澳大利亚职业教育的体制设置

澳大利亚职业教育的发展目标是通过政府及国家培训局、国家职业教育研究生中心和行业培训咨询机构等对职业教育进行管理，从而形成独特有效的管理网络。在该职业教育体系中将文凭及职业资格证书统称为证书①。其中将证书分为四个等级，将高级文凭分为六个等级。各院校依据学生所就业的行业需求开展相关的职业培训。这样的培训有助于发挥学生学习的主动性及提高培训的实效性，有助于推动学生产生目标明确的学习行为，推动参加职业教育的人员接受符合职业发展需求的技能培训。

澳大利亚职业教育采取小学、中学、大学相结合的模式，其最大的特色就是将职业教育与继续教育相融合。高中学生毕业以后可以接受四级以上的证书教育，此时高中生只需接受两年的培训，审核合格之后就可以毕

---

① 杨欢欢：《澳大利亚职业教育的特点与启示》，《教育与职业》2014 年第 30 期，第 108 ~ 110 页。

业，毕业以后他们就成为高级技术职业工人。如果一部分人希望继续晋升，那么也可以升学，一年后毕业，获得相关学位证书。在澳大利亚的职业教育体系中除了小学、中学、大学以外，学生还可以获得接受研究生教育的机会，它们融合相通。如图 1 所示，在澳大利亚，高中毕业后进入职业教育与培训（VET）的学生比例高达40%，通过 VET 进入学历教育的比例高达22%；此外接受过学历教育的人员和社会工作人员来 VET 学习的比例也相当高，分别是 6% 和 10%。①

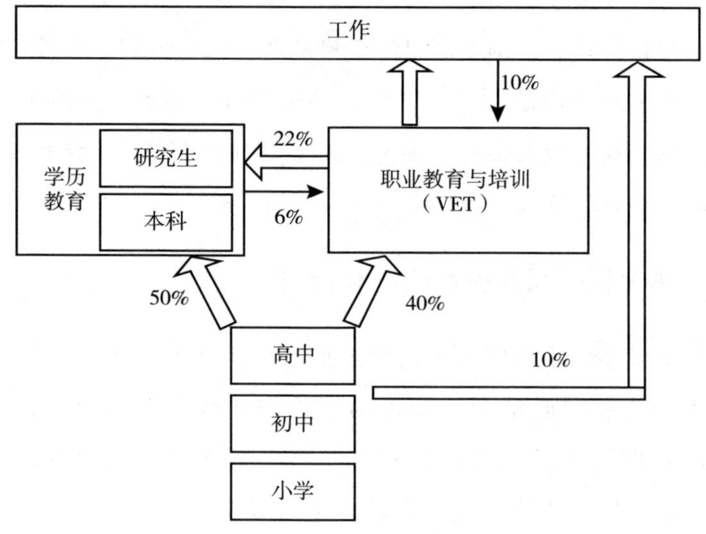

图 1　澳大利亚学历通道

资料来源：胡红钱、吴雄喜、盛国、高亚红、邵佳佳《中澳职业技术教育对比研究与启示》，《成人教育》2018 年第 8 期，第 88 ~ 93 页。

（三）澳大利亚取得成功的原因

澳大利亚职业教育逐步发展成熟和日趋完善的原因主要包括以下四

---

① 胡红钱、吴雄喜、盛国、高亚红、邵佳佳：《中澳职业技术教育对比研究与启示》，《成人教育》2018 年第 8 期，第 88 ~ 93 页。

个方面。第一，教育所花费用较低，学生参加职业教育培训的费用，相当于普通大学费用的一半，尤其是近年来，在澳大利亚学费猛涨的情况下，职业教育的优势明显地展示出来。第二，职业教育对于学生的语言水平要求较低，仅要求雅思为5.5分，如果这个要求还达不到的话，则会继续降低要求。第三，职业教育的实用性比较强，职业教育学院毕业的学生由于就业目标更加明确，具备与行业发展需求相匹配的职业技能。很多企业会直接去职业教育学院招聘和录用符合要求的毕业生。第四，职业教育学院的学生通过三年的学习和培训同样可以获得学士学位，这与我国的大专职业教育是存在一些差异的。在职业教育中，学生只要学分达到要求，就可以在不学完所有课程的前提下提前毕业，并获得相应的学位证。

二　澳大利亚职业教育的历史发展进程

澳大利亚职业教育具有近百年的发展历史，经历了不同的阶段，也积累许多的经验，这为其不断地完善与发展奠定了基础。澳大利亚职业教育的发展历史可分为四个阶段。

（一）澳大利亚职业教育的早期发展

澳大利亚最初的教育是带有一些私有性质的，它的出现主要是为了满足社会高层人士的需要。在19世纪七八十年代，澳大利亚教育领域迎来第一次改革，在普通教育中首次增加职业教育的相关课程。澳大利亚在结束100多年的殖民地统治以后，开始了新的制度，即联邦自治。随着新的社会秩序的出现，教育领域中有关职业教育的方面也出现长达10年之久的第二次改革，正是这次改革刺激了职业教育体系进一步完善。事实上，澳大利亚职业教育最初的形式是学徒制。英国的学徒制开启了澳大利亚职业教育的新阶段。

（二）澳大利亚职业教育的艰难发展

第二次世界大战期间，由于澳大利亚本国也经历了一些战争，其职业教育刚刚出现发展势头，就被阻断了，为了适应当时的环境，澳大利亚不得不调整学徒制，职业教育进入艰难的发展阶段。

这一时期战争的发生导致澳大利亚经济萧条，政府的资金多投入战争之中，用于其他地方的投入都开始削减。此时，为了督促政府加大对职业教育的支持力度，各地教育部门联合起来成立了澳大利亚教育委员会。在此期间，澳大利亚政府结合当时情况，对学徒制进行了改革，提出两大人才培养计划：其一是培养拥有制作作战急需品技能的人才；其二是为退伍军人提供相关行业所需技能的培训课程，该计划主要由国家投资。这次改革能够帮助退伍军人更快地找到新的目标和方向，在解决一部分退伍军人就业难的问题的同时，推动了职业教育学院进一步发展。

（三）澳大利亚职业教育的恢复时期

在这一阶段，各州政府及联邦政府对职业教育给予更多的关注。第二次世界大战以后，澳大利亚职业教育的办学质量得到提高，职业教育学院与各行业间的密切联系对之前的职业教育体系提出了新的挑战。但是职业教育发展规模和模式在各州的独立自主权阻碍了其快速发展的进程。新南威尔士州面对职业教育发展的情况，采取了一些改革措施，并出台相关的法律予以保护，与此同时，建立了相关的大学教育学院，推动等同于专科层次的职业技术教育的发展。

在这一阶段，社会形势出现新的情况，由于战争的发生，更多的外来移民进入澳大利亚，使澳大利亚人口激增。同时澳大利亚在战争结束后，经济状况开始逐步恢复。人口的增加使第三产业得到快速发展，从而增加了对于人才培养与教育的需求。在第二次世界大战以前，职业技术教育形式以学徒制为主，结构较为简单。随着二战后澳大利亚经济快速恢复与发展，各行业对技术性要求越来越高，为了顺应经济发展要求，开始重新调整自身发展方向，因此，澳大利亚的社会状况改变使职业教育获得了快速发展。

这一时期，产业的调整、金融行业及通信行业的快速出现及发展对传统产业造成一定的冲击。新兴产业的出现使新的职业群体产生，第三产业的发展推动妇女就业机会增加。各州政府建立起许多职业教育学院，这些学校适应社会发展要求，开设相关的课程，推动职业教育快速发展。

（四）澳大利亚职业教育的快速发展

在前期的澳大利亚职业教育发展中，虽然澳大利亚政府给予资金支持，但是关注度还是不够。在联邦政府建立后，虽然法律规定州政府与联邦政府一起负责国家的教育发展与管理，但是澳大利亚州政府主张教育是各州的职能范畴，认为州政府应该承担更多的教育职责。澳大利亚教育领域的状况是联邦政府拥有财政、税收大权，但是推动教育发展、提供资金支持的是州政府。在澳大利亚迁都以后，联邦政府开始给予首都的教育更多的关注和支持。此时，虽然第二次世界大战提高了联邦政府对于教育的重视程度，而且重视教育在当时引起广泛的关注，但是职业教育在整个澳大利亚的教育体系中并没有得到很好的发展。在 20 世纪 60 年代，政府对于基础教育、技术教育、高等职业教育的投入还不能满足当时经济社会的需要①。在20 世纪 70 年代，澳大利亚教育部门针对当时的职业教育发展状况提出之后的发展方向和改革建议。此后，澳大利亚对政府对职业教育与继续教育的关注及投资力度明显加大。政府对于职业教育进行改革，将教育的各阶段整合在一起，做到学制多样，课程的设置和各行业要求相贴合。

在 20 世纪 80 年代以后，第三产业的快速发展冲击了职业教育学院原有

---

① 杨欢欢：《澳大利亚职业教育的特点与启示》，《教育与职业》2014 年第 30 期，第 108 ~ 110 页。

的传统专业，如制造、采矿等专业。新兴的职业培训机构是对职业教育机构不足的补充。当时，根据职业教育的发展历程，政府意识到职业教育的发展需要符合市场需求才可以进一步推动经济发展。因此，在澳大利亚各级政府及行业的努力下，澳大利亚职业教育改革取得很大进步。

在 20 世纪 90 年代以后，澳大利亚职业教育进入改革的黄金时期。这一时期，澳大利亚进行职业教育模式的探索，改革学徒制提出符合时代要求的培养方案，在高中的课程体系中加入职业教育的相关课程；同时也建立新的国家培训框架体系，包括资格认证制度及培训包，其中培训包包含对职业发展需要的技能和理论基础的要求，建立起了全国通用的职业技能认证标准。

在进入 21 世纪以后，澳大利亚的职业教育制度不断结合时代发展要求进行探索，在政企合作方面，政府加强了与各行业及企业的深入合作，推动经济发展及职业教育质量提高。因此，在国家与政府及企业的共同努力及协作之下，澳大利亚对职业教育的评判标准进行了协商规定，形成了具有普遍认可性的评价标准，建立起相对完善的培训机制，即全国统一的、有效的培训体制。

在 2002 年，该体系开始正式实施，改革之后，质量培训框架对办学质量提出更高的要求，该培训框架主要包括两个评价标准：一是 RTO 标准，该标准包含 12 个条件，如果职业教育学院符合这些条件，就可以获颁全国范围认可的资格证书；二是职业教育的注册及课程认证的制度规范，澳大利亚职业教育主要是由各州负责的，因此各州对于职业教育的建立及评判标准必须统一，才能推动职业教育的良好发展。这两个标准的结合并顺利实施推动了澳大利亚职业教育的进一步发展。

三　澳大利亚职业教育的特点

通过分析澳大利亚职业教育的概况及发展历史，结合澳大利亚现在成熟的体制机制，可以总结出澳大利亚职业教育的特点。

（一）政企深入合作

澳大利亚政府高度重视职业教育的发展，在全国建立起统一的培训标准体系和机构资格审查标准，并对培训机构进行定期审查①。澳大利亚政府通过运用政策引导、法律规范及政府拨款的手段促进政府和企业推动职业教育发展，从而对职业教育的质量进行把关。澳大利亚职业教育的各级委员会制定一些相关的政策，并在全国进行宣传，从而提高政企参与度。如澳大利亚政府通过减免税收和专项奖励刺激企业参与职业教育的热情。澳大利亚政府将减免参与职业教育企业的税收纳入《培训保障法》，“企业可提供自己在职业教育和培训中开支超出年度员工工资5%及以上的，可减免职业教育附加税”。② 职业教育学院由政府认定，并提供资金支持及培训体制设置，根据规定的评价标准定时定期地考察各职业教育培训机构的体制及课程设置是否符合行业需求，不符合要求的机构则会被取消培训资格。此外，澳大利亚的职业教育通过相关的权威机构建立起适合行业需求并被国家认可的培训标准，即培训包，从而加强校企之间的联系。澳大利亚职业教育发展与行业发展要求息息相关，只有不断满足行业发展需求，同各行业共同进步，才能使澳大利亚职业教育保持时代性，进而推动职业教育的可持续发展。“以行业为主导”主要表现为，政府通过行业发展需求制定相关的课程培训和技能培训标准，从而为各职业教育学院的培训提供参考和指导。职业教育学院的培训费用来源于政府的支持，政府承担了职业教育的大部分资金。另外，各企业和行业需加强同职业教育学院的联系，通过促使企业员工参加职业教育与继续教育来满足自己发展的需求，同时也增强企业职员的职业技能，使其的发展更加符合行业需求，获得国家认可的资格证书，进而也促进企业进一步发展。

---

① 杨欢欢：《澳大利亚职业教育的特点与启示》，《教育与职业》2014年第30期，第108～110页。

② 宋婷：《企业参与职业教育产教融合保障机制研究——基于德国、澳大利亚、加拿大三国比较》，《武汉工程职业技术学院学报》2018年第4期，第49～52页。

（二）终身教育的模式

澳大利亚的职业教育体制机制反映出了终身学习的理念，形成了教育—就业—继续教育—回到工作岗位的循环体制。职业教育学院提倡终身学习。从学徒到未就业年轻人及退休员工等，只要自己想去学习职业技能，就可以选择职业教育学院去接受自己想要学到的技能的培训。

澳大利亚职业教育学院的生源绝大多数是已就业的员工及20岁左右的年轻学员。无论想要获得相关的职业技术资格证书还是学历，他们在职业教育学院都可以获得。澳大利亚职业教育为人民提供了更多提升职业技能的机会，也为他们实现终身学习、终身接受教育增加了途径。

（三）培训标准的法律权威性

澳大利亚职业教育的培训包是职业教育的另一个特色，它的目的是使职业教育培训体系更加合理和成熟，课程设置更符合职业发展需求，提高职业教育培训的质量。对于澳大利亚职业教育发展来说，培训包对其发展具有指导作用，职业教育学院相关的培训内容及方式都必须符合培训包规定的要求和按照标准对学员进行培训。从众多职业教育学院的角度思考，培训包对于培训的方向及内容的规定，使各地的职业教育培训变得更加标准和统一。

培训包不仅为授课内容提供完整清晰的指导和充分详细的教学材料，也提供了该专业应具备的能力标准要求、应具备的资格证书以及课程指南。①通过多方考虑并综合各方面的因素，广泛地听取各行业和企业对于发展的需求和意见，保证了培训包的内容的合理性和其对职业教育的指导性及操作性。

同时，培训包具有一定的法律效力，能够在全国范围内普遍地实行，并

---

① 廖晓虹：《国内外高等职业教育人才培养模式的比较研究》，《高教学刊》2019年第8期，第22～24页。

具有约束力和合法性。在培训包实施阶段，政府也会听取各行业专家对于当前形势的认识，从而去判断培训包是否符合行业需求，是否存在落后现象，并及时融入一些新的技能，使培训包可以保持其先进性和实效性，紧跟行业发展趋势。

（四）能力本位的职业教育

澳大利亚的职业教育更多注重与行业发展需求相适应，培养学员具备符合行业要求的职业技能，这些培训都以提高学员的职业技能为主要目的而不仅局限于对理论知识的掌握，判断学员能否毕业也是以学员的能力是否符合毕业的技能要求为主要评判标准。评判标准主要包括技能、知识和态度三个层面，这些层面更多地强调学生需要去学习什么样的技能、具备什么样的能力以及掌握和实际运用的能力是否达到标准。合格的能力包括完成任务的技能，该任务的相关管理技能、相关知识能力以及适应工作角色和环境等几大方面的能力。职业能力是培训包的基础组成部分，每一种职业技能都会被细化为具体的能力①。学员只有真正掌握每一项技能，才能得到认可，获得认证资格证书。

（五）职业教育体制灵活多样

澳大利亚职业教育体制非常灵活，既有为期几天的短期培训，也有几个月的培训，甚至还有几年的培训等多种培训。学生可以依据相关需求来选择具体的学习时间，只要具有培训所要求的学分及技能水准即可结束培训。职业教育学院实现了与大学学分的互换减免、课程衔接。只要学员能够通过职业教育资格审核，获得相关资格证书，该学员就可以获得大学文凭。

同时职业教育学院的课程使用多样化的教学方法，如组织小组活动、

① 《国务院关于印发国家职业教育改革实施方案的通知》，中华人民共和国中央人民政府网站，http：//www. gov. cn/zhengce/content/2019 –02/13/content_ 5365341. htm。

举办一些讨论、针对学生个体进行训练指导等。详细的培训方法需要结合培训内容及学员的个体差异和需要确定，即具体情况具体分析，例如学员的培训地点，可以在校也可以在企业，可以根据学员情况采取灵活的培训方式。

（六）优质的师资队伍

职业教育学院的培训老师需要拥有较高的职业技能及丰富的职业经验。一名职业教育学院的老师在对学员进行培训之前，一定要先掌握相关的职业技能，取得合格的资格证书。职业教育学院同时也会要求从事培训的老师有相关的实践经验，并能够非常熟悉自己行业的发展前景与实时的更新状态。

此外，职业教育学院也会从企业中寻找优秀的技术员工兼职做培训老师，尤其是专业性相对偏高的行业，这一举措一方面能够扩充学院的培训教师力量，另一方面也能够使学校的培训课程与行业发展需求相吻合，使职业教育培训与企业需求相适应。

四　澳大利亚职业教育对我国的借鉴

职业教育对于一个国家人才发展与培养同样发挥着不可替代的作用，改革开放 40 年来，职业教育的发展促进了我国社会尤其是经济方面的发展，为我国培养出大量优秀人才。当前，我国的现代职业教育体系基本实现现代化，推动社会发展，具备了基本实现现代化的要求和基础①。我国进入中国特色社会主义新时代，面临新的情况，我国的职业教育也同样面临新的发展机遇和挑战。教育部公布的《全国职业教育工作专项督导报告》显示，2014 年全国高职院校在校生为 1006. 6 万人，占高等教育规模的 40%，有涵

① 《国务院关于印发国家职业教育改革实施方案的通知》，中华人民共和国中央人民政府网站，http：//www. gov. cn/zhengce/content/2019 －02/13/content_ 5365341. htm。

盖三次产业和新兴产业的700多种专业，在劳动力转移、新型工业化、再就业等方面发挥着普通高等本科教育不可替代的作用。[①] 因此，随着产业升级及经济结构调整，各行业对于拥有职业技能的优秀人才的需求不断增加，职业教育对社会的进一步发展发挥着重要的作用。但是同发达国家的职业教育展相比，我国职业教育的一些问题还没有得到很好的解决，职业教育体系还不健全，职业教育的培训场所及设施还需要进一步完善，职业教育评判标准不统一，缺少权威性，各企业和行业对于职业教育的参与度较低，职业教育人才培养的相关法律和政策需要进一步完善，办学水平和质量高低不一。只有职业教育实现现代化发展，才能推动教育现代化实现。坚持以习近平新时代中国特色社会主义思想为指导，把职业教育摆在教育改革与创新和经济社会发展的更加突出的位置。

（一）政府、学校与企业合作

政府、学校、企业的协调配合对于推动职业教育发展具有非常重要的作用。虽然我国在三者协同合作方面取得了很大进步，但相比澳大利亚政府、学校、企业三方共同推动职业教育的发展，我们还存在一些问题和不足。对福建省多所高职院校和校企合作的企业对于“当地政府对校企合作发展的积极性如何”这一问题的调查显示，选择“很积极”的占16.4%；选择“较积极”的占36.7%；选择“一般”的占44.1%；选择“不积极”的占2.8%（见图2）。澳大利亚政府对校企合作的高积极性及投资渠道多样化都是我们需要借鉴的地方。充分发挥政府的统筹与协调作用，通过职业教育解决青年就业问题，提高其积极性。同时，完善职业教育体制机制，提高学校的培训实效性，深化职业教育体制改革，以推动行业良好发展，满足职业发展需求，鼓励各企业参与职业教育，为职业教育发展贡献企业的智慧与价值，促进校企合作，从而培养出具有职业技能的优秀人才。

① 陈薇薇：《澳大利亚TAFE教育对我国新时代职业教育的启示》，《北京经济管理职业学院学报》2018年第4期，第37～40、31页。

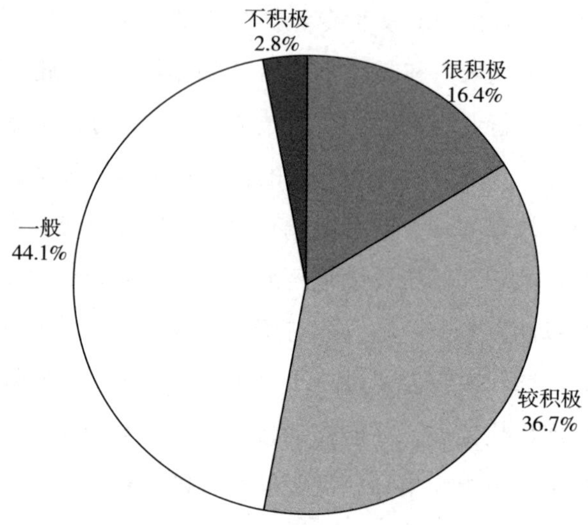

图 2　当地政府对校企合作办学发展的积极性

资料来源：林佳《福建省高职教育校企合作办学中的地方政府职能研究》，华侨大学硕士学位论文，2018。

当前，我国的职业教育获得一定的发展，已经实现了由政府负责管理变为政府统筹管理、各界多方参与的办学方式，从强调职业教育规模的扩大转变为更加注重职业教育的质量。我国的职业教育要努力实现让企业更多地深入参与办学，课程设置具有个性化，符合发展需求，提高现代化水平，推动经济社会进步及综合国力水平提高。在未来的两三年里，我们要努力实现职业教育学院的应用性变得更加明显和突出，建设高质量的职业教育学院。要努力使我国职业教育覆盖更多的行业和领域，要努力推动产教融合的企业更快发展，建立更多满足职业教育发展需求的实训基地。

（二）完善法律法规

澳大利亚的职业教育有相关法律的保护，具有一定的权威性。1990 年，澳大利亚政府颁布了《培训保障法》，该法进一步明确了企业在职业教育中的地位、作用和权责，从而激发企业参与职业教育的积极性。例如，该法明确规定，年收入在22.6万澳元的企业，需把工资预算总额的1%用于企业员工资格培训，1991年，该比例上调至1.5%，凡是未达到相关要求的企业，需向国家培训保障机构缴付差额。2003年，澳大利亚政府制定了《澳大利亚2004—2010年职业教育与培训国家战略》，战略将企业参与职业教育列为职业教育发展的重要战略。①

我国与职业教育相关的法律法规正在逐步增多，但是目前相关的法律法规还不是非常健全和完善。我国部分职业教育发展迅速的地方已经有了相关的权责明确的分工，但是绝大多数地方尤其是内地一些落后地区的职业教育发展还缺乏法律的保护。我国的职业教育被一定的法律保护，明确政府、企业、职业教育院校的功能、地位、作用。促进职业教育具有法律强效性，以育训结合、长短结合、内外结合的要求，面向在校学生和全体社会成员开展职业培训②。在我国的职业教育发展中，结合多方情况，听取专家建议，建立全国统一的培训标准。规范职业教育学院的评价标准及课程设置，提高其合法性。运用法律保证学生在学院完成培训课程并在通过审核以后依法取得相关学历证书。

（三）能力本位的培训制度

澳大利亚职业教育注重对学员能力的培养，但是目前我国的职业教育还是偏重于让学生获取理论知识。从澳大利亚TAFE的学生构成来看，全日制学生仅占30%，而非全日制学生的占比高达70%。其中，非全日制学生中90%以上都是企业从业人员。③

我国需要进行职业教育人才模式改革，借鉴国际职业教育的成熟经验，结合我国国情，制定一系列课程培养方案及措施。鼓励学生在获得学历认证

---

① 宋婷：《企业参与职业教育产教融合保障机制研究——基于德国、澳大利亚、加拿大三国比较》，《武汉工程职业技术学院学报》2018年第4期，第49~52页。

② 《国务院关于印发国家职业教育改革实施方案的通知》，中华人民共和国中央人民政府网站，http://www.gov.cn/zhengce/content/2019-02/13/content_5365341.htm。

③ 张基宏：《澳大利亚职业教育与培训模式成功的密码——赴澳大利亚研修报告》，《世界教育信息》2012年第8期，第47~52页。

的同时多参加职业技能培训和学习，增强自己的就业创业能力，拓宽就业渠道和方向，缓解就业压力。

从国家层面来说，应更加关注各校培训的内容及课程的实效性，将内容的设置更加符合就业发展需求及职业技能需要。同时出台相关措施，使职业教育面向社会，减少对于年龄的限制，减少对于学员身份的要求和规定。实现各级职业技能证书的效用相同，以得到社会和法律的认可，毕业学员拥有同等的权利。

（四）终身教育观念的践行

终身学习是21世纪随着科学技术及网络技术不断发展出现的新趋势，终身学习已经成为大多数人的共识，但是我国终身学习的践行效果并不是非常好，尤其是低学历就业人员。我国职业教育将质量、标准作为两大关键，以建立更加完善的职业教育体制机制，为各行各业的发展提供人才及技术支撑，尤其是新兴行业，需要大量的人才。职业教育学院完善多样化的办学格局，推动企业深入参与职业教育。健全资格认证制度，促使普通教育与职业教育占教育的比例处于合理区间，为实现终身教育的目标奠定基础。

为了推进终身教育的观念，我国要为新生的劳动力提供更多的技能培训。现在我国在职人员提升学历水平的方式有很多，但是很少有人会通过职业教育提升自己的职业技能和素养，从而导致许多人被企业和行业所淘汰。我国需要借鉴澳大利亚的经验，促使各年龄的员工增强再教育观念，提升自己的能力，与时代同发展，与企业共进步。

（五）优质师资队伍的认证

澳大利亚职业教育对于任职培训教师要求严格，培训教师上岗之前要接受学校培训，同时，要对培训教师进行考核，通过考核的教师才可以获得资格证书，从而上岗。数据显示，澳大利亚 TAFE 80% 的教师是兼职教师，学院在聘任教师时，要求他们至少有 5 年的行业经验，有比所教课程高一级别的学历，且必须有一个培训与评估四级证书。[①] 澳大利亚还要求培训教师有较长的实践经验。这也是值得我们借鉴的地方。澳大利亚职业教育采取双师制，从企业聘请优秀员工和专家来参与培训教育。

我国职业教育也要加强对于师资队伍的严格把关，其不仅局限于教师的学历，也要注重实践经历，选拔符合要求的优秀老师，也要定期培训老师，对其进行评估，督促培训老师自我提升和加深对行业的认识。虽然短期内可能达不到澳大利亚的“双师教育”水平，但是可以请行业优秀人员对老师进行集中培训，与其交流，实现理论与实际相结合，增强教师的实践认知，从而更好地投入教学活动之中。与企业加强联系沟通，加强合作。邀请行业尖端人才为职业教育提供服务，深入参与职业教育，为企业及相关行业培养优质人才。在职业教育学院进行直接评估，对培训老师进行考核。完善职业院校自主招聘优质兼职教师的规定，建立行业优秀员工与职业教育学院老师流动机制。

---

① 张倩：《浅谈我国职业教育发展新途径——基于澳大利亚职业教育模式对我国的启示》，《人才资源开发》2019 年第 7 期，第 41 ~ 44 页。

新西兰篇

New Zealand Reports

B.7 2018～2019年新西兰内政外交综述

王婷婷*

摘　要： 新西兰本届联合政府承诺成为“转型政府”，从内政到外交引领变革。执政以来，经济上主张大力进行研究和创新以提高生产力，同时超越传统的GDP经济指标和成功的衡量标准，将人民和环境的福祉放在中心位置，以建设一个更具生产力、可持续性和包容性的经济体。内政上重建公共服务基础，政府投资向健康、教育、住房、司法等被国家党“长期忽视”的领域倾斜；同时集中出台一系列政策应对气候变化，以实现2050年零碳目标。外交上更加积极主动，继续通过自

* 王婷婷，北京大学历史系博士研究生，教育部国别和区域研究培育基地——中山大学大洋洲研究中心研究人员，主要研究方向为环境史、新西兰问题。

由贸易协定多样化出口市场，寻求改善2018年有所波折的中新关系；推出“太平洋重置”战略，维护新西兰在太平洋地区的领导地位；积极参与国际事务，利用各种平台提升新西兰国际声誉和影响力，维护基于规则的国际制度。

关键词： 新西兰　转型政府　福祉　太平洋重置

2017年10月，新西兰工党、优先党、绿党基于联盟协议、信心和供应伙伴协议组成联合政府。在这两项协议中，有一个共同的使命宣言：本届联合政府致力于为新西兰提供一个转型政府（Government of Transformation），致力于应对该国面临的长期挑战，包括可持续的经济发展、增加出口、更高工资的体面工作、健康的环境、平等的社会和良好的政府。政府将采取措施大力减少不平等和贫困，特别是儿童贫困，改善所有新西兰人的福祉和生活环境。[①]为实现这些目标，本届联合政府从经济、内政、外交等方面进行了调整。

一　经济战略调整与2018年经济发展

（一）新西兰经济发展面临的挑战

本届联合政府的经济战略调整是基于其认为的当前经济面临的挑战所进行的。

从新西兰国内看，首先，生产力和生产力增长率较低。新西兰经济增长过于依赖高水平的净移民、房价通胀推动的消费以及对额外基础设施的需

① See Grant Robertson, "Achieving Shared Prosperity-Outlining the Government's Economic Strategy," The Official Website of the New Zealand Government, 1 December 2017, https://www.beehive.govt.nz/speech/achieving-shared-prosperity-outlining-governments-economic-strategy.

求。资本过多地倾向于投机资产类别，如出租房产，而不是增加新的比较优势点。新西兰生产力委员会（Productivity Commission）的保罗·康威（Paul Conway）指出，这些因素导致生产部门的人均资本密度低，这反过来又是技术转让不足和经济复杂性低的根本原因。虽然已经取得了一些进展，但出口仍然集中在太少的产品和太少的市场上。

其次，经济增长带来了日益严重的环境和社会影响，影响经济的可持续发展。农业和旅游业是新西兰经济的重要组成部分，这些地区“一切照旧”的增长将面临自然和社会的限制。

最后，人均增长率低，不平等问题严重。即使新西兰经济总体增长，人均增长率也不高。2018 年，经济增长仅略快于人口增长，人均增长率为 0.9%，新西兰国家统计局表示这是自 2011 年以来的最低水平。事实上，新西兰人均 GDP 从 1950 年占 OECD 平均水平的 125% 已经下降到当前的 60%。[①] 社会各地区和群体之间的增长存在差异，贫富差距较大，无家可归者众多。自 20 世纪 50 年代租金相对于收入显著增加以来，房屋占有率处于最低水平。

从国际上看，全球金融危机之后，一些国家一直实施异常的货币政策，带来负利率、资产价格通胀和不平等加剧等后果。对不平等加剧、有限的就业机会和更高的住房成本等问题的不满导致一些国家政治不稳定。一些民主国家正在选举反自由贸易政府。不断上升的保护主义正在带来新兴的贸易战，以规则为基础的世界贸易体系正面临严峻挑战，这给以贸易立国的新西兰带来很大风险。

新的数字技术正在破坏传统产业，人工智能、机器学习和自动化正在影响工作的性质，各国需要面向数字化时代进行转型。

日益严重的气候变化问题和不断发展的全球气候变化行动意味着，如果不进行创新，发展低碳经济，碳密集型产业（包括农业和长途旅游）将来可能面临重大挑战。此外，应对气候变化的挑战不仅有助于防止环境恶化，也有助于创造新的发展机会。

---

① See Paul Conway, “Can the Kiwi Fly? Achieving Productivity Lift-off in New Zealand,” *International Producticity Monitor*, No. 34, Spring 2018.

因此，面对国内和国际的所有这些挑战，新西兰政府调整方向，认为成功不能仅靠 GDP 来衡量，人类、社会和环境成果也很重要。

（二）联合政府经济战略

与国家党建设更有竞争力的经济战略不同，本届联合政府提出要建设一个更具可持续性和包容性的经济体，以提高新西兰人的福祉和生活水平。这意味着超越狭隘的经济指标和成功的衡量标准，将人民和环境的福祉放在中心位置。[①] 为了实现这一战略，政府制定了一些计划。

第一，与企业合作，鼓励创新，提高生产力，并为 21 世纪建立更好的技术人才队伍。长期以来，新西兰政府用于提升创新潜力的研发开支，远低于 OECD 国家的平均水平。本届政府计划在 10 年内把从目前仅占 GDP 1.3% 的研发投资提升至至少 2%，实现接近 50% 的增长。[②] 部分资金将通过政府直接提供，但更关键的是私营部门需要投入更多研发资金。实施税率为 15% 的研发税收抵免政策是刺激企业投资的第一步。

在技能方面，为满足不断变化的经济需求，从 2018 年 1 月 1 日起，免除高等院校的第一年教育与培训费用，改善劳动力技能水平，应对快速变化的数字时代。调整移民政策，更好地瞄准所需的技术移民，如 KiwiBuild 技术短缺移民，同时削减对一些不符合新西兰最佳利益的移民的引进。

2018 年 10 月修订后的《海外投资法》生效，禁止外国买家购买现房，引导投资流入其他生产性领域而非投机性资产类别。目前新西兰正对《海外投资法》进行第二轮修订，以降低复杂性，提高投资者的确定性并减少不必要的内容，同时确保投资符合新西兰的国家利益。

---

① See Grant Robertson, "Achieving Shared Prosperity-Outlining the Government's Economic Strategy," The Official Website of the New Zealand Government, 1 December 2017, https://www.beehive.govt.nz/speech/achieving－shared－prosperity－outlining－governments－economic－strategy.

② David Parker, "The Economy in Transition," The Official Website of the New Zealand Government, 16 October 2018, https://www.beehive.govt.nz/speech/economy－transition.

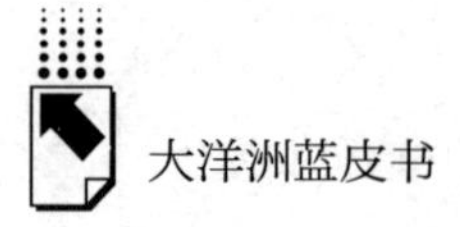

作为一个小型的创新型国家，新西兰将继续制定相应的监管规则，并在科学和创新方面加强与其他国家的合作，开发更多世界领先的技术。为应对不断变化的世界的机遇和挑战，新西兰投资农场机器人、传感器和人工智能等创新领域。在“工业 4.0”中，投资生物经济、高价值医疗技术领域，清洁能源专业的平台等，奠定未来成功的基础，开发新的比较优势点。

第二，巩固现有的经济实力，促进高价值产品出口。新西兰提供的商品和服务需要具有更高程度的复杂性，以便能够更好地在全球市场中竞争。这意味着应将初级产品扩展到更高价值的食品、饮料和木材产品中，增加出口产品价值，同时转向对更可持续的土地的使用，在全球推广新西兰这一高价值的旅游目的地。积极进行中新自贸协定升级、CPTPP、RCEP 谈判，开展和欧盟、太平洋联盟自由协定谈判，并将在英国脱欧后寻求与英国签署新的高质量的贸易协议等，最大限度地为出口减少障碍，多样化出口市场，保证经济繁荣并应对国际风险。

第三，促进地区蓬勃发展。政府认为长期投资不足正在破坏新西兰地区的巨大经济潜力，因此为地区发展基金（Provincial Growth Fund）拨款 30 亿新元。该基金将用于投资区域铁路，支持未来 10 年种植 10 亿棵树的计划，调查北岛上游港口的发展情况，以及投资其他大型资本项目。由于地方大量的基础设施不足、老化、脆弱，投资基础设施是重中之重，以解除地区增长的基础设施限制，改善供应链并降低成本，支持企业扩展。

第四，促使新西兰经济向清洁、绿色、碳中性过渡。这意味着向零碳经济转型。政府已承诺 2050 年实现这一目标。为绿色投资基金（Green Investment Fund）投资 1 亿新元，帮助企业挖掘智能低碳行业的机遇，在垃圾、生物多样性、河流等领域进行投资。幸福预算中，为了应对气候变化的长期挑战，政府将 10 亿新元投入沉寂已久的铁路 KiwiRal，通过改善铁路网络，在促进经济发展的同时支持气候变化目标。

总而言之，联合政府的宗旨是通过鼓励生产性投资来增加新西兰的比较优势点，使经济摆脱对人口的增长、过热的住房市场和动荡的商品市场的依赖。政府认为，如果在向生产经济转型的过程中，一年的增长率会略微降低，那么，为了达到目标，这是值得付出的代价。新政府及其带来的变化将不可避免地导致一些不确定性，但有一点是明确的，即政府政策最终将有利于可持续增长。①

（三）2018年经济不断发展，但增速有所放缓

按照传统的宏观指标衡量，2018 年新西兰经济保持稳定且不断发展，但其年增长率降至 2014 年以来的最低水平。在全球不确定性增长和增长放缓的同时，新西兰经济在 2018 年失去了一些动力，主要表现为人口增长放缓、商业投资增长缓慢、建筑市场和政府政策具有不确定性等。最近的经济数据也显示当前季度经济持续增长，2019 年第一季度增长率为 0. 6% （见图 1）。

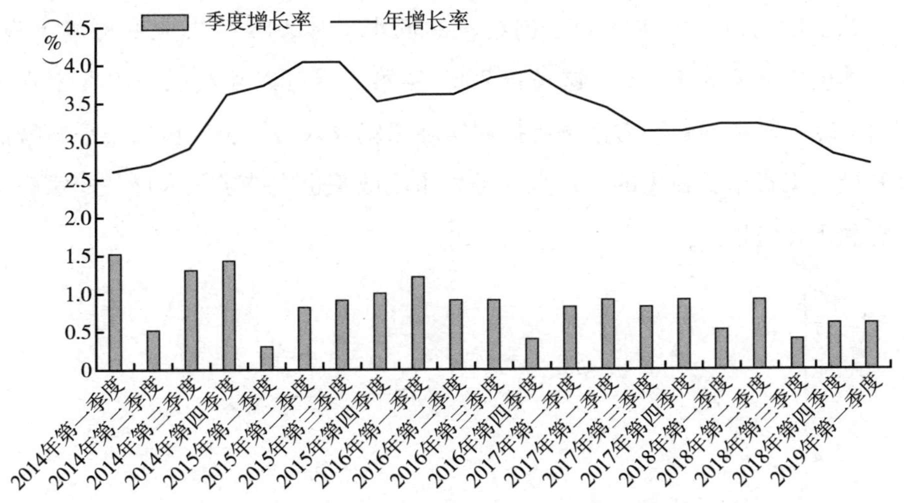

图 1　2014 年至 2019 年第一季度新西兰经济增长率

资料来源：Gross Domestic Product （GDP），Statstics New Zealand，https：//www. stats. govt. nz/indicators/gross – domestic – product – gdp；Budget Economic and Fiscal Update 2019 Additional Information，Treasury New Zealand，https：//treasury. govt. nz/sites/default/files/2019 – 05/befu19 – addinfo. pdf。

① See Grant Robertson，"Achieving Shared Prosperity-Outlining the Government's Eeconomic Strategy，" The Official Website of the New Zealand Government，1 December 2017，https：//www. beehive. govt. nz/speech/achieving – shared – prosperity – outlining – governments – economic – strategy.

商品出口仍是一个经济亮点。由于中美贸易关系紧张，全球贸易增速整体放缓，但国际市场对新西兰重要产品的需求依然强劲，乳制品、肉类和木材的出口价格都很高。新西兰国家统计局数据显示，2018 年新西兰货物贸易出口额为 574. 94 亿新元，同比增长 7. 2%。2019 年 4 月新西兰国家统计局最新数据显示，受乳制品，肉类和林业产品出口增加的推动，特别是对中国的出口，2019 年 3 月新西兰商品出口总额比上年同期增长 8. 99 亿新元（涨幅为 19%），达到创纪录的 57 亿新元，此前的月度纪录出现在 2017 年 12 月。同期进口总额减少 3. 5%，为 48 亿新元，月度贸易盈余为 9. 22 亿新元，是 2011 年 4 月（12 亿新元）以来的最好水平。

同时，自联合政府上任以来，每周平均工资增加 65 新元，创造了 7 万个新的工作岗位，失业率处于创纪录的低水平。2018 年失业率持续下降，第三季度失业率为 4. 0%，这是自 2008 年第三季度以来最低的失业率水平（见图 2）。紧张的劳动力市场支撑着实际家庭收入的增长，包括公平薪酬协议和最低工资增长在内的一系列劳动力市场政策也支持了收入增长。家庭增收有利于经济增长。

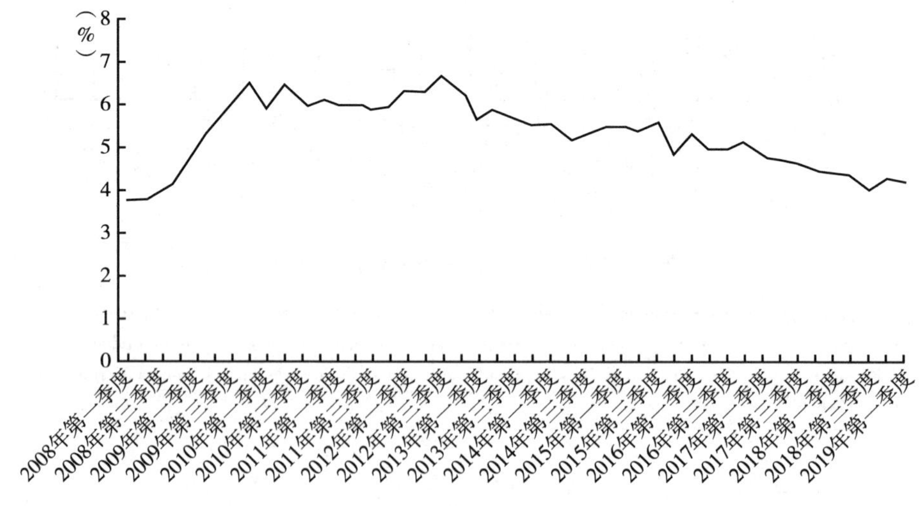

图 2　2008 年至 2019 年第一季度新西兰失业率（经季节性调整）

目前，新西兰的就业市场依旧保持强劲态势。许多企业表示，当前是10年来职员招募最困难的时期。

值得注意的是，从联合政府执政以来，新西兰商业信心指数（Business Confidence Index）暴跌且持续低迷（见图3）。在2018年公布的经济合作与发展组织商业信心排名中，新西兰在发达国家中名列倒数第二，仅高于韩国。而在两年前，新西兰在35个国家中的排名为第二。这主要是由于政府的经济转型战略、企业对于政府政策不确定性对经济影响的担忧，许多企业认为政府没有提振经济具体而明确的行动计划。同时，政府的许多左倾改革不可能不使企业感受到成本可能增加和劳动力短缺的威胁。

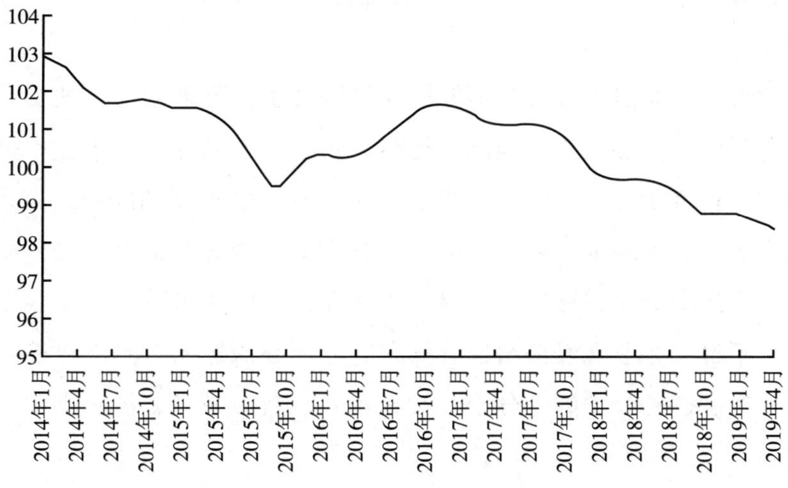

图3　2014年至2019年4月新西兰商业信心指数

资料来源：OECD Data，https：//Data. oecd. org/leadind/business – confidence – index – bci. htm。

这些政策包括拟议中的资本利得税改革，以及放弃资本利得税后有可能采取的税收改革措施；开征燃油税导致燃油成本增加；通过收紧工作和国际学生签证减少每年2万～3万名净移民，在净移民已经开始减少的情况下，这可能会使企业面临劳动力短缺的局面，尤其是低技术工人短缺的局面；劳动关系领域的一系列改革，包括提高最低工资水平、取消超过20

人的公司采用90天试用期、延长带薪产假、工会和集体谈判的权力被加强、最重要的“公平薪酬协议”（FPA）改革（2018年6月5日宣布启动）等。

企业特别是那些规模较小的企业（95%的企业都是20人以下的小微企业）依赖对政府政策的清晰认识来做出重要决策。政策的变化和不确定性使投资者变得比较悲观。ANZ银行的季度商业微观调查显示，小企业的商业信心在2018年9月进一步下滑，招聘和投资意向首次出现负面数字，这是全球金融危机以来的第一次。①

另外，劳动力短缺和无法找到合适的雇员、干旱气候对农民群体的影响，以及对全球特别是中国经济增长放缓的担忧等，也都阻碍了商业信心的提高。

工党表示商业信心调查并不能反映经济现实，更多的是反映受访者的政治倾向。商业信心之所以很低，是因为建立在工商界认为工党不擅长管理经济的“内在偏见”之上。国家党抨击工党不懂得管理经济，一系列政策导致商业信心大跳水，之前的经济增长率就是最好的证据。通常，信心指数对经济的影响存在滞后性。财政刺激和强劲的贸易政策仍然会推动经济增长。不过，企业在经济增速放缓和商业信心低迷的背景下可能会自觉地成为让经济链条收紧的一分子，投资紧缩、员工减少、需求下降的风险确实存在。

因此，联合政府不得不对“商业信心低迷”做出正面回应。2018年8月，阿德恩宣布政府将成立新的商业顾问委员会，旨在为政府和企业建立更密切的联系，就重要的经济问题向总理提供高级别建议，为政府经济决策提供信息，以消除工商界人士对政府政策的疑虑。但是很多企业对于委员会帮助经济发展持怀疑态度。另外，阿德恩表示，公平薪酬协议的推进步伐将放缓，在下届大选前由工会主导的集体谈判协议不会超过两个，努力减少企业

① 《新西兰小企业商业信心惨不忍睹，堪比全球金融危机》，新西兰先驱报中文网，http://www.chinesenzherald.co.nz/news/property/small-firms-confidence-hits-10-year-low/。

对劳资关系改革的顾虑。

总的来说，2018 年以来新西兰经济基本保持良好发展，但增长速度有所放缓。2019 年 5 月，新西兰央行货币政策委员会将官方现金利率（OCR）从 1.75% 下调至 1.50%，以刺激经济发展。预计未来政府投资、适度增长的家庭收入、依然在增加的净移民流入、历史低利率以及稳健的（虽然有所放缓）海外增长都将支撑经济增长。风险和不确定性也是存在的。2018 年家庭债务占家庭可支配收入的 133%，有可能导致国内需求疲软；新政府经济政策也给很多产业带来不确定性等。全球经济增长放缓、贸易谈判持续不确定、中美贸易争端、英国脱欧以及许多经济体的政策不确定性增加等使作为一个小型贸易国的新西兰将受到影响。

二　内政方面：改善新西兰人福祉

联合政府承诺的“转型政府”核心之一就是要致力于消除已经出现的社会问题和基础设施缺陷，改善所有新西兰人及其家庭的福祉，实现共同繁荣。这与其认为一个国家的成功不应仅仅通过狭隘的 GDP 数据来衡量相呼应。自 2017 年 10 月上台以来，本届政府的各项政策明显向公共服务领域倾斜，同时积极应对气候变化挑战，通过 100 天计划、2018 年预算案、2019 年幸福预算（Well-being Budget）可见一斑。

（一）重建核心公共服务

1. 100天计划

100 天计划是联合政府迈出的第一步。2018 年 7 月生效的 55 亿新元家庭补助计划（Families Package）是 100 天计划的核心计划，旨在实现中低收入家庭急需的收入增长，解决不平等和儿童贫困问题。其中包括：带薪产假时间从 18 周延长到 22 周，为 1 岁以下新生儿的父母额外提供 60 新元/周的生活补助（Best Start），中低收入家庭可以领取补贴直到孩子满 3 岁，通过冬季能源补助（Winter Energy Payment）增加老年人和低收入人群的生活费

用，通过住宿补助（Accommodation Supplement）应对高昂的租金成本。[①] 这份家庭收入大礼包以及其他举措将进一步改善家庭福祉，其中包括从 2018 年 4 月 1 日起将最低工资提高至 16. 50 新元/时，2021 年 4 月进一步将其提升至 20 新元/小时；通过《健康家庭保障法》提高出租房屋的最低标准，保障住宿质量。

2018 年 1 月 31 日颁布《儿童减贫法案》（Child Poverty Reduction Act），希望通过立法在政府预算报告中纳入儿童贫困的指标，同时政府制定减少贫困的三年和十年目标。阿德恩表示要让新西兰成为最合适孩子成长的地方，亲自兼任减少儿童贫困问题部长，承诺要将儿童贫困率降至历史最低水平，并将儿童福利纳入政府的所有工作内容中，这可见其对此问题的重视。

为解决住房问题，启动 KiwiBuild 项目，计划在 10 年内投入 20 亿新元，在新西兰建造 10 万套可负担住房；启动禁止海外投机者购买现有房屋的立法程序；宣布停止抛售公屋。

此外，拨款 33 亿新元重新对新西兰养老基金会拨款。为教育和培训拨款 26 亿新元，从 2018 年开始，免除高等院校第一年教育与培训费用；自 2018 年 1 月 1 日起，学生津贴和生活费贷款每周增加 50 新元等。成立税务工作小组，研究税改方案以应对税收制度的结构、公平和平衡问题。制定 2050 年实现零碳排放目标的方案，成立临时气候变化委员会。

100 天计划为联合政府的各项政策掀开了序章。

2. 2018年预算案

2018 年预算案，和国家党治下的 2017 年预算案相比，最显著的特点就是在公共服务方面投入大量资源，尤其是医疗、住房、教育、司法等工党认为长期以来“被忽视”的领域。

---

① See Grant Robertson, “Achieving Shared Prosperity-Outlining the Government's Economic Strategy,” The Official Website of the New Zealand Government, 1 December 2017, https: //www. beehive. govt. nz/speech/achieving – shared – prosperity – outlining – governments – economic – strategy.

为应对人口增长、老龄化社会以及儿童贫困带来的需求，政府将向医疗卫生领域注入32亿新元运营经费，向医疗项目新增7.5亿新元的资本，这比上届国家党政府的1.5亿新元显著增加。这是近十年来新西兰政府对卫生部门的最大一次拨款。其中，22亿新元流向地方卫生局（District Health Boards）。在7.5亿新元资本外，政府还将额外预留1亿新元资本，以应对各地方卫生局在2018 ~2019财年可能出现的亏空。

新增医疗经费对普通民众来说意味着看病费用的减少。其中儿童免费看诊的年龄从13岁以下扩大到14岁以下，新增5.6万名儿童受益；有54万人有资格享受社区卡待遇，看诊费用将降低20 ~30新元；老年人金卡（SuperGold）持有者将享受每年一次免费体检等。

联合政府在本次预算案中主动提出新西兰存在住房危机，并承诺在KiwiBuild计划的基础上，于未来四年增拨10亿新元解决危机。其中2.344亿新元用于在四年里新建6400套公屋；基于"住房优先计划"（Housing First），1亿新元将被用于无家可归者安家计划。

与经济转型和儿童减贫相适应，教育是联合政府上台后重点经营的领域。教育部门获得16亿新元拨款，其主要用于资助早教和中小学等。此外，还有3.95亿新元资本用于新建学校和教室等基础设施。拨款增幅比2017年预算案高45%。在治安方面，司法和惩教系统预算首次超过10亿新元。其中2.98亿新元将用于额外招募1800名警员。青少年犯罪和家庭暴力也被纳入重点拨款和改善的范围。绿党的1亿新元绿色投资基金第一次得到落实，主要用于资助减少温室气体排放的低碳行业。

阿德恩称，2018年是政府为变革建立"基础设施"的一年，通过对卫生、教育和住房进行投资，为新西兰进行重大变革奠定了基础。

3.2019年幸福预算

2019年5月30日，新西兰政府发布世界首份幸福预算，以2018年12月出版的生活标准框架（LSF）为基础，该框架的考量包括文化认同、住房、收入和消费、环境以及社会关系等因素。新西兰由此宣称自己是世界上第一个通过人民的"福祉"来衡量成就的国家，不再只着眼于GDP。

2018 年 12 月发布的《预算政策声明》显示了本次预算的五个优先事项：关注心理健康，特别是 24 岁以下年轻人；减少儿童贫困；提高和增加毛利裔和太平洋岛裔的收入、技能和机遇；通过创新向数字时代转型；向可持续的低碳经济转型。

排在第一的心理健康获得 19 亿新元拨款。政府在五年内向“前锋精神健康服务”项目拨款 4.55 亿新元，预计可协助 32.5 万名有轻微至中度精神健康及毒瘾问题的人士；四年内投资 4000 万新元用于自杀预防反应服务；1960 万新元将“护士在学校”计划扩展至 Decile 5 分的中学，惠及 5600 名学生；为新的及现有的精神健康及戒毒服务设施额外拨款 2 亿新元；惩戒部获得了 1.244 亿新元用于改善囚犯的心理健康等；鉴于心理疾病和无家可归息息相关，住房优先计划获得了 1.97 亿新元拨款。这是政府在解决长期无家可归者问题上的最大投资。

儿童福利获得 11 亿新元拨款。2019 年幸福预算是首个按照法律要求，将儿童减贫写入报告的预算案。2019 年幸福预算也发布了新西兰第一份儿童贫困报告。目前，新西兰约有 25 万名儿童生活贫困或存在物质困难。政府的目标是，扣除住房成本，到 2028 年使 13 万名儿童摆脱贫困。这将使新西兰贫困儿童的比例从 23% 下降到 10% 。

主要措施如下。通过新的儿童部（Oranga Tamariki）为存在风险和急需帮助的孩子提供优质的照料服务。取消单亲妈妈不填父亲栏的福利金惩罚措施，这将令近 2.4 万名儿童受益，每周给单亲家长增加 34 新元收入。从 2020 年 4 月 1 日起，主要福利将和平均工资增长挂钩，预计到 2023 年 4 月 1 日，福利领取人每周或可多领 46 新元。截至 2019 年 3 月 31 日，有 6400 名儿童和年轻人仍在国家看护之中。2019 年 7 月 1 日起，一项新的国家看护标准将生效，这使新西兰国家看护系统第一次有了明确的看护标准。为了提高这些标准，政府将在未来四年投入 5.24 亿新元。推出 3.2 亿新元的一揽子计划以用于打破家庭暴力和性暴力的恶性循环，政府将投入 4760 万新元，在学校推广健康饮食和体育锻炼，解决新西兰儿童肥胖问题等。

为改善儿童生活，政府还将在教育系统内采取多项措施减轻家庭教育压力。Decile 1～7 分的学校，家长将不再需要对学校捐赠，而改由政府资助，政府计划拨款 7.45 亿新元。这相当于每位家长给每个孩子每年省了 150 新元，大概有 50 万名学龄儿童将因此受益。取消 NCEA 考试和奖学金考试的费用，减轻超过 14.5 万个家庭的经济压力。限制早教费用上涨，为服务 19 万名儿童的约 4200 家早教机构提高补贴，补贴金额将增长 1.8%。

教育体系其他举措，包括增加投资招聘更多教师以满足需求，拨出 12 亿新元用于学校校舍投资十年计划，其中 2019 年新校舍投入为 2.87 亿新元；拨款 1.97 亿新元用于改革职业教育等。

在其他几个事项方面，政府亦有一定程度的支持，如为缩小族群差距，政府将注入 8100 万新元用于提振“毛利福祉”（Whanau Ora）；为避免毛利族裔再次踏上犯罪道路，惩戒部获得了 9500 万新元运营资金等。

值得注意的是，住房事务几乎没有得到新的资金投入。

（二）关键政策实施进展

2019 年 1 月，阿德恩称 2019 年为政府“兑现承诺之年”（The Year of Delivery），并特别指出气候变化、住房、心理健康以及税务工作组的建议是关键的重点领域。心理健康的建议大多被采纳，获得了幸福预算的 19 亿新元拨款；气候变化方面不断在采取行动，效果有待观察；资本利得税被放弃；KiwiBuild 基本失败了。

1. 放弃资本利得税（CGT）

资本利得税是新西兰工党自 2011 年以来一直提倡的税改政策，是为了实现税收体制的完善、公平和平衡，以应对新西兰收入不平等现象。当时，由菲尔·戈夫领导的工党在大选时提出引入资本利得税。2014 年大选时，工党再次宣传同样的资本利得税政策；2017 年，工党在竞选活动中表示将建立一个税务工作组，研究资本利得税的可行性。工党上台执政后，11 月，税务工作组成立。2018 年 9 月，税务工作组发布中期报告，详解了其对资本利得税的看法。2019 年 2 月，税务工作组发布了名为《税收未来》的最终报告，建议征收广泛的资本利得税。

然而，4 月 17 日，阿德恩正式宣布放弃征收资本利得税，且出人意料承诺在她领导下的政府将永远不会再征收资本利得税。阿德恩在讲话中称，由于最终未能达成共识，因此不会引入资本利得税。资本利得税的退场显示出了 MMP 选举制度的特点。尽管阿德恩表示工党并不是因为优先党的“施压”而放弃引入资本利得税的决定，但实际情况是，如果没有优先党的选票支持，其就不可能在议会通过。而优先党从来没有支持过资本利得税。优先党的很多支持者是领取养老金的群体，资本利得税已经触及优先党的核心选民利益，所以说工党在这个领域对优先党的政治影响力注定为零。况且，优先党已经勉强接受了工党和绿党的油气勘探禁令，对联合国《全球移民契约》的支持也让基本盘选民感到失望。彼得斯不能让优先党选民以为优先党变成了工党的应声虫。

但是完全放弃这项政策的决定令人吃惊。政府没有选择协商提出一个淡化版本，而是出人意料地发表“我们永远不会这样做”的声明。政府谨慎地放弃了征收资本利得税的雄心，稳定了同优先党的关系，为纳税人和企业提供了确定的信息。

国家党党魁西蒙·布里奇斯表示，政府放弃引入资本利得税对于总理所说的“兑现承诺之年”是一种巨大的打击，同时这对国家党来说是一次“大胜利”。的确，全面的资本利得税是工党长期以来的追求，无论原因为何，放弃资本利得税都将给它的声誉带来打击并且让它的核心选民失望，甚至影响到选民对工党政府的信心。政治左派表示政府决定是对最脆弱群体的伤害，这似乎是领导和信念的重大失败。但事实上国家党并没有取得大胜利，它失去了下届大选反对工党的重要论点，同时失去中间选民的支持。

2. KiwiBuild 基本失败

KiwiBuild 项目计划在 10 年内投入 20 亿新元，为首次置业者建造 10 万套可负担住房，其中 5 万套专用于奥克兰。对于 KiwiBuild 项目，除了政府拨款之外，新西兰住房署主要依靠第三方筹措资金，以满足新建可负担住房的需求。新建的可负担住房都必须达到“崭新、温暖和干燥”的标准。

KiwiBuild 的核心思想是提供可负担住房。出于趋利本能，房地产市场尤其是奥克兰等大城市的新房大部分是高价住房。在地价飞涨的时代，建设低成本、低价格的住房对房地产商来说是无利可图的。因此联合政府希望通过政府力量，为市场投入一定数量最紧缺的低价格住房，解决新西兰住房短缺问题。KiwiBuild 项目意在恢复新西兰人的房屋所有权梦想，为首次购房者提供经济适用房。

2018 年 7 月 1 日 KiwiBuild 正式启动。按照计划，2019 年 7 月 1 日之前要完成 1000 套 KiwiBuild 房屋建设，然而半年才建成 33 套。为此，2019 年 1 月 23 日，住房和城市发展部长菲尔·泰弗德（Phil Twyford）不得不承认政府无法完成 KiwiBuild 项目的第一年阶段性目标。

最新数据显示，截至 7 月 30 日，政府只完成了 238 套 KiwiBuild 住房，成功售出的房屋数量不及总数的一半，仅为 105 套。[①] 更严峻的是，奥克兰以外的 KiwiBuild 住房基本没能卖出。这很可能是在 6 月 27 日的内阁重组中泰弗德丢掉住房和城市发展部长职务的原因。作为 KiwiBuild 项目的直接负责人，泰弗德一直承受着巨大压力。

面对这种状况，澳新银行的首席经济学家卡梅隆·巴格利（Cameron Bagrie）表示，KiwiBuild 政策的根本问题是不符合市场需求。新西兰经济研究所首席经济学家 Shamubeel Eaqub 则表示，对住房所有权的限制（如限制某类收入群体购买），注定了 KiwiBuild 政策的失败。根据规定，买家需要住满五年后才能出售持有住房，否则需要放弃全部资本收益。后来禁售期被放宽，业主如果在三年内提前出售，则可以获得 70% 的资本收益。Eaqub 认为禁售属性严重影响了 KiwiBuild 的需求。

总之，现阶段 KiwiBuild 项目基本失败了，反对党将 KiwiBuild 称为“令人难以置信的尴尬”“破碎的承诺”。目前，整个政策正在重新校准，如果 10 年 10 万套的目标被取消，政府政治承诺的可信度将遭侵蚀。

---

① See 238 Homes Completed，105 Homeowners，https：//www. kiwibuild. govt. nz/，Kiwibuild Website，Counter Last Updated 30 July 2019.

3. 海上采油采气禁令与《零碳法案》

新西兰作为小岛国，最切身相关的风险有两个——极端天气事件和海平面上升，都与全球气候变化有关。积极应对气候变化基本上是新西兰各党派的共识。联合政府成立以来，阿德恩一直表示将致力于使新西兰在2035年之前实现100%使用可再生能源发电，2050年之前实现零碳排放的目标，为此不断推出“绿色政策”。2018年4月，颁布“海上采油采气禁令”；5月预算案为绿色投资基金拨款1亿新元；6月7日起，全面禁止塑料微珠产品；8月，宣布全面禁止使用一次性塑料袋，2019年7月底正式执行；2019年5月8日，新西兰政府正式向国会提交了《应对气候变化（零碳）修正案》（简称《零碳法案》），目前已通过一读。对新西兰影响较大较具争议的是叫停海上采油采气禁令和《零碳法案》。

（1）海上采油采气禁令

2018年4月，新西兰总理阿德恩宣布，政府将不再颁发新的海上石油和天然气勘探许可，位于新西兰北岛的著名产油区塔拉纳基（Taranaki）三年后也不再发放新的陆上石油天然气勘探许可。新西兰政府是从应对气候变化、促进能源转型的角度出发做出该决定的。但该决定引发强烈争议，国家党批评此举非常“鲁莽”。反对者认为这无益于对经济和环境来说是一个双输结果。

新西兰并不是世界上第一个禁止石油天然气勘探的国家。2017年12月法国叫停新的勘探许可，希望法国能率先将世界经济所依赖能源从化石燃料转变为核能及可再生能源。法国成为当今世界第一个禁止发放石油勘探许可的国家。然而，这一举措对法国影响很小，在很大程度上只是象征性的。法国国内消耗的石油99%靠进口，而新西兰石油消耗的近一半来自本国，远远超过法国。因此，商界、行业专家等表示“政府在拿新西兰的石油和天然气产业冒险”，特别是作为新西兰油库的塔拉纳基区将受到严重影响。

值得一提的是，新西兰媒体进行的3000人民意调查显示，70%的民众认为，停止海上油气勘探是破坏经济的行为，并无助于节能减排。

无论如何，这项政策显示了新西兰联合政府的姿态，全面向新能源、纯净能源转型的决心，是从化石燃料转向低碳经济的大胆一步。该政策正在发出一个明确的信息，表明新西兰准备脱离石油和天然气生产，以及解决随之而来的税收和就业的问题。

面对各种质疑与抨击，阿德恩表示，“转型总要有开始”。2019 年幸福预算中，政府将出资 2700 万新元在塔拉纳基设立国家新能源发展中心，鼓励创建新企业和就业机会，帮助新西兰摆脱化石燃料，继续向清洁能源迈进。

（2）《零碳法案》

2019 年 5 月 21 日，《零碳法案》在议会通过一读。唯一投反对票的是行动党议员 David Seymoure。国家党、工党、优先党和绿党都投下了赞成票，气候变化立法获得了跨党派支持。该法案是新西兰对气候变化长期挑战的回应，预计在年底成为正式法律。

目前争议主要集中在农业领域。新西兰经济依赖畜牧业，农业牵一发而动全身，但农业不减排，整体减排的目标又无法实现（生物甲烷排放主要来自牲畜嗝气）。这已经成为新西兰减排的悖论。正是在这样的悖论下，法案通过“两篮子方案”制定了不同的减排目标，在 2050 年实现温室气体的零碳排放（生物甲烷除外）。针对生物甲烷，目标是到 2030 年将生物甲烷排放减少 10%，到 2050 年减少 24%～47%，以作为对新西兰畜牧业的保护。这同时得罪了农业产业和环保组织，左翼和右翼几乎同时感到愤怒。减排规定对农民协会来说是令人感到沮丧的，绿色和平组织则称这是一部“无牙”法律。

《零碳法案》的甲烷减排目标约束性存疑，但这只是临时目标，具体目标需要等到 2023 年由根据法案设立的独立气候变化委员会审定。政府将组建独立气候变化委员会，以每五年规划的“排放预算”来实现减排目标。国家党对农业减排提出了“严重关切”，认为甲烷减排目标不科学，可能给新西兰经济造成严重影响，并提出理想的甲烷减排目标是 10%～22%。预计农业减排将成为接下来《零碳法案》辩论和修改的重点。政府在 2019

年幸福预算中公布了2019～2020年将向农业温室气体国际研究联盟投资850万新元，向农业气候变化研究平台（Agricultural Climate Change Research Platform）投资320万新元，支持进行世界级的研究，以减少农业排放。

无论如何，总理阿德恩说，法案是“具有里程碑意义的举动”，它将为未来30年的碳排放政策制定纲领，为受气候变化影响和可能对减排做出贡献的行业提供确定性。当前，新西兰乳业巨头恒天然已经表示，为帮助新西兰实现《巴黎协定》的承诺，恒天然计划到2030年实现较2015年减排30%、到2050年实现全球业务净零排放的目标。

三　外交方面：更加积极主动

工党与优先党的联合政府上台后，坚持一贯的自由贸易战略，继续追求双边和区域自由贸易协定，发展多样化的贸易关系；继续重视与美、中、澳、日等发展重要的双边关系，中新关系在2018年略有波折，现已不断改善；继续积极参与国际事务，在联合国等多边机制与框架下，利用联合国等多边机制的全球召集力和影响力传递新西兰声音和价值观，提高新西兰影响力，并支持基于规则的国际制度。同时，为了应对日趋动荡的国际环境，本届政府不断增加外加拨款，重点推出“太平洋重置战略”，增加对该地区的参与和投入，旨在恢复新西兰对南太平洋地区的传统影响力；重开新西兰驻瑞典大使馆；发展与智利关系；计划新增50名外交官；提高缴纳联合国会费和世界银行等国际组织会费的比例，在全球展现更加积极主动的姿态。

（一）FTA最新进展

作为偏居一隅的小型经济体，新西兰高度依赖国际市场，一直是自由和开放贸易的坚定支持者。贸易是新西兰的立国之本，政府一向采取开放的、可协商的方式持续推进贸易自由化、建立区域贸易组织。2018～2019年，新西兰与欧盟启动了 FTA 谈判，与中国的自贸协定升级谈判取得进展，新西兰参与的全面与进步跨太平洋伙伴关系协定（CPTPP）生效，与太平洋联盟积极谈判，定期参加区域全面经济伙伴关系协定（RCEP）谈判等。

欧盟是新西兰尚不存在 FTA 的最大贸易伙伴。新西兰与欧盟（包括英国）之间的双向贸易价值约为 260 亿新元/年。新西兰对欧盟（包括英国）的年度商品出口额为 55 亿元，服务出口额为 49 亿新元。① 新西兰于 2009 年正式提出与欧盟签署自由贸易协定的构想。欧盟和新西兰领导人于 2015 年 10 月宣布打算谈判自由贸易协定，随后就谈判范围进行了联合讨论。在 2017～2018 年，双方最终确定了谈判的任务。2018 年 6 月，新西兰和欧盟正式宣布启动 FTA 谈判，已进行了三轮，协定有望推动双边商品贸易增加 50%。

2018 年，中国与新西兰举行了三轮自由贸易协定升级谈判，结束了政府采购章节，并实质性结束原产地规则章节，谈判取得积极进展。2019 年 4 月 1 日，新中两国总理会晤时，双方达成共识，将加快新中自贸协定的升级谈判。2019 年 5 月，新中第七轮自由贸易协定升级谈判在新西兰举行，此次的核心议题为电子贸易和服务自由化。目前，双方正在加紧关于自贸协定升级的收官谈判。

2018 年 3 月 8 日，参与“全面与进步跨太平洋伙伴关系协定”谈判的 11 国代表在智利首都圣地亚哥举行签字仪式。12 月 30 日，CPTPP 正式生效。根据新西兰政府公布的国家利益分析报告，CPTPP 实施后会让新西兰的实质 GDP 增加 0.3%～1.0%，相当于 12 亿～40 亿新元。② CPTPP 经济量占全球经济总量的 13.5%，其中新西兰的商品出口额和服务出口额分别占新西兰年度商品出口额的 30%（150 亿新元）和服务出口额的 31%（68 亿新

---

① See “EU-NZ Free Trade Agreement,” New Zealand Foreign Affairs & Trade, https://www.mfat.govt.nz/en/trade/free-trade-agreements/agreements-under-negotiation/eu-fta/eu-nz-free-trade-agreement-overview/.

② New Zealand Foreign Affairs & Trade, “Comprehensive and Progressive Agreement for Trans-Pacific Partnership National Interest Analysis,” March 2018, p.5, https://www.mfat.govt.nz/assets/CPTPP/CPTPP-Final-National-Interest-Analysis-8-March.pdf.

元），其中对新西兰的直接投资占对新西兰直接投资的64%（2017年）。[①] 与这些国家合作对新西兰出口商来说是一个重要的机会，特别是与新西兰尚未签署FTA的日本、加拿大、墨西哥和秘鲁。获得这四个国家的优惠准入将为新西兰的小型和大型企业开辟新的出口目的地，为超过62万名新西兰人创造就业机会。CPTPP将支持新西兰企业融入区域供应链平台，并将为更广泛的区域经济一体化提供一个途径。一旦全面实施，CPTPP每年可为新西兰出口商创造2.224亿新元的关税减免，其中有9510万新元关税减免将在CPTPP生效后立竿见影。[②]

积极推动新西兰—太平洋联盟自由贸易协定（New Zealand-Pacific Alliance Free Trade Agreement）。太平洋联盟是智利、哥伦比亚、墨西哥和秘鲁于2011年建立的拉丁美洲自由贸易区和经济一体化倡议。新西兰于2012年成为首批观察员之一，目前是第一批加入该联盟的准会员之一。该集团是世界第八大经济体，拥有超过2.2亿人口，并且在不断增长。2016年，新西兰向太平洋联盟出口了价值7.22亿新元的商品和服务，进口总额为4.55亿新元。[③] 双边贸易仍有有相当大的扩展空间。2017年10月启动第一轮谈判，已经进行了七轮谈判。

（二）中新关系改善

联合政府执政后，受太平洋重置战略、《2018年战略性国防政策声明》、华为事件等政策和事件以及媒体对此的揣测和质疑的影响，2018年中国和

---

① New Zealand Foreign Affairs & Trade, "Comprehensive and Progressive Agreement for Trans-Pacific Partnership National Interest Analysis," March 2018, p. 4, https: //www. mfat. govt. nz/assets/CPTPP/CPTPP – Final – National – Interest – Analysis – 8 – March. pdf.

② New Zealand Foreign Affairs & Trade, "Comprehensive and Progressive Agreement for Trans-Pacific Partnership National Interest Analysis," March 2018, p. 7, https: //www. mfat. govt. nz/assets/CPTPP/CPTPP – Final – National – Interest – Analysis – 8 – March. pdf.

③ See "New Zealand-Pacific Alliance Free Trade Agreement Overview," New Zealand Foreign Affairs & Trade, https: //www. mfat. govt. nz/en/trade/free – trade – agreements/agreements – under – negotiation/new – zealand – pacific – alliance – free – trade – agreement/new – zealand – pacific – alliance – free – trade – agreement – overview/.

新西兰外交关系遇到了一些波折。2019 年，新西兰政府开始释放善意，改善与中国关系，并将“一带一路”作为新的突破点。

2019 年 4 月 1 日，阿德恩对中国进行“旋风式”访问，双方签署了四份合作文件。5 月 6 日，阿德恩在 2019 中国商业峰会（China Business Summit）上就中新关系、自贸协定升级谈判和“一带一路”等内容发表讲话。针对两国关系遇冷的各种猜测，阿德恩回应称有分歧很自然，任何观点上的差异，都不能定义双方关系，并指出未来将更多地发掘“一带一路”倡议给新西兰带来的合作机会。

作为第一个加入“一带一路”倡议的西方发达国家，新西兰在倡议的跟进上出现了“停摆”。2017 年，新西兰参加第一届“一带一路”国际合作高峰论坛。同年 3 月，两国签署“一带一路”合作备忘录，要求双方在备忘录生效后的 18 个月内尽快形成具体的双边合作规划。然而联合政府上台后，怀疑论逐渐占据上风，至今尚未与中国正式签署“一带一路”合作文件。新西兰副总理兼外交部长温斯顿·彼得斯一再表示要等待中国外长王毅做出更多解释，并曾在澳大利亚罗伊国际政策研究所（Lowy Institute）发表演讲称对上一届政府迅速签署“一带一路”合作备忘录“感到遗憾”。联合政府在组建后曾指派一名外交官负责与中国谈判，但直到任期过半都没有任何结果。① 从这个角度看，“一带一路”在新西兰已经被搁浅，或至少被降低优先等级。

但随着中新外交关系降温，新西兰政府开始释放善意，并且将加大“一带一路”参与力度作为改善中新关系的突破点。② 4 月 26 日，新西兰贸易部长大卫·帕克（David Parker）率团出席在北京举行的第二届“一带一路”国际合作高峰论坛。新西兰和中国开始就“一带一路”的具体合作项

① 《新西兰终于开始重视“一带一路”了？中国驻新西兰大使发署名文章》，新西兰先驱报中文网，http：//www.chinesenzherald.co.nz/news/new－zealand/government－warms－to－chinas－belt－and－road/，访问时间：2019 年 5 月 1 日。

② 《新西兰终于开始重视“一带一路”了？中国驻新西兰大使发署名文章》，新西兰先驱报中文网，http：//www.chinesenzherald.co.nz/news/new－zealand/government－warms－to－chinas－belt－and－road/，访问时间：2019 年 5 月 1 日。

目展开研究。5 月 6 日中国商业峰会上，帕克表示新西兰和中国的合作模式不同于其他国家，不会将“一带一路”仅仅局限在基础设施领域，会从更广泛的框架中寻找潜在的、有价值的项目。一直对“一带一路”心存顾虑的彼得斯也改口说他支持贸易部长关于合作项目的看法。

（三）太平洋重置战略及其实施

太平洋重置是本届联合政府的核心外交战略。2018 年 3 月，温斯顿·彼得斯在罗伊国际政策研究所对这一战略进行了详细的阐述。

首先是实施这一战略的原因。新西兰是一个太平洋国家，与这一地区在地理、历史、文化、政治等存在紧密关系；太平洋的繁荣和安全对新西兰至关重要；太平洋地区面临一系列社会和环境问题，也吸引了越来越多的外部参与者，成为一个竞争日益激烈的战略空间；而经过多年的发展，太平洋岛国正变得更加自信、独立，在寻求外部伙伴时有更多的选择，太平洋领导人对新西兰的看法正在发生变化。新西兰在该地区的存在感和影响力下降，造成了一定程度的“战略焦虑”（Strategic Anxiety）。出于所有这些原因，新西兰采取新的、重新充满活力的太平洋战略至关重要。

该战略分为两部分。第一，回归基本外交。新西兰将基于理解、友谊、互利互惠、集体目标、其他可持续性五个原则构建与太平洋地区其他国家的外交新局面。第二，展开援助。一方面，增加新西兰外交和贸易部的预算，恢复其失去的能力；另一方面，直接增加针对太平洋地区国家的援助资金，提高新西兰在该地区援助的效率与成果。最终新西兰与太平洋地区的关系超越捐助者与受援者的互动，转变为真正的、成熟的政治伙伴关系。①

在刚刚启动了所谓的“太平洋重置”之后，阿德恩于当月即率团奔赴库克群岛、纽埃、萨摩亚和汤加进行首次国事访问。之后，新西兰总理、部

---

① See Winston Peters, “Shifting the Dial,” The Official Website of the New Zealand Government, 1 March 2018, https://www.beehive.govt.nz/speech/shifting-dial.

长、议员等频频出访，以期通过政治层面频繁接触建立与岛国的更深层的关系。2018年8月，彼得斯访问瓦努阿图；9月，在澳大利亚总理缺席的情况下，彼得斯和阿德恩先后前往瑙鲁参加太平洋岛国论坛会议；对托克劳群岛进行了自2004年以来的第一次部长级访问。2019年2月，彼得斯率领政府代表团前往斐济、基里巴斯、图瓦卢集中讨论气候变化和发展协调问题；6月，彼得斯再次率领一个由议员、商界人士以及毛利人和太平洋岛屿社区领导人组成的50多人的庞大代表团前往所罗门群岛和瓦努阿图，开展2019年的第二次“太平洋重置”之旅。这些行程进一步反映了新西兰对该地区充满活力的态度。

新西兰主要在气候变化、基础设施、卫生健康、安全防务等方面加大对该地区的参与力度。新西兰承诺在四年内提供至少3亿新元的气候援助资金，其中大部分用于太平洋地区，加强太平洋国家适应气候变化和增强风险抵御能力；同时将继续投资像太阳能一类的绿色项目；正在将援助资金用于孕产妇和儿童健康，与传染病和非传染性疾病做斗争，并增加获得清洁水和安全卫生系统的机会；安全防务方面，决定购买四架新的海上监视飞机，加强对太平洋地区的安全保护；2019年6月10日，宣布将在2020年6月前召回新西兰在伊拉克的驻军，转而关注太平洋地区越来越多的防务需求。从国别来看，向萨摩亚承诺1000万新元应对气候变化①；向巴布亚新几内亚提供300万新元的抗震救灾资金②；帮助巴布亚新几内亚举办APEC会议，提供一系列援助（涉及安全、警察培训和礼仪），宣布改变与库克群岛的养老金可携带性安排，这是双方一直悬而未决的问题；③ 2018

① “Ardern Pledges $10m to Samoa Development,” *RNZ News*, 6 March 2018, https://www.rnz.co.nz/national/programmes/morningreport/audio/2018634825/ardern-pledges-10m-to-samoa-development.

② See Winston Peters, “The Pacific Reset and Papua New Guinea's Perspective,” The Official Website of the New Zealand Government, 28 March 2018, https://www.beehive.govt.nz/speech/pacific-reset-and-papua-new-guinea%E2%80%99s-perspective.

③ See Winston Peters, “Te Akaitiki: The Evolving Cook Islands-New Zealand Relationship,” The Official Website of the New Zealand Government, 4 April 2018, https://www.beehive.govt.nz/speech/te-akaitiki-evolving-cook-islands-new-zealand-relationship.

年 5 月至 8 月部署一艘皇家新西兰海军陆上巡逻艇至斐济，支持海上和渔业监测①；签署航空服务协议，继续帮助所罗门群岛进行蒙达机场和其他地区机场基础设施建设等。

为了保障太平洋重置战略的开展，新西兰通过大量增加海外援助资金，成立多个基金应对不同需求，投资媒体，增加外交职位等方式，全方位提升和深化新西兰在太平洋地区的存在和影响力。2018 年 5 月，政府宣布在未来四年内将外援增加 714.22 亿新元，使海外发展资金增加 30%，其将主要用于太平洋地区，以应对气候变化和其他紧急情况。6 月，宣布成立“战略国际发展基金”（Strategic International Development Fund），以使新西兰能够灵活满足太平洋国家的需求。新西兰将支持可持续 50 年或更长时间的项目，并表示支持基里巴斯的土地复垦项目。② 9 月，新西兰政府宣布将在未来三年内投入 660 万美元用于增加太平洋合作广播服务（Pacific Cooperation Broadcasting Service），外交部将利用新的太平洋专用电视频道促进在该地区的投资。③ 11 月，新西兰宣布成立一个价值 670 万美元的太平洋扶持基金（Pacific Enabling Fund），以用于促进与太平洋岛国就正式援助资金安排之外的一系列活动进行接触，包括文化和体育外交、人与人之间的联系以及一些军事合作活动。④ 12 月，新西兰宣布将建立 14 个新的外交职位。新职位将设在萨摩亚、汤加、斐济、瓦努阿图、巴布亚新几内亚、所罗门群岛、基里巴斯和夏威夷。此外，还将在东京、北京、布鲁塞尔和纽约安排 4 名新外交

① See Winston Peters, “NZ and Fiji to Cooperate on Maritime Surveillance,” The Official Website of the New Zealand Government, 1 March 2018, https://www.beehive.govt.nz/release/nz-and-fiji-cooperate-maritime-surveillance.

② “NZ's Foreign Minister Announces Next Steps in ‘Pacific Reset’ Aid Strategy,” *RNZ News*, 2 July 2018, https://www.rnz.co.nz/international/pacific-news/360841/nz-s-foreign-minister-announces-next-steps-in-pacific-reset-aid-strategy.

③ “NZ to Use TV Channel to Promote Its Investment in Pacific,” *RNZ News*, 1 November 2018, https://www.rnz.co.nz/international/pacific-news/369970/nz-to-use-tv-channel-to-promote-its-investment-in-pacific.

④ “New Zealand Announces Pacific Enabling Fund,” *RNZ News*, 8 November 2018, https://www.rnz.co.nz/international/pacific-news/375458/new-zealand-announces-pacific-enabling-fund.

官，以协调太平洋地区的发展政策和伙伴关系。[①]

然而新西兰毕竟只是实力有限的国家，因此确定与太平洋岛国和外部参与者的集体目标是其进行“太平洋重置”的重要原则之一。作为地区大国的亲密伙伴澳大利亚是其首选。彼得斯在罗伊国际政策研究所演讲时就向澳大利亚发出邀请，希望共同应对挑战。2018～2019 年，太平洋问题成为新西兰与澳大利亚双边会晤的重点，以期加强双方政策和业务协调。2018 年 11 月，两国宣布了联合太平洋网络安全计划。

除此之外，新西兰还向美国、日本、欧洲国家等发出邀请。2018 年 5 月，在参加第八届日本—太平洋领导人会议（PALM）时，新西兰期待在太平洋重置战略下，与日本就太平洋问题建立合作关系。11 月，彼得斯在瑞典发表演讲，称“太平洋可能看起来很遥远，但它在战略上非常重要并且越来越受到争议。这是一个欢迎欧洲伙伴做出积极和建设性贡献的地区”[②]。2018 年 12 月，彼特斯访问华盛顿时发表关于加强美新在太平洋地区合作的演讲，力邀美国加大对该地区的投入与支持力度。总之，新西兰认为集体解决方案需要强大而充满活力的区域主义，希望与太平洋岛国、澳大利亚、美国和其他合作伙伴，以及与该地区存在历史性联系的日本、欧盟、英国和法国等密切合作，[③] 共同应对太平洋地区日益激烈的战略环境。2018 年 11 月 18 日，澳大利亚、日本、新西兰及美国举行共同资助巴布亚新几内亚电气化合作计划（The Papua New Guinea Electrification Partnership）的签字仪式，这是它们加强合作的一大实例。

事实上，对于所有关于共同历史、家庭关系、友谊、共同利益和其他外

① “NZ ups Its Diplomatic Presence in Pacific,” *RNZ News*, 4 December 2018, https://www.rnz.co.nz/international/pacific-news/377458/nz-ups-its-diplomatic-presence-in-pacific.

② See Winston Peters, “Speech at the Swedish Institute of International Affairs,” The Official Website of the New Zealand Government, 9 November 2018, https://www.beehive.govt.nz/speech/speech-swedish-institute-international-affairs.

③ See Winston Peters, “Pacific Partnerships-Georgetown Address, Washington D. C.,” The Official Website of the New Zealand Government, 4 December 2018, https://www.beehive.govt.nz/speech/pacific-partnerships-georgetown-address-washington-dc.

交陈词滥调的讨论，表面之下是一个特殊的现实政治问题：中国“进军”太平洋地区，在该地区的影响力飙升，实际上开始让西方满头大汗。[①] 新西兰通过所谓“太平洋重置”战略，增加援助和新的外交职位，承诺基础设施项目和健康计划等，大大增加了在该地区的外交足迹和外交存在，就是为了维护新西兰在该地区的利益与领导地位，因为新西兰将这一地区视为“我们的地区”。

（四）积极参与国际事务

为提高自身的国际地位与国际声誉，新西兰一贯认真负责地参与国际事务，这是新西兰作为一个小国在大国外交的国际背景下拓展自身国际影响力的努力和方式。本届联合政府表现更加积极，这与年轻有活力的杰辛达·阿德恩总理以及第二次出任新西兰外交部长的温斯顿·彼得斯不无关系。阿德恩曾表示要“大胆在世界舞台上发出我们的声音”[②]。上台以来，她在各种场合积极发声，表现可圈可点，与其他国家领导人建立了紧密联系，对基督城枪击案应对得当等。2019 年 5 月罗伊国际政策研究所发布亚太影响力指数，新西兰比去年提高了 1 分，与马来西亚、越南成为“进步最大”的国家，国际影响力激增，主要就是由于阿德恩“在全球范围推动新西兰的外交利益”而被评为亚太地区第四大最具影响力的领袖。[③] 彼得斯主张新西兰采取更加积极主动的外交战略，批评前国家党政府“掏空和削弱”了新西兰的外交服务。2018 年，彼得斯为自 2008 年以来没有增加过预算的外交和贸易部争取到 9 亿新元拨款；一手包办了“太平洋重置”战略；甚至在半岛问题上，新西兰外长在 2018 年表示：新西兰愿意作为朝鲜半岛问题的调

① “When the World Discovered the Pacific：2018 Politics Review,” *RNZ News*, 24 December 2018, https：//www. rnz. co. nz/international/pacific – news/378798/when – the – world – discovered – the – pacific – 2018 – politics – review.

② Jacinda Ardern, “Our Plan for a Modern and Prosperous New Zealand,” The Official Website of the New Zealand Government, 16 September 2018, https：//www. beehive. govt. nz/speech/our – plan – modern – and – prosperous – new – zealand.

③ See Lowy Institute, “Asia Power Index 2019 Key Findings,” pp. 5, 11.

停人。

2018 年 2 月，阿德恩在关于国际关系问题的首次演讲中，阐述了本届政府将主要更加积极地、充满活力地参与到裁军、核问题、气候变化、太平洋事务等关乎新西兰利益的国际事务协商中，努力维护新西兰的价值观与国际声誉。①

气候变化一直是新西兰重视的领域，新西兰已承诺 2050 年实现零排放，也已向联合国提交关于新西兰实现可持续发展目标的自愿国家报告；同时寻求长期解决方案，以应对农业减排的挑战。针对太平洋事务，新西兰推出“太平洋重置”战略，帮助解决太平洋地区问题，特别是气候变化问题，以及符合新西兰价值观领域的问题——良好的治理、透明度以及人权。另外增加新西兰对多边机构，特别是世界银行和亚洲开发银行的资金贡献，这两个重要机构与捐助国一道可以为太平洋国家提供可持续的投资选择。裁军和核问题方面，本届政府明显比较活跃，认为这是在当今全球环境中需要采取更多行动予以应对的问题。

本届政府通过恢复裁军和军备控制部长的内阁职位来确保新西兰在该问题上的发言权。2018 年 5 月 2 日，温斯顿·彼得斯被任命为内阁裁军和军备控制部长，为防止核武器、化学武器和常规武器的扩散努力。5 月 14 日，新西兰内阁同意批准《禁止核武器条约》，该条约是第一个正式取缔核武器并致力于彻底消除核武器的国际条约。新西兰于 2017 年 9 月签署了该条约。该条约现在将在新西兰政府批准之前提交议会特别委员会（Parliamentary Select Committee）。新西兰长期以来坚持反核立场，批准该条约表达了其对无核武器世界的持久承诺。6 月，新西兰参加在荷兰举行的紧急会议，支持加强全球化学武器禁令的举措。9 月，通过主办活动等增强新西兰年轻人对裁军的认识，使下一代继续为实现无核世界努力；宣

① Jacinda Ardern, “Speech to New Zealand Institute of International Affairs,” The Official Website of the New Zealand Government, 27 February 2018, https://www.beehive.govt.nz/speech/speech-new-zealand-institute-international-affairs-2.

布增加裁军教育联合国执行基金（DEUNIF①）的年度资金，其将从 15 万新元增加到 20 万新元②。支持回应联合国的“裁军议程”，表示有兴趣被列为专注于降低与核武器相关风险的工作的“支持者”，也有兴趣加入议程中确定的两个常规武器行动：小型武器行动以及在人口稠密地区使用常规爆炸性武器行动。

2019 年 3 月 15 日基督城枪击案后，阿德恩一直致力于制定一项全球倡议，反对恐怖主义和极端激进主义在网络空间的蔓延。5 月 15 日，阿德恩和法国总统马克龙在巴黎共同主持“基督城倡议峰会”（Christchurch Call Summit），由 17 个政府签署了一项阻止恐怖主义和极端主义在线内容传播的非约束性协议，并获得社交媒体巨头脸谱和推特的具体行动承诺。这项协议不是条约级文件，美国也没有签署，但它是在国际层面上处理全球公认问题的前所未有的“第一步”。阿德恩还将致力于让越来越多的国家和公司加入“基督城倡议”框架。

这也印证了新西兰一直是基于规则的国际制度（Rules-Based International System）的忠实拥趸。对于像新西兰这样地理位置偏远的小国，国际规则和标准可提供稳定性、确定性和保护性。新西兰一贯积极支持联合国等国际组织事务，如 2018 年 12 月 19 日，在重要的两个盟友澳大利亚和美国反对并退出联合国《全球移民契约》的情况下，新西兰支持签署加入联合国《全球移民契约》，表明了愿意承担更多国际责任的立场。

当前，地缘政治和贸易保护主义相结合，联合国、WTO 以及其他国际规则制度面临严重的压力和许多复杂的挑战。新西兰致力于在联合国、WTO、亚太经合组织、经合组织等促进多边主义和自由贸易，反对单边主义和贸易保护主义，并在应对气候变化、打击恐怖主义等问题上宣扬新西兰观点。

---

① DEUNIF 成立于 2004 年，旨在帮助非政府组织在新西兰开展裁军教育活动。

② Fletcher Tabuteau, “Towards a Nuclear Free World-Our Next Generation,” The Official Website of the New Zealand Government, 16 September 2018, https://www.beehive.govt.nz/release/towards – nuclear – free – world – %E2%80%93 – our – next – generation.

四　总结与展望：2020年大选

联合政府上台以来，从经济、内政、外交等方面进行了一系列调整。经济方面，基于国际国内存在的各种挑战调整经济战略，放弃经济成功的"GDP本位论"，强调人类、社会和环境成果也很重要，以期改善所有公民的福祉。2018年预算案是新西兰政府最后一次采用传统的编制方法，通过GDP的数据构建预算。从2019年幸福预算起，政府将不再以GDP作为考评参数，而是考察社会福祉，以幸福指数来编制预算。现在还无法评估"幸福预算"将如何影响新西兰。从有效性角度看，这可能会给新西兰带来长期的改变，但也可能只是一个品牌工具，"新瓶装旧酒"，最终还是和普通预算没差别。政府理念的转变也投射在2018～2019年的经济发展上。2018年新西兰经济保持稳定且不断发展，但其年增长率降至2014年以来的最低水平；联合政府组建以来，新西兰商业信心暴跌且持续低迷。这些都受到新战略下政府政策不确定性和一些"左倾"改革的影响。不过，新西兰就业市场保持强劲态势，失业率处于创纪录的低水平。

内政方面，联合政府致力于重建核心公共服务，在医疗与心理健康、住房、教育、儿童减贫等方面投入大量资金，以期解决新西兰长期面临的不平等和基础设施缺陷等问题。刚刚上台即开始推行100天计划，实施55亿新元家庭补助计划；颁布《儿童减贫法案》；启动KiwiBuild项目；成立税务工作组，研究资本利得税等，为各项政策拉开序幕。2018年预算案中，卫生部门是最大的赢家，获得近十年来新西兰政府的一次最大拨款。教育、住房、司法分别获得16亿新元、10亿新元、10亿新元资金。2019年开始编制幸福预算，心理健康和儿童减贫排在政府拨款的最优先级，幸福预算还发布了新西兰第一份儿童贫困报告，依然重视对教育领域的投入，但是住房事务基本没有获得新拨款。从具体的关键政策来看，出台并实施了一系列绿色政策，包括海上采油采气禁令与《零碳法案》，积极应对气候变化以实现2050年目标，效果有待观察；工党宣传多年的资本利得税被阿德恩彻底放弃；住房问题方面的旗舰政策 KiwiBuild 基本失败了，目前政策正在重新校准。因此，反对党批评联合政府“兑现承诺之年”“零承诺”。

外交方面，阿德恩和彼得斯带领新西兰实施更加积极主动的外交战略。本届政府推出的核心计划是太平洋重置战略，通过政治层面频繁接触建立与岛国的更深层关系，在气候变化、基础设施、卫生健康、安全防务等方面加大对该地区的参与力度。通过提升海外援助资金，成立多个基金，投资媒体，增加外交职位等方式，深化新西兰在该地区的存在和影响力。邀请澳大利亚、美国、日本、欧洲国家等，共同应对太平洋地区日益激烈的战略环境。除此之外，新西兰外交支柱之一的 FTA 战略在 2018 ~2019 年取得新进展，CPTPP 生效；新西兰—欧盟 FTA 谈判正式启动；中新自贸协定升级谈判取得进展等。2018 年遭遇波折的中新关系有所改善，新西兰将把加大对“一带一路”的参与力度作为改善关系的突破点。新西兰积极参与国际事务，在气候变化、裁军和军备控制等方面积极发出声音，支持联合国等国际组织工作，坚定支持基于规则的国际制度。由于阿德恩的出色表现，新西兰外交影响力上升。

综上所述，本届联合政府各种理念和政策确实出现了许多变化，但是离政府承诺的真正转型还为时尚早。许多政策效果还未显现，目标能否实现尚不明朗，最具争议的税改政策被放弃，为恢复房屋所有权的 KiwiBuild 计划基本失败了。作为联合政府的主导者，工党表现得非常谨慎。掌舵者阿德恩自称是“务实的理想主义者”，为了避免像 20 世纪 80 年代工党政府改革造成的损害，工党的政策是非常务实的。维多利亚大学治理与政策研究所的学者和高级助理 Max Rashbrooke 表示，政府正在受到激进的渐进主义推动，随着时间的推移对政策进行较小的改变，以便为根本的转变奠定基础。① 这除了阿德恩和工党的有意为之之外，也受到不想彻底改革的优先党的限制。这也是 MMP 选举制度带来的副产品。MMP 制度设计的目的就是避免以民主方

① 《政府任期过半，阿顿姐宣布：我们的“期中考”成绩很好!》，新西兰先驱报中文网，http：//www. chinesenzherald. co. nz/news/new-zealand/stephen - forbes - takes - a - look - at - what - the - government - has - achieved/，访问时间：2019 年 5 月 9 日。

式推动激进变革的状况重演。以放弃资本利得税为例，政府没有协商提出一个淡化版本而是完全放弃，就反映了工党有意的谨慎与优先党的限制。完全放弃工党长期以来追求的资本利得税使工党政治承诺的可信度遭受打击，但维护了联合政府的稳定，并获得了中间选民的支持。

即便还没有实现真正转型，让一些认为事情会迅速发生变化的选民失望，并且出现经济放缓、一些关键政策的失败与放弃等，联合政府在2020胜选的可能性仍然比较大。工党在2018年10月（执政一年）以来的民调支持率大多时候高于国家党，阿德恩的支持率更是远超国家党的西蒙。更为重要的是，工党和优先党联盟比较稳定，没有出现重大分裂的迹象。

反观国家党，从权力的顶峰跌落成为在野党后，尽管一直宣称“我们是新西兰历史上最大的反对党”，实际上却由于党魁竞争、代际交替、内讧事件、党魁表现不佳等因素人心不稳。不过，国家党也许更应该担心自己“没朋友”。在MMP选制下，“朋友”至关重要，阿德恩就是这一选制下的总理。2017年大选中，国家党空有超过44%的支持率却无济于事，亦即“赢了选战，输了政权”，因为优先党选择了工党。9年执政期间，国家党几乎是“一手摧毁”了所有合作伙伴——让行动党徒有其表；让毛利党失去本族人支持；没有拉前保守党党魁Colin Craig一把，浪费近4%选票；最严重的就是因个人好恶，把优先党越推越远。[①] 2020年大选中想要避免2017年大选同样的结局，国家党不仅需要解决党内问题，还需要与之合作的伙伴政党。

① 《大军师Steven Joyce退出政坛　国家党2020是喜是忧?》，新西兰先驱报中文网，http：//www. chinesenzherald. co. nz/news/new－zealand/steven－joyce－retires－from－politics/。

B.8
2018年以来中新关系的演变和发展

王伟光　张梦迪　吴　悠*

摘　要： 新西兰联合政府执政一年多以来，中新关系总体发展良好。双方经贸发展强劲，双方官员互访相对频繁，并达成多项合作协议。但中新关系在过去也出现了波折，如华为事件、《2018年战略性国防政策声明》出台、太平洋重置战略的出台等，引发对中新关系恶化的担忧与猜测。但阿德恩最终成行的对华访问与双方友好的互动，在一定程度上平息了猜疑，并确认双方进一步发展良好关系的意愿。这些波折在一定程度上反映出中新关系内外环境与条件的变化以及由此给中新关系造成的压力与影响，处理这些条件变化及影响对未来双方关系发展仍然至关重要。

关键词： 中国　新西兰　中新关系　大洋洲

一　2018年以来中国与新西兰交往概况

2018年新西兰国内经济保持稳定，根据新西兰国家统计局统计，

---

* 王伟光，厦门大学公共事务学院副教授。张梦迪，厦门大学公共事务学院博士研究生。吴悠，厦门大学公共事务学院硕士研究生。

2018 年度 GDP 的平均增长率为 2.8%，与 2017 年相比下降 0.3 个百分点，失业率较上一年度下降0.2 个百分点。[①] 2018 年出口总量为 575 亿新元，较 2017 年增加 39 亿新元，进口总量为 634 亿新元，较 2017 年增加 31 亿新元。[②] 内政方面，依然重视健康、环境、儿童贫苦等问题；联合政府的税务改革放弃征收资本利得税，正在进行房产负扣税改革；2019 年 3 月 15 日基督城发生史上最严重的恐怖袭击，总理阿德恩处理得体，被多个知名杂志评为全球最有影响力的领导人之一。在外交和战略方面，新西兰继续寻求在联合国等多边机制与框架下积极参与国际事务；其继续重视国际贸易、环境保护等传统议题，与多个国家开展自贸协定谈判，积极推动对气候变迁等议题的国际应对；在过去一年，新西兰还试图提高在太平洋岛国地区的影响力，提高和增加对该地区的参与度和投入；继续重视与发展美、中、澳、日以及东盟等重要国际关系主体的友好合作关系。

2018 年以来，新西兰联合政府与中国总体维持历史上的友好伙伴关系，但国际体系大环境出现了许多新的转折点，中新双方都不乏内部政策和外部战略的调试。在贸易交往方面，中新的双边贸易总量达到 301.8 亿新元，较 2017 年增长了约 37 亿新元，提前达成 2020 年双边交易量达 300 亿新元的目标。在政治交往方面，一再推迟的总理阿德恩访华行程终于在 2019 年 4 月成行，中新双方的高层领导和政府各部门依然保持良好的交流。继 2017 年 3 月中国国务院总理李克强访问新西兰后，2018 年 5 月，新西兰外长温斯特·彼得斯也来访中国。在 2018 年 11 月的第 13 届东亚峰会上，李克强总理与阿德恩总理会面。2018 年新西兰气候变化部长和教育部长等 6 位部长访华。2018 年新西兰分别在上海、成都任命两名总领事。

---

① “Monthly Economic Review—March 2019,” New Zealand Parliament Website, 10 April 2019, https://www.parliament.nz/en/pb/library-research-papers/monthly-economic-review/monthly-economic-review-april-2019/.

② “Overseas Goods Trade—2018 in Review,” Stats of NZ Website, 5 February 2019, https://www.stats.govt.nz/reports/overseas-goods-trade-2018-in-review.

除此之外，中新双方在“一带一路”合作、自由贸易协定升级谈判、环境和气候保护合作、文化交流等方面保持紧密的联系和交流。2018 年 8 月，在新西兰—中国关系促进委员会发布的首份“中国印象”调查报告中，43% 的受访者对新中关系持“积极正面”看法，38% 的受访者持中立态度。①

然而，不可否认，2018 年或者联合政府执政以来，中新双方的关系演变引发外界的各种猜想。结合国际体系大背景和中新双方的战略调整，本报告梳理中新 2018 年以来的合作与“不愉快”，为理解中新关系的发展提供些许线索。

二　中新友好关系的进一步发展

（一）总理阿德恩任内首次访华

近来中新关系中最引人瞩目的当属工党女总理阿德恩对中国的访问，这是阿德恩 2017 年 10 月上任以来对中国的首次访问，对中新关系的发展具有重要的象征意义。因为受到新西兰 3 月 15 日恐怖袭击的影响，总理阿德恩于 2019 年 4 月 1 日会见了习近平主席、李克强总理。双方就共同关注的地区和全球问题进行讨论，形成四份合作文件，并宣布新西兰新的大使馆正式开馆。

在阿德恩与习近平主席和李克强总理的会谈中，推进经贸合作是一大重要议题，包括尽快促成中新自由贸易协定的升级与更新，提高中新双方的投资额、贸易交易量，推进“一带一路”合作等。她同时提到新西兰奉行独立自主的外交政策，在重大问题上会独立做出符合本国利益的决定。环境保护合作是会谈中涉及的另一重要领域，中新双方领导人发表了关于气候变化的

---

① New Zealand Chinese Council, *Perceptions of China Monitor*: *Survey 2018*, New Zealand Chinese Council Website, https: //nzchinacouncil. org. nz/wp - content/uploads/2018/08/Perception - of - China - Monitor - Survey - 2018 - FINAL. pdf.

共同声明。此外，讨论还涉及农业合作。阿德恩还邀请习近平主席参加2021年在新西兰举办的APEC会议。

中新双方在阿德恩总理和李克强总理见证下，签署了四份合作文件，分别是《关于科学合作备忘录》《金融合作备忘录》《推进农业合作战略计划》《避免双重征税协定》。访问的整个过程中，双方多次强调彼此重要的伙伴关系和友好的合作历史。阿德恩甚至打破传统提及国家党政府和前国家党总理对促进中新友好关系所做的努力，她积极地解释了初步禁止华为决定的法律基础。习近平主席对此评论说，“当前，两国关系发展面临新的形势。双方要坚持互信互利原则，不断丰富中新全面战略伙伴关系内涵”。

这次访问具有重要的象征意义。在中新关系经历了较为曲折的2018年后，阿德恩在恐怖袭击后的访问意在向中国释放强烈的信息：新西兰十分重视中国和中新关系发展。中方也借此明确阿德恩政府对中方的态度。在过去一年，由于《2018年战略性国防政策声明》对中国南海行动的发声、初步否决华为5G计划、中新旅游年活动推迟等事件，中新关系进展得并不算顺利。而此次，新西兰刚刚经历了恐怖袭击，在国内后续调查、枪支管理法案修改等事务缠身的情况下，阿德恩并未推迟访问行程。并且阿德恩此次仅有伴侣陪同，首次未带上女儿，新西兰记者奥黛丽·杨（Audrey Young）认为这是阿德恩向中方表达改善中新关系的决心和承诺。① 另一个具有象征意义的行为是正式举行新西兰驻中国新的大使馆开馆仪式。这是新西兰驻外国最大的大使馆，有80名来自政府各个部门的工作人员在此工作。

在阿德恩出访前，一再延迟的新总理对华访问已经引发新西兰国内对“中新关系紧张”的怀疑与担忧，同时存在“旋风式访问”对改善双方关系可能意义不大的猜想。新西兰最大反对党国家党和一部分评论

① Audrey Young，“Was Prime Minister Jacinda Ardern's 24 hours in China Worth It?” *NZ Herald*，2 April 2019，https：//www. nzherald. co. nz/nz/news/article. cfm? c_ id = 1&objectid = 12218312.

家批评，中新关系中的一些波折与迟迟未能成行的对华访问，反映中新关系已经受到损害。如巴里·索珀（Barry Soper）认为阿德恩访问计划推迟、航班被迫返航、中新旅游年推迟等一系列事件，是中国在隐晦地表达不满，而新西兰政府的外贸和外交官员只不过一直尽力掩饰罢了。[①]但记者奥黛丽则认为，考虑到新政府执政联盟的复杂性和需要时间进行调适，需要通过第一个财政预算，阿德恩去年6月刚生下其第一个宝宝，以及日本首相突然到访等事情，期望阿德恩早早访问中国是不现实的。[②]

访问后，一些新西兰的评论家则认为阿德恩的中国之行是成功的，认为访问是中新关系一个新的开始。记者史黛西·柯克（Stacey Kirk）感叹新国内此前对中新关系过度忧虑了，中新关系的改变主要是由于全球环境的变化造成的，比如中美日益激烈的竞争。他认为阿德恩"积极的外交"会确保在政府对华为做出最终决定前，减少中新关系可能的变动对新西兰经济造成的冲击[③]。新西兰电视媒体 Newshub 的政治版编辑托娃·奥布莱恩（Tova O'Brien）也认为，阿德恩仅仅在12个小时内完成了本应一周完成的任务，访问产生了很大的影响。[④] 评论家似乎将对中国的访问视为阿德恩继冷静细腻处理恐怖袭击事件在国内获得好感以后，又一起提升其国民好感度的重要事件。新西兰民调机构 One News Colmar Brunton 于2019年4月15日发布的民调结果也显示，阿德恩的支持率上

① Barry Soper, "What Jacinda Ardern's Trip to China Will Achieve," 1 April 2019, https://www.newstalkzb.co.nz/opinion/barry-soper-what-pm-jacinda-arderns-trip-to-china-will-achieve/.

② Audrey Young, "Jacinda Ardern Takes Charge of the China Relationship," *NZ Herald*, 1 April 2019, https://www.nzherald.co.nz/politics/news/article.cfm?c_id=280&objectid=12217897.

③ Stacey Kirk, "Rushed But Not Hurried: Jacinda Ardern Makes Most of Single-day Visit to China," *Stuff*, 1 April 2019, https://www.stuff.co.nz/national/politics/111713298/rushed-but-not-hurried-jacinda-ardern-makes-most-of-singleday-visit-to-china.

④ Katie Fitzgerald, "Jacinda Ardern's China Trip 'Quality over Quantity' - Tova O'Brien," *Newshub*, 2 April 2019, https://www.newshub.co.nz/home/politics/2019/04/jacinda-ardern-s-china-trip-quality-over-quantity-tova-o-brien.html.

升到新高，达 51%，上涨了 7 个百分点；工党的支持率也上升到 48%，上涨了 3 个百分点。①

然而，一些评论家也发出了对阿德恩访华成果并不满意的声音，认为其成功的程度被夸大了。新西兰维多利亚大学学者布莱斯·爱德华兹（Bryce Edwards）认为访问被过度炒作，其实并未达成什么实质性的成果。② 巴里·索珀认为四份合作文件是在类似场合普遍会签署的文件，只是为了使外界觉得双边关系正取得进展。③ 另外，对于阿德恩提出的需要中国对新西兰投资的问题，记者理查德·哈曼（Richard Harman）认为在联合政府内部尚难以形成一致意见。④

本报告认为，阿德恩的"旋风式访问"反映了她相对积极的对华外交战略，在一定程度上平息了民众对中新关系的猜疑。然而，华为问题等仍然是中新关系中棘手的问题之一，新西兰要想在自由贸易协定升级谈判中取得实质性进展，解决华为问题的方案需要平衡中新双方的利益。

（二）中新经贸交往

中新经贸关系在过去一年继续保持良好发展的势头。目前，中国是新西兰最大的出口市场。对华出口额占据了新西兰海外货物和服务出口额的1/5；2018 年中新经贸合作依然稳健。根据新西兰国家统计局统计，截至 2018 年

---

① "New Poll: Jacinda Ardern Receives Highest Rating Since Taking Office, While Bridges Falls," *One News*, 15 April 2019, https: //www. tvnz. co. nz/one - news/new - zealand/new - poll - jacinda - ardern - receives - highest - rating - since - taking - office - while - bridges - falls.

② Bryce Edwards, "Political Roundup: Jacinda Ardern's China Trip Successful But Over-hyped," *NZ Herald*, 2 April 2019, https: //www. nzherald. co. nz/politics/news/article. cfm? c _ id = 280&objectid = 12218734.

③ Barry Soper, "Bewildered in Beijing-Jacinda Ardern's Personal Charm Eases Anxiety in China," *NZ Herald*, 2 April 2019, https: //www. nzherald. co. nz/nz/news/article. cfm? c _ id = 1&objectid = 12218349.

④ Richard Harman, "China: It's a Matter of Trust," *Politik*, 2 April 2019, http: // politik. co. nz/en/content/foreignaffairs/1537.

12 月，新西兰出口到中国的货物和服务额达 173 亿新元。[①] 这比出口到澳大利亚的总额多 32 亿新元，几乎是对美国的两倍。新西兰向中国出口的产品主要是奶产品、原木和木材、肉制品等。另外，中国是新西兰最大的食品进口国，主要的电子产品、电子器械和机器的进口国。同期，新西兰从中国进口的货物和服务额达 128 亿新元。其中新西兰从中国进口的电子器械量占新西兰进口总量的 40%，机器占比为 15%，也比从美国和澳大利亚进口的数量多。中国还是新西兰主要的旅游服务、教育服务出口对象国，2018 年的出口额分别达 16 亿新元和 13 亿新元。此外，根据新西兰旅游局统计，截至 2018 年 12 月，到新西兰旅游的中国游客为 45.9 万人次，2018 年中国依然是新西兰的第二大旅游市场。[②]

在过去一年，中国和新西兰继续维持和发展良好的投资关系，彼此逐渐形成了稳定良好的投资环境。中国已成为新西兰的主要海外投资国之一，投资额仅列澳大利亚、英国、美国之后。截至 2018 年 9 月，中国大陆对新西兰的直接投资为 15.2 亿新元，投资存量达 87.6 亿新元；直接投资和投资存量较 2017 年有所增长。[③] 在投资环境方面，中国发布的《“一带一路”大数据报告（2018）》将新西兰列为投资环境排第二的国家。[④] 2018 年 11 月在上海举办的首届中国国际进口博览会中，90 家新西兰企业参展，促进两国企业的投资和贸易交流。为了促进中国企业对新西兰投资环境的了解，中国商务部发布了《2018 年对外投资合作国别（地区）指南——新西

---

① Infoshare Database of NZ Stats，http：//archive. stats. govt. nz/infoshare/？url =/infoshare/.

② “New Zealand’s Exports to China Trump Sales to Australia and the United States，” Stats of New Zealand Website，5 February 2019，https：//www. stats. govt. nz/news/new – zealands – exports – to – china – trump – sales – to – australia – and – the – united – states；“Goods and Services Trade by Country：Year Ended December 2018，” 4 March 2019，https：//www. stats. govt. nz/information – releases/goods – and – services – trade – by – country – year – ended – december – 2018.

③ Infoshare Database of NZ Stats，http：//archive. stats. govt. nz/infoshare/？url =/infoshare/.

④ 《〈“一带一路”大数据报告（2018）〉发布：俄罗斯合作度最高　粤鲁沪参与度最高》，中国一带一路网，https：//www. yidaiyilu. gov. cn/xwzx/gnxw/66751. htm。

兰》[1]，专门介绍新西兰的人文环境、投资环境和法律规则等内容。不过需要注意的是，随着国际战略与经济大环境的变化，新西兰近年来提高了对外来投资的警惕与审查标准。比如，在 2018 年 10 月，新西兰禁止外国投资者购买现有住房的法规生效，这可能影响了包括中国在内的部分投资者。

因此，中新双边经贸关系是双方政府之间互动的重要议题。2018 年以来，中新双方继续就加强和提升双方经贸联系的框架等进行磋商、合作。

对华贸易额的大幅度增长在某种程度上也增加了对中国市场过分依赖的担心，新西兰在经济合作方面一直尝试建立更广泛、更平衡的贸易联系，试图尽力通过多边合作提高本国经济的韧性。在 2018 年 12 月 30 日，新西兰与日本、加拿大、澳大利亚、新加坡、墨西哥、越南、文莱等 11 国达成的全面与进步跨太平洋伙伴关系协定（Comprehensive and Progressive Agreement for Trans-Pacific Partnership，CPTPP）生效，大大减少了新西兰出口到各国的产品关税。这是在美国于 2017 年宣布退出跨太平洋伙伴关系协定（Trans-Pacific Partnership，TPP）之后太平洋地区经济合作的续曲，CPTPP 2/3 的条文与 TPP 的相同。新西兰贸易部长大卫·帕克曾分析认为加入 CPTPP 会使新西兰减少 2.22 亿新元关税。[2] 在 2019 年 1 月，大卫·帕克参加了 CPTPP 第一次委员会会议，他再次评论 CPTPP 是一个重要的里程碑。中国尚未加入 CPTPP，而对于中国是否加入的问题，双方的立场尚不清楚。

1. 自由贸易协定升级谈判

2018 年 10 月是中新自贸协定签订 10 周年。随着中新经贸关系的发展，升级双方自贸协定就成为双方关心的一个重要议题。自 2016 年 11 月，中新双方启动自贸协定升级谈判，双方试图就贸易技术壁垒、海关程序合作与贸易便利化、原产地规则、服务、竞争政策、电子商务、环保、

① 《2018 年对外投资合作国别（地区）指南——新西兰》，中国一带一路网，https：//www. yidaiyilu. gov. cn/zchj/zcfg/14459. htm。

② David Parker, "Exporters First to Benefit as CPTPP Takes Effect Today," 30 December 2018, https：//www. beehive. govt. nz/release/exporters – first – benefit – cptpp – takes – effect – today.

农业合作、政府采购九个方面，进行合作升级磋商。2017 年 3 月，李克强总理对新西兰进行国事访问，宣布启动首轮中新自贸协定升级谈判；双方签署了 20 项合作文件，促进中新全面战略伙伴关系的发展。联合政府上台执政以来，中新继续就自贸协定升级进行磋商。2018 年 5 月，新西兰副总理兼外长温斯顿·彼得斯访华，确定于 2018 年 6 月启动新一轮中新自贸协定升级谈判。

自联合政府执政以来，双方已进行了四轮谈判。在 2018 年 11 月的第六轮谈判中结束了政府采购章节的谈判，但下一轮谈判尚未开始。新西兰外交和贸易部预计第七轮自贸协定升级谈判将于 2019 年上半年举行。

2. “一带一路”合作

新西兰是第一个与中国签署“一带一路”合作备忘录的发达国家。2017 年 3 月李克强总理访新时，中新双方签订了加强双方“一带一路”合作的备忘录①，建立了大洋洲“一带一路”促进机制。双方承诺加强政策合作、互利合作、文化交流和多边合作，实现在 2020 年前双方贸易总额达到 300 亿新元（该贸易目标于 2018 年提前完成）。2017 年 8 月新西兰首个“一带一路”产业园与中国检验认证集团新西兰公司签署战略合作协议，降低入园企业检验、仓储物流等成本。

“一带一路”合作备忘录是新西兰国家党政府期间签订的；联合政府上台后，表达了继续支持“一带一路”倡议的立场。2018 年 12 月在奥克兰举行了“一带一路”新中企业对话会，对“一带一路”框架下中新金融、基础设施、旅游、初级产业和创新等领域合作进行讨论。此外，新西兰贸易部长大卫·帕克确定于 2019 年 4 月率领贸易代表访问中国，参加第二届“一

① New Zealand Foreign Affairs and Trade, “Memorandum of Arrangement on Strengthening Cooperation on the Belt and Road Initiative between Government of New Zealand and the Government of The People's Republic of China,” New Zealand Foreign Affairs and Trade Website, https://www.mfat.govt.nz/assets/FTAs-agreements-in-force/China-FTA/NRA-NZ-China-Cooperation-on-Belt-and-Road-Initiative.pdf.

带一路”国际合作高峰论坛。

3. 区域综合经济伙伴关系

2018 年，中国和新西兰在区域全面经济伙伴关系协定（The Regional Comprehensive Economic Partnership，RECP）方面也有所合作。该计划涉及东盟 10 国和 6 个与东盟有自由贸易协定的国家。RECP 涵盖了全球 1/3 的 GDP 和大约一半的人口；与这些国家的贸易额占据了新西兰一半以上的贸易额。有分析者认为，随着形势的发展，RECP 会获得越来越多的关注和重视。地区开放的贸易关系对于新西兰来说至关重要，随着全球贸易保护主义势头的兴起，对于新西兰来说，RECP 是对威胁“以规则为基础”的保护主义的一种制衡①。2018 年，RECP 的有关磋商进展顺利。2018 年 10 月，RECP 在奥克兰举行第 24 轮磋商；11 月，在第二次领导人会议上，李克强总理和其他 15 国领导人发表了共同声明，指出 RECP 的协商已进入最后一步②。新西兰和中国在 RECP 中的互动与合作，表现了双方紧密的经济合作关系，有助于推进基于规则的多边主义和自由贸易体系的发展。

三 中新关系中的风波与调适

随着中国国力的增强以及对外经贸联系与影响力的增加，特别是中国与太平洋岛国地区等互动与经贸联系的增加，以及世界战略环境的变化，中国的地区影响力与作用成为各国关注的焦点。一些国家的政客、媒体等不断炒作与渲染“中国威胁”问题，并采取一些对抗性措施，以平衡或遏制中国的影响。这种新情况也影响到中新双方国内外的认知与互动环境，

---

① Damien O'Connor, “Substantial Progress Made on RCEP,” 14 November 2018, https://www.beehive.govt.nz/release/substantial-progress-made-rcep.

② New Zealand Foreign Affairs and Trade, “Joint Statement between New Zealand and the People's Republic of China on the Upgrade of the China-New Zealand Free Trade Agreement,” https://www.mfat.govt.nz/assets/FTAs-in-negotiations/RCEP/04-RCEPSUMMIT2-Leaders-Joint-Statement_FINAL.pdf.

使一些议题变得敏感，甚至导致中新关系出现一些波折，影响中新关系的发展。

2018 年 7 月，新西兰国防部发布《2018 年战略性国防政策声明》，对新西兰国防的战略环境、原则与目标等进行了阐述与说明。声明声称新西兰与中国在国内、国际层面的人权与信息自由等方面持不同的观念，关注中国实力和在南太等地区影响力的增长，提及中国南海问题等。该声明发布后，迅速引起媒体的关注。《新西兰先驱报》、澳大利亚联合新闻社等一些媒体认为该声明是“异乎寻常”的，反映了新西兰对中国的担忧与批评，可能预示着新西兰将采取措施对抗中国的影响甚至威胁。

不过这些看法可能过分夸大了该声明对中国所谓的警惕与批评。声明并非专门针对中国，仅是新西兰对有关国家过去动向和未来趋势的梳理分析，而且，这个声明也提及中国参与国际体系与地区事务的积极意义，以及中国在一些国际议题上的积极作用。新西兰方面亦表示这个声明并不代表中国被视为威胁，也不代表新西兰对华政策将有重大转向；另外，这也意味着新方并不避讳谈与中国存在的分歧。

中新关系似乎并未受到此声明的严重影响。新国防部长马克为此提到，自己与来自中国的官员等在 2018 年香格里拉对话中，进行了如朋友般地诚恳交谈。在美国国内一再渲染俄罗斯等干预美国大选与政治、澳大利亚一些政客一再宣称中国干预其国内政治的危险等背景下，新西兰国内一些人员和媒体等也开始强调所谓来自中国的干涉和控制的危险。

首先是新西兰坎特伯雷大学教授安妮 - 马里 · 布雷迪（Anne-Marie Brady）于 2017 年发表关于“中国威胁论”的文章后，声称自己的寓所和办公室遭到可疑入侵，认为这一切与中国的间谍活动有关。之后，29 位学者与社会活动家联名发表一封公开信，[①] 这封公开信认为，如果布雷迪因为其

① Matt Nipper, “Burgled Professor Case: PM Called on to Defend Academic Freedom,” *NZ Herald*, 26 Nov. 2018, https://www.nzherald.co.nz/nz/news/article.cfm?c_id=1&objectid=12165874.

学术研究而遭到骚扰和侵害，那将对所有人的自由都有所影响[1]。无论是失窃事件还是捍卫学术自由的声明都将矛头指向中国，布雷迪认为这是由于自己所著关于“中国威胁论”的文章引起中国不满，中国试图对此采取的行动。事实上，作为学术著作，这些文章并未受到社会广泛关注，真正引起讨论的是布雷迪声称过去一年中她反复遭到威胁与侵扰，她一再宣称自己已经被中国政府盯上了[2]，而一些媒体也热衷于炒作“新西兰公民遭受外国政府威胁”的话题。事实上，虽然警方调查尚未结束，但迄今为止，并未见有明确证据指向中国的报道。阿德恩等政府官员的表态也比较谨慎，并未支持或附和布雷迪的论调。反倒是布雷迪的做法，似乎有炒作自己及其文章的嫌疑。

无论布雷迪的指控可信度如何，但这至少反映出部分新西兰人或势力对中国的不信任和担忧。还有一些人试图有意炒作此类话题，以从此类话题中获得好处。在过去两三年中，已经出现多起类似的事件。

比如，一些媒体或政治人物渲染 2017 年国家党议员杨健之前的背景，宣称其曾是中国军人甚至是中国间谍。2018 年 10 月中旬，新西兰国家党成员杰米－李·罗斯（Jami-Lee Ross）指控国家党领袖西蒙·布里奇斯接受华裔商人张乙坤（Yikun Zhang）的 10 万美元的捐赠，并且将其分成较小份额以避免上报给新西兰选举委员会（根据新西兰法律，候选人接受超过 1500 美元捐款需要告知选举委员会捐赠人姓名及地址）。但经过调查，并未有直接证据证明布里奇斯选举舞弊，另外罗斯的精神状态可能是不稳定的，还涉嫌攻击一名女性。2019 年 2 月，罗斯重返议会并“向被他伤害的人

① OPEN LETTER，https：//assets. documentcloud. org/documents/5253372/Open – Letter – to – PM – Academic – Freedom – EMBARGOED. pdf.

② Eleanor Ainge Roy，“I'm Being Watched：Anne-Marie Brady，the China Critic Living in Fear of Beijing，” *The Guardian*，22 January 2019，https：//www. theguardian. com/world/2019/jan/23/im – being – watched – anne – marie – brady – the – china – critic – living – in – fear – of – beijing.

致歉”①。

虽然一些指控最后往往被证明是不实的，且这些事件发生的原因可能多种多样，但这可能反映出新西兰民众与当地媒体对可能存在的政治腐败的不满、警惕与担心，也可能与选举和政党政治中打击对手等有关，并不必然针对中国。若从新西兰国内外环境来看，这些事件又反映出一些势力和人物借机在新西兰炒热“中国威胁”的企图，以及新西兰国内对中国影响感到不确定、怀疑甚至是担忧的情绪有所增长。

而华为公司参与新西兰5G建设问题，也引发了广泛的关注。正如前文所言，阿德恩在访华中也专门谈及这个问题，解释新西兰的有关决定。实际上，华为很早就参与新西兰电信与通信网络建设，与新西兰电信公司（Spark）等建立了良好的合作关系。因此，在新西兰新一代网络建设中，华为作为5G领域的设备与技术提供方，很自然地成为新西兰电信公司选择的优先合作伙伴。

根据新西兰法律，新西兰电信公司向新西兰通信安全局提交其5G网络更新与建设方案，进行安全评估与审查；华为是该方案中设备与技术等的主要提供方。2018年11月28日，新西兰通信安全局发布声明，以存在“重大的网络安全风险”拒绝了该申请，引起广泛关注，即认为该决定反映了新西兰将华为排除出其5G建设计划，反映出新西兰与美国、澳大利亚等在此议题上协调一致，或至少反映出新屈从于美澳等的压力。

当然，新西兰通信安全局的这个决定也引来了新西兰国内的一些批评声，甚至前工党秘书也批评该决定。许多人认为此决定屈从于美国等的压力，并且将损害中新关系。新西兰国内担心对华为的决定会影响来自中国的留学生人数，影响新西兰的对华旅游业。而且，这个也可能会降低国内消费者使用5G技术的质量，并提高使用成本。

而新西兰政府方面则一再否认此事为政治决定，强调这一决定是通信安

① Zane Small, Jenna Lynch, “Jami-Lee Ross: I Regret Many Things about Last Year,” *Newshub*, 12 February 2019, https://www.newshub.co.nz/home/politics/2019/02/jami-lee-ross-i-regret-many-things-about-last-year.html.

全局基于技术评估而做出的，没有来自政治方面的压力，相关内阁部长也并没有参与该决策中。新方面还强调，此决定并非针对华为。总理阿德恩在接受新西兰媒体机构 Newshub 的采访中指出，华为并未被禁止，也并未在国内的5G 网络建设中“出局”；事情最终取决于Spark 公司如何解决其方案中存在的安全风险。2019 年 2 月 20 日，新西兰通信安全局向新西兰情报和安全委员会的报告中也提到对 Spark 的监管还在进行中，而 Spark 也在考虑评估备选方案；并强调在做出对华为的决定时，通信安全局长并未受到来自其他部长、“五眼联盟”伙伴等的压力。

四　地区与全球背景下的中新关系

中新关系的发展演变，受到双方互动与利益关系的影响，受到中新两国总体的对外战略的影响，还受到地区乃至全球战略形势的影响。新西兰联合政府上台后，对外交政策进行了一些调整，2018 年初新副总理兼外交部长彼得斯在罗伊国际政策研究所的演讲中提及“太平洋重置”战略。这一战略逐渐成为此后新西兰外交活动的关键词：无论是外长访美、参加东盟会议，还是签署波伊宣言时，都围绕此战略强调新西兰在亚太地区问题中的态度。而此战略与澳大利亚和美国等加大对太平洋岛国地区的投入力度及参与的政策调整似乎相一致；随着中国在该地区参与度和影响力不断提高和增强，“太平洋重置”也被一些评论家认为是针对中国的战略调整。

“太平洋重置”是新西兰联合政府在太平洋地区的新外交战略，致力于增加和加强对太平洋岛国地区事务的投入与参与，加强与太平洋岛国的互动和合作，以增强在太平洋地区的影响力。在 2018 年初的讲话中，彼得斯阐述了太平洋重置的考虑与理念：一方面，太平洋成为一个越来越具有争议的战略地区，在某些情况下，该地区国家没有足够的能力去应对挑战；另一方面，新西兰从历史、文化、政治等方面来说都属于太平洋国家，30 余个政府机构参与太平洋地区事务。出于这些原因，新西兰有必要考虑一项新的太平洋战略，新战略将基于新西兰传统对人权、法治、民主等价值的注重，增加对太平洋地区的技术和经济支持，当然这也离不开与利益相关者们的合作，这一切都建立在相互尊重的基础之上。在其中，彼得斯反复强调了太平洋地区对新西兰国家安全与发展的重要性。

在过去一年中，新西兰政府努力将“太平洋重置”战略提上日程，通过软外交的方式推动诸如气候变化、经济与安全等方面的合作，提高和加强新西兰在太平洋地区的影响和对外联系①。其中，气候变化是其时常提及的议题。2018 年 9 月初，太平洋岛屿论坛签署通过“波伊宣言”，这份宣言旨在加强太平洋地区的安全合作，并且纳入气候变化问题，这是此前宣言中未曾提及的内容。新西兰总理阿德恩认为波伊宣言意味着所有太平洋地区领导人意识到了这一地区所面临的安全问题已然改变，太平洋地区局势会更为复杂，而新西兰的繁荣与该地区安全有着莫大关联②。新西兰还致力于帮助太平洋岛国应对自然灾害、协助解决因自然灾害产生的安置与移民问题、在灾难发生时给予人道主义救援。新西兰政府也提出了新的对外发展计划，计划在四年内增加 7.14 亿美元的对外援助，帮助太平洋地区领导人应对发展中的重大问题。除了经济方面外，新西兰还强调自身与太平洋国家在文化上的认同，这亦是友好合作的基础之一。新拿出 1000 万美元设立太平洋扶持基金（Pacific Enabling Fund），支持在正式援助资金之外的亚太伙伴活动，比如文化与体育活动、军事联合行动等③；投入 1000 万新元拓展太平洋合作广播有限公司的服务，包

---

① Simon Mark，“New Zealand’s Pacific Reset：The Case for Cultural Diplomacy，” *Stuff*，14 August 2018，https：//www. stuff. co. nz/national/politics/opinion/106227005/new – zealands – pacific – reset – the – case – for – cultural – diplomacy.

② “NZ Welcomes New Boe Pacific Security Plus Climate Declaration，” *Asia Pacific Report*，6 September 2018，https：//asiapacificreport. nz/2018/09/06/nz – welcomes – new – boe – pacific – security – plus – climate – declaration/.

③ Winston Peters，“Pacific Reset Picks up Pace，” New Zealand Government Website，8 November 2018，https：//www. beehive. govt. nz/release/pacific – reset – picks – pace.

括介绍新西兰的亚太岛民专属电视频道，这将极大改善新西兰事务在亚太地区的传播方式[①]。

“太平洋重置”提出的时机，甚至其大力倡导者彼得斯的有关言论与立场，使其很容易被解读为针对中国在该地区不断增加的存在与影响[②]。一些媒体与评论认为，在过去几年里，中国不断增加对太平洋岛国的援助与贷款，虽然对经济脆弱的太平洋岛国而言，这些投资能有效提振其经济，但同时也可能让中国获得巨大的战略利益，中国政府可以借助海外国有企业这一杠杆扩大在该地区的影响力。[③]

无论如何，至少中新双方表面上并没有在“太平洋重置”方面发生争议或摩擦。一方面，中国在该地区影响的增加在很大程度上可以说是中国实力与该地区经济联系增长的自然结果，中国并未寻求控制与主导该地区；中国推行的“一带一路”倡议表现出了包容性与合作性，而没有试图将其他国家或势力排除在外。另一方面，从新西兰来看，在人员往来、经济、历史以及地缘等诸多领域，其与太平洋岛国地区有传统的联系，这个地区也与新的安全和利益密切相关。因此，新西兰的“太平洋重置”在一定程度上是对过去相对忽视状况的调整。而且，该战略也未追求排他性，而是寻求与利益攸关大国进行协调、合作。

“太平洋重置”战略的出台是基于多种原因的，至少并非完全针对中国。而且，目前，其主要通过对增加该地区的投入、参与、加强与有

① Winston Peters, “New Zealand Announces $10m Pacific Broadcasting Expansion, Support for Pacific Journalism,” New Zealand Government Website, 4 September 2018, https://www.beehive.govt.nz/release/new-zealand-announces-10m-pacific-broadcasting-expansion-support-pacific-journalism.

② Reuben Steff, “New Zealand's Pacific Reset: Strategic Anxieties about Rising China,” The Conversation, 31 May 2018, https://theconversation.com/new-zealands-pacific-reset-strategic-anxieties-about-rising-china-97174.

③ Cleo Paskal, “Australia and New Zealand Must Rethink Their Approach to Pacific Trade,” Chatham House, 23 October 2018, https://www.chathamhouse.org/expert/comment/australia-and-new-zealand-must-rethink-their-approach-pacific-trade.

关岛国的联系与合作等形式，来维护新西兰在该地区的影响与利益。因此，中国与新西兰在该地区的经济发展、设施建设、援助与气候变化等议题领域存在合作的可能性。在中新双方充分沟通与协调的情况下，“一带一路”与“太平洋重置”在该地区可以是互补、合作的。在新西兰—中国关系促进委员会于2018年5月发布的关于“一带一路”的研究报告中，从新西兰的角度分析了该项目对本国和地区发展的利益。除新西兰外，2018年斐济、萨摩亚等9个太平洋岛国也与中国签订了合作协议。大洋洲“一带一路”促进机制于2018年举办了首届“新西兰国际展望峰会”，来自多个国家和地区的400余名政商界人士一同讨论“一带一路”框架下的合作。在此合作背景下，中新在太平洋地区的交往和联系也更加紧密。

中新关系的发展与演变，还受到双方与其他大国的关系以及全球战略环境的变化的影响。近几年，随着美、澳、日等战略的调整，新西兰对华外交中感受到来自这些国家的压力。

一方面，新西兰与澳大利亚、美国等在努力恢复或加强其传统的合作或关系，特别是加强了在安全、太平洋岛国事务等方面的互动。2018年6月6日、7日，澳大利亚、新西兰和美国在华盛顿发布太平洋安全合作联合声明，此次三边论坛主要讨论了扩大的安全问题，强调与太平洋各岛国增强安全合作的重要性。对话确定了三方的合作空间，包括加强港口安全、支持开放贸易、加强信息共享以增强太平洋地区海域意识、支持澳大利亚建立制度化的合作关联、打击跨国有组织犯罪、进行军事合作。下一次对话于2019年5月在澳大利亚首都堪培拉举办①。

2019年3月1日，新西兰与澳大利亚发布太平洋地区国防联合声明，重申两国在南太平洋地区国防合作的共同承诺，共同声明关注三个方面议题：共同努力改善太平洋地区；保持强大、可彼此协作的能力以响应

① “Joint Statement on Australia-New Zealand-United States Pacific Security Cooperation Dialogue,” U. S. Department of States, 7 June 2018, https://www.state.gov/r/pa/prs/ps/2018/06/283056.htm.

太平洋地区的安全要求；通过两国能力建设计划提高太平洋地区的自主性[①]。

另一方面，美澳日等一再炒作中国的影响甚至威胁，示意或施压新西兰，避免其与中国走得过近。因此，在新西兰对中国南海问题的表态、新西兰对中国在太平洋岛国的作用的态度、新西兰的国防战略调整以及对华为公司的决策等方面都可以看到美澳日等施压的企图或痕迹。

新西兰国内也有部分官员与分析家呼吁，加强与美、澳等的战略联系，以应对中国实力增长带来的挑战。2018 年 12 月 15 日，新西兰副总理兼外交部长彼得斯应邀访问美国，与美国副总统彭斯、国务卿蓬佩奥等诸多高官进行会晤。其间，彼得斯在美国乔治亚大学发表重要演讲。彼得斯在演讲中回顾和强调了美国和新西兰在人员、历史、价值观等方面的共同性与联系，以及在国家、地区事务中长期的合作。但演讲关注的核心是，在南太平洋地区随着越来越多大国的卷入、战略竞争变得明显的情况下如何应对相关问题，亚太地区的形势已经到达一个拐点。彼得斯介绍了新西兰对此的应对政策——“太平洋重置”，以及在援助、军备投入等方面的具体举措，并明确呼吁美国参与该地区事务，尽快行动起来，增加对该地区的投入与支持。

五　结语

总的来看，在过去一年多时间里，新西兰联合政府上台以来，中新延续良好的合作关系，双方的贸易与投资乃至社会等层面的交流持续稳步发展，在多边场合与议题中也维持良好的互动。但是中新关系在过去一段时间也出现了一些波折与“杂音”，并且引发外界或媒体关于中新关

① Ron Mark, “Ministers Acknowledge Enduring Pacific Defence Cooperation,” New Zealand Government Website, 1 March 2019, https://www.beehive.govt.nz/release/ministers-acknowledge-enduring-pacific-defence-cooperation.

系恶化的不断猜测；中新在自贸协定升级谈判等一些议题上似乎进展缓慢，加上阿德恩访华日期一再延迟等，又强化了这些猜测。但中新双方政府在一些关键时期，一再强调中新关系发展良好；官方的友好表态实际不仅是为了平息外界的猜忌，也是重申对中新关系的重视、维持与推动中新关系良好发展的意愿。在一定程度上，阿德恩对华的"旋风式访问"的意义也正如此，一方面反驳猜疑，表明中新双方关系良好；另一方面，更重要的是，再次表明，即使有波折或矛盾，双方愿意进一步发展良好关系。

中新上述一些争议话题仍然在持续发展中，如何处理可能会对双方关系产生重要影响。迄今为止，中新双方政府不断调整、适应，冷静处理新变化与新条件给双方关系带来的影响与冲击，使中新关系保持在良好发展的轨道上。未来双方互利、强劲的经贸联系也可能会继续有力地推动中新关系进一步发展。但一些如价值观与对国际规范的认识等方面的分歧仍然存在，而且来自国际环境与大国方面的压力短期内仍在，甚至会增强；在双方内部，特别是在新西兰国内，对于进一步发展中新关系也可能会出现质疑甚至反对的声音。因此，双方如何处理这些分歧、压力与变化，如何进行有效的沟通、相互理解、调适，对未来中新关系的发展很重要。

B.9

新西兰医疗卫生体系研究

聂爱霞*

摘　要： 本报告对新西兰的医疗卫生体系进行了较为全面和整体的研究。本报告首先从新西兰医疗卫生体系的发展历程、医疗服务的提供、医疗卫生资源情况、医疗卫生管理体制和医疗费用的分担机制五个方面对新西兰的医疗卫生体系概况进行了详细的说明。在对新西兰医疗卫生概况进行分析的基础上，说明了新西兰医疗卫生体系的几个特点，即协调统一的医疗卫生行政管理体制、以全科诊所为纽带的转诊制度和分级诊疗体系以及规范高效的医疗信息系统等。尽管新西兰的医疗卫生体系相比 OECD 其他成员国而言具有较高水平，但是该体系依旧面临一系列挑战。本报告认为新西兰医疗卫生水平较高主要得益于其拥有一套协调统一的行政管理体制，建立了一套梳理患者医疗卫生需求、引导有序就医的完整机制等。

关键词： 新西兰　医疗卫生　医疗体系

引　言

根据世界银行 2015 年的数据，截至 2017 年 2 月，新西兰总人口为

* 聂爱霞，厦门大学公共事务学院副教授，主要研究领域为养老保障与实务、医疗保障等。

476.5 万人，新西兰国内生产总值为 1737.54 亿美元，人均国内生产总值为 37808 美元，属于高收入、高税收、高福利国家。目前，新西兰医疗卫生系统已经发展成为全球最好的同类系统之一，全民公费医疗制度、初级医疗保健制度、意外赔偿制度（Accident Compensation Corporation，ACC）等已为世人关注①。调查显示，新西兰在 2015 ~ 2016 年，约有 88% 的成年人和 98% 的儿童认为自己的健康状况处于良好或者非常好的等级②，是 OECD 国家里面最高的。约 94% 的新西兰人在初级卫生组织注册过，80% 的新西兰人对医疗系统满意。OECD 于 2016 年公布的数据显示，2015 年，新西兰医疗卫生费用占 GDP 的 9.4%，低于美国（16.9%）和英国（9.8%），人均医疗卫生费用支出为 3590 美元（2015 年购买力平价，下同），远远低于英国（4003 美元）和美国（9451 美元），也低于 OECD 国家平均水平（3814 美元），人均预期寿命男性为 79.8 岁，女性为 83.4 岁，平均预期寿命为 81.6 岁，均高出 OECD 国家平均水平。

一　新西兰医疗卫生体系概况

新西兰医疗卫生体系兼有美国市场化医疗和英国免费医疗的特点，既有免费的服务，也有收费的服务。OECD 于 2015 年公布的数据显示，新西兰以 GDP 的 9.4% 的卫生投入，为居民提供全方位医疗服务：每年有 1270 万次白天全科医生的就诊（290 万次执业护士就诊）；配发 6450

① 《国家党政府的医疗卫生策略——国家党国会议员杨健博士》，厦门大学新西兰研究中心网站，http：//nzc. xmu. edu. cn/ef/b1/c5735a192433/page. htm 。

② Ministry of Health，*Annual Update of Key Results 2015/16*：*New Zealand Health Survey*，p. ix，Ministry of Health Website，http：//www. health. govt. nz/publication/annual – update – key – results – 2015 – 16 – new – zealand – health – survey.

万份药品；进行 2400 万次实验室测试；有 100 万次急诊科出诊①。其中，2014 ~2015 年，全国共进行非紧急手术16.7 万例②。

（一）新西兰医疗卫生体系的发展历程

1. 建立与发展

欧洲人在新西兰定居初期时，由政府、志愿者、私人部门主导提供的医疗服务体系便开始形成。1846 年，第一家只服务于毛利人和“贫困者”（即穷人或有需要的人）的国有医院成立。19 世纪 80 年代，政府几乎资助了全国 3/4 左右的医院。1885 年出台的“医院和慈善机构法令”划分出了 28 个医院区，当地的医院委员会负责一半资金③。

1900 年随着《公共卫生法》（Public Health Act）出台，新西兰设立了公共卫生部（Department of Public Health），随后公共卫生部逐渐扩大职能，在 1909 年时与医院和慈善援助部门合并，1920 年更名为卫生部（Department of Health）。20 世纪中期，医院已成为医疗卫生体系的重要组成部分④。

新西兰是世界上第一个试图建立综合性国民卫生保健服务体系的民主资本主义国家⑤，1938 年《社会保障法》（Social Security Act）的出台，标志着以税收资助并覆盖所有人群的医疗卫生系统建立。然而，由于医学界和政

---

① Ministry of Health, *New Zealand Health Strategy Future direction*, Wellington 6145, New Zealand, April 2016, p. 4.

② 《杨议员专栏丨谈谈国家党政府的医疗卫生工作》，新西兰国家党微信公众号，http://admin. wechat. com/s? _ _ biz = MzA3MTk3NDgyMg = = &mid = 418333261&idx = 1&sn = d3778a1bd6cc9d427a85c9a1e0617fdd。

③ World Health Organization, *New Zealand Health System Review 2014*, p. 18, Health Systems in Transition Website, http://www. wpro. who. int/asia _ pacific _ observatory/hits/series/Nez _ Health_ Systems_ Review. pdf.

④ World Health Organization, *New Zealand Health System Review 2014*, p. 19, Health Systems in Transition Website, http://www. wpro. who. int/asia _ pacific _ observatory/hits/series/Nez _ Health_ Systems_ Review. pdf.

⑤ R. Gauld, “Questions about New Zealand's Health System in 2013, Its 75th Anniversary Year,” *New Zealand Medical Journal*, Vol. 126, 16 August 2013, pp. 1 - 7.

府之间持续的纠纷，该法从未得到全面实施①，相反，出现了一种双重资助制度，也即生育和医院服务完全由政府资助，大多数初级服务由私人部门提供，并按服务项目收费（目前则是按人头收费），大多数二级和三级服务由公立医院提供。20 世纪 60 年代初开始引入商业医疗保险，连同对私立医院的补贴，最终扭转了这种趋势②。然而到了 20 世纪 70 年代，“分散的保健服务模式意味着新西兰缺乏国家卫生服务”这一说法越来越引起人们的担忧。

2. 主要改革历程及政策措施

（1）19 世纪 80 年代以前，初级保健（Primary Health Care，PHC）主要由全科医生（General Practitioner，GP）提供，按服务来收费，病人需要自付其中一部分费用。19 世纪 80 年代初，27 个地方医院董事会监督大量小型医院。公共卫生服务由卫生部通过 18 个地区公共卫生单位进行经营。③

（2）1983 ~ 1990 年，1983 年《地区卫生委员会法》（Area Health Boards Act）规定了 14 个负责资助的区域卫生局（Area Health Boards，AHBs）提供二级和三级保健和公共卫生服务。初级卫生保健仍然由卫生部资助，而 AHBs 取代地方医院委员会，并成为卫生部的公共卫生单位。另外，引入以人口为基础的融资方案④。

（3）1991 ~ 1996 年，1993 年《健康与残疾服务法》（Health and Disability Services Act）分离了卫生服务的所有权、购买权和提供权，主要是

---

① R. Gauld，“Revolving Doors：New Zealand's Health Reforms，” *Social Policy Journal of New Zealand*，Issue 18，June 2002，p. 18.

② Toni Ashton，“Recent Developments in the Funding and Organisation of the New Zealand Health System，” *Aust New Zealand Health Policy*，Vol. 2，Issue 9，May 2005，pp. 2 – 8.

③ World Health Organization，*New Zealand Health System Review 2014*，p. 154，Health Systems in Transition Website，http：//www. wpro. who. int/asia _ pacific _ observatory/hits/series/Nez _ Health_ Systems_ Review. pdf.

④ World Health Organization，*New Zealand Health System Review 2014*，p. xxiii，Health Systems in Transition Website，http：//www. wpro. who. int/asia _ pacific _ observatory/hits/series/Nez _ Health_ Systems_ Review. pdf.

通过引入类似市场激励措施来提高医疗卫生系统的效率。4 个区域卫生局（Regional Health Authorities，RHA）成立，主要通过从公共和私人服务提供商那里购买所有个人卫生和残疾服务，以提供给其区域内的所有居民。而由 AHBs 形成的 23 个公有皇冠卫生企业（Crown Health Enterprises，CHEs）则作为商业实体经营医院，提供社区和公共卫生服务。所有残疾服务现都是卫生系统的一部分。区域卫生局与大量广泛的供应商签订合同，这些供应商包括公有皇冠卫生企业、全科诊所、药剂师、实验室和社区服务提供者（如非政府组织、毛利人和太平洋地区提供者）①。1991 ~ 1997 年，购买卫生保健服务的模式正式从区域采购模式转向中央采购模式②。

（4）1997 ~ 1999 年，区域卫生局被废除，开始成立一个单独的采购机构，即卫生资金局（Health Funding Authority，HFA），公有皇冠卫生企业则改革为 23 家非营利医院，继续提供公共卫生服务③。

（5）2000 ~ 2008 年，2000 年制定了《新西兰公共卫生和残疾法》（The New Zealand Public Health and Disability Act），促进 21 个（现在是 20 个）区卫生局（District Health Boards，DHBs）成立，它们根据人口基数计算公式接受资助，负责规划和购买服务。区卫生局签订初级卫生保健协议，社区医疗服务主要由私人提供，区卫生局自身提供一些二级服务和社区服务。

2001 年 2 月出台的“基本卫生保健战略”（The Primary Health Care Strategy）重点关注人口健康、协调护理和协作。2002 年，初级卫生组织（Primairy Health Organization，PHO）建立，该组织按人头数接受资助。随

① World Health Organization, *New Zealand Health System Review 2014*, p. 154, Health Systems in Transition Website, http://www.wpro.who.int/asia_pacific_observatory/hits/series/Nez_Health_Systems_Review.pdf.

② Ashton T., Mays N., Devlin N., "Continuity through Change; the Rhetoric and Reality of Health Reform in New Zealand," *Social Science and Medicine*, Vol. 61, Issue 2, July 2005, pp 253 - 262.

③ World Health Organization, *New Zealand Health System Review 2014*, p. 154, Health Systems in Transition Website, http://www.wpro.who.int/asia_pacific_observatory/hits/series/Nez_Health_Systems_Review.pdf.

着后期的发展，初级卫生组织由最多的80个，合并为目前的32个。

（6）2009年至今，2009年成立国家卫生局（National Health Board NHB）；2010年，成立健康福利有限公司（Health Benefits Limited，HBL）和健康质量和安全委员会（The Health Quality and Safety Commission，HQSC），2010年两个区卫生局合并后，直到现在一共有20个[①]，区卫生局的建立标志着从20世纪90年代普遍存在的商业环境导向向更加以社区为重点的卫生系统的重大转变。2015年成立新西兰健康伙伴关系（NZ Health Partnerships）。

最近的改革集中于加强医疗卫生系统的协调和整合，寻求改进区卫生局之间的合作以及减少PHO，并寻求“更好、更快、更方便”服务，特别注重新安排和提供初级卫生保健服务，缩短评估等待时间[②]。

（二）医疗服务的提供

新西兰的医疗服务分工明确，主要包括两层。第一层是初级医疗卫生机构，主要是提供一些基础的检查诊断、治疗和预防保健工作，提供服务的一般是全科医生及护士。第二层则为医院服务（Hospital-based Specialist Services），新西兰实行的是公立医院和私立医院混合体制。但公立医院占多数，由区卫生局所有并经营管理。也有一些综合医院提供三级服务，如惠灵顿医院（Wellington Hospital），它是新西兰地区的主要三级医院，提供专业的二级服务和区域三级服务。私人医院和诊所也提供一系列服务，包括康复护理、一般外科手术、私人放射诊所和测试实验室等。

① World Health Organization，*New Zealand Health System Review 2014*，p. 154，Health Systems in Transition Website，http：//www. wpro. who. int/asia _ pacific _ observatory/hits/series/Nez _ Health_ Systems_ Review. pdf.

② World Health Organization，*New Zealand Health System Review 2014*，p. xxii，Health Systems in Transition Website，http：//www. wpro. who. int/asia _ pacific _ observatory/hits/series/Nez _ Health_ Systems_ Review. pdf.

新西兰的医疗服务以公立性质为主。大部分的诊所、医院、其他护理院和其他医疗机构都是通过政府提供资金运营的。

1. 初级卫生保健服务

初级卫生保健服务主要由全科医生和执业护士提供，在新西兰，除非真正的急诊，一旦生病，居民首先看的是全科医生，全科医生一般有内科、妇产科、儿科等专业证书，可以处理普通常见病，在新西兰的各个社区内均设有全科医生诊所（Medical Center），其为居民诊治普通常见疾病、体检、注射疫苗、化验检查、健康咨询等。根据新西兰卫生部2016年的统计，初级卫生保健服务由1013家全科诊所和3370名全科医生提供。2009年，职业注册的全科医生数占医疗总人数的37.5%，在2015年保持稳定，为37.7%[①]。约94%的居民都有自己的全科医生，每个全科医生需服务1190多名居民。

如果全科医生认为本次治疗需要用药，则会在诊断后开一张处方给病人，病人可以凭此处方到任意一家药房买药。全科医生能治的病就开药治疗，治不了的病或疑难杂症则由全科医生将患者转诊给医院的专科医生以进一步诊治。在患者专科医院接受完专科治疗以后，其后续的康复、随访又被转回全科医生手中。患者的医疗记录保存在全科医生那里，但任何参与护理的健康专业人员都可以查看记录，患者也随时可以查看自己的病历记录。患者可以通过健康和残疾专员或新西兰医务委员会对全科医生提出投诉[②]。

初级医疗保健是大多数治疗和转诊开始发生的地方。即使当患者被转诊到二级专科医生（通常在医院）时，患者的全科医生也仍然被告知进展情况[③]。

简而言之，全科医生成为全体新西兰国民健康的“守门人”和“筛选

① Ministry of Health, *Health of the Health Workforce 2015*, Wellington, New Zealand, 15 February 2016, p. 6.

② “Visiting a Doctor,” Ministry of Health Website, http://www.health.govt.nz/your-health/services-and-support/health-care-services/visiting-doctor.

③ “What Is a Primary Healthcare Service?” Healthpoint Website, https://www.healthpoint.co.nz/doctors/what-is-a-primary-healthcare-service/.

者"，对所有患者的医疗需求首先进行分类梳理，将常见病、多发病和简单的医疗需求解决在社区和基层，将真正的疑难杂症转向专科医院。

2. 医院服务

新西兰实行的是公立医院和私立医院混合体制，公立医院主导，由区卫生局所有并经营管理。也有一些综合医院提供三级服务，如惠灵顿医院，提供专业的二级服务和区域三级服务。这些服务包括医学中心、心胸外科、神经外科、血管外科、肾内科和移植、遗传学、肿瘤学、小儿外科、新生儿重症监护、产科、创伤、内分泌、重症监护、泌尿科、康复和专门的法务服务。

私立医院和诊所也提供一系列服务，包括康复护理、一般外科手术、私人放射诊所和测试实验室等，私立医院主要用来满足相对高端的医疗服务需求，在私立医院由专科医生看病需要付高额费用。下面主要介绍新西兰公费医疗制度及服务内容。

（1）资格条件

新西兰公民、长期居民，或者持有连续两年有效工作签证的外国居民和家属可以在新西兰获得免费或者由政府补贴的医疗服务（参见表1），不需要有缴税或其他贡献记录。新西兰的公费医疗主要包括在公立医院免费看病、在看门诊和买药时获得政府补贴，以及免费的母婴保健和预防免疫等。

表1　新西兰公共资助个人健康服务资格标准

类别	要求资格	获得服务
新西兰公民	新西兰公民	全部
新西兰长期居民	新西兰居民	全部
持工作签证者	连续两年有效工作签证	全部
在新西兰因意外受伤者	无论是公民、居民还是短期来新的游客，意外必须在新西兰发生，同时根据意外补偿局（ACC）条例，个案被接受，补助情况会根据所需的受伤类别及治疗情况确定	在指定受伤类别下，享受与意外有关的个人健康服务，这可能直接从 ACC 或者其他服务机构获得援助

（2）在公立医院获得免费的医疗服务

接受公立医院医疗服务一般分为两种。第一种是由家庭医生转送过去的，并且需要预约。门诊部只接受有预约的病人，也即由家庭医生、专科医生或者助产士转介的病人。第二种就是急诊，遇到了紧急的病或意外。

在公立医院的急诊中心、专科门诊和住院部得到的医疗服务，以及在医院内进行的 X 光、超声波、CT 等影像检查和医学化验检查等服务都完全免费。公立医院设备齐全，为接受住院治疗的全体新西兰人提供免费治疗、24 小时护理服务、干净整洁的病房和免费的一日三餐。公立医院的日间门诊病人也享受免费治疗服务。

（3）政府补贴全科医生诊所门诊费和支付化验检查费

在新西兰，全科医生诊所和医疗中心多数属于私营医疗机构。去全科医生诊所看病的诊疗费用不属于公共医疗的范围，需要自己支付诊疗费。但新西兰政府会提供门诊费补贴，一般成人可以得到 10～20 新元的补贴，低收入者看病时可得到最多 35 新元的政府补贴，许多全科医生诊所的医生为 13 周岁以下的儿童免费治疗。

此外，如果主治医生为开化验单做化验检查，则相关费用由政府支付，患者不必付费。

（4）药品补贴

新西兰政府制定药品补贴清单（Pharmaceutical Schedule List）。公费病人购买在清单上列出的药品可以得到补贴。公费病人在购买处方药时，不论药品的价格是多少，每种药个人支付的金额从未超过 15 新元，其余的药费由政府补贴。公费病人可参加新西兰的初级卫生组织，由其全科医生开处方，购药时个人支付的费用一般每种药不超过 5 新元。对于专科医生的处方药，一般每种药为 15 新元。从 2015 年 7 月 1 日起，13 周岁以下（不含 13 周岁）、具备资格的儿童可以享受零诊费服务①，同时可以减少每次 5 新元

① 并非所有诊所都向 13 周岁以下儿童提供零诊费服务，诊所仍有权自行定价，因此部分诊所仍会收取一定的费用，或者仅提供正常门诊时段（例如周一至周五早上 9 点到下午 5 点）的免费服务。

的药费。

只有列在药品补贴清单上的处方药才可以得到补贴。非补贴清单上的药品需要全额自费购买，不需要医生处方的非处方药也要自费。

（5）低收入成年人和儿童可获得免费的基本牙科医疗服务

新西兰政府仅为成年人提供十分有限的牙科服务，持有社区服务卡的低收入成年人可以得到免费的基础牙科治疗和牙科急诊治疗。儿童和青少年（18 周岁以下）可以获得较全面的免费基础牙科治疗，包括预防性检查、基本牙科治疗和一些牙科专科治疗。但一些牙齿美容，如装牙箍等不属于免费范围。

如果由于意外事故造成牙齿损伤需要牙科治疗，那么意外事故赔偿局（ACC）将负责报销相关的费用。

（6）特殊群体的各种医疗补贴

虽然对很多人来说，找全科医生寻求医疗服务在大多数情况下都需要支付诊费和药费，但对于为满足某些人群的需求，新西兰政府有额外的补贴，在一定范围内可以减少他们的支出。

其一，女性怀孕后，在怀孕期间以及生育后所需的医疗服务，包括验血、检查、生产、住院等，都可得到政府资助①。

其二，在新西兰境内的儿童（包括不具使用公共医疗资源资格的儿童）均可得到免费的疫苗注射服务。

其三，特殊人群可申请补贴卡。（a）低收入者申请社区服务卡，如果收入处于中下水平，则有资格申请社区服务卡（Community Service Card，CSC），拥有社区服务卡，政府可补贴处方药、全科医生门诊费、急诊牙科医疗费等。（b）经常看病者申请频密使用卡，如果需要经常看医生（因同一种疾病每年就诊 12 次以上）或患有慢性病，可以申请频密使用卡（High Use Health Card，HUHC）。持有频密使用卡，在看全科医生时可以得到政府补贴，每次看病只需按照社区服务卡的价格付费。与社区服务卡不同的是，频密使用卡只有申请人自己可以使用，不适用于其家庭成员。（c）买药较

① 并非所有服务都免费，部分私人机构提供的服务仍可能收费。

多者申请药品补贴卡，当从每年的 2 月开始在一年之内购买的处方药项目超过 20 次后，可以申请一张药品补贴卡（Pharmaceutical Subsidy Card，PSC）。在这一年的剩余时间内，只要是购买政府药品补贴清单上的处方药，就可以免费。无论个人收入水平高低，药品补贴卡都是可以申请的，通常，药房的药剂师会根据买药的记录帮助其申请。

（三）医疗卫生资源情况

截至 2015 年，新西兰有 165 所医院，其中公立医院为 85 所，病床为 10528 张；有 28 所私人非营利医院，病床为 452 张；有 52 所私人营利医院，病床为 149 张，病床总计 12474 张（除了医院病床外，还有长期护理病床等），医务工作人员总计 12848 名，2015 年，平均每千人有 2.71 张病床、3.02 名医生、10.25 名护士。每千人中医生的数量、每千人中护士的数量、每千人中医院床位数量在 35 个 OECD 国家的排名分别是第 19 名、第 20 名、第 23 名（2014 年）。其中全科医生为 3770 人，占医务人员总数的 29%[①]，平均工作年龄为 45.7 岁（2014 年），其中国际医学毕业医生占 42%（2014 年），具体如表 2 所示。

表 2　2005～2015 年新西兰医疗卫生资源状况

年份	每千人中医生的数量(人)	每千人中护士的数量(人)	每千人中医院床位数量(张)	平均工作年龄(岁)	国际医学毕业医生所占比例(%)
2005	2.11	9.03	—	—	37.5
2006	2.27	8.84	—	—	—
2007	2.3	9.22	—	—	—
2008	2.46	9.77	—	—	—
2009	2.58	9.73	2.41	44.9	
2010	2.62	10.06	2.75	45.1	41.1

① Medical Council of New Zealand, *The New Zealand Medical Workforce in 2013 and 2014*, New Zealand, 27 January 2016.

续表

年份	每千人中医生的数量(人)	每千人中护士的数量(人)	每千人中医院床位数量(张)	平均工作年龄(岁)	国际医学毕业医生所占比例(%)
2011	2.65	10.12	2.82	45.2	—
2012	2.72	10.02	2.83	45.4	—
2013	2.83	10.07	2.78	45.5	41.9
2014	2.84	10.11	2.75	45.7	42
2015	3.02	10.25	2.71	—	—
2015 OECD 平均水平	3.3	8.9	4.7	—	—
35 个 OECD 中的国家排名（2014 年）	19/35	20/35	23/35	—	—

资料来源：根据 OECD Health Statistics 2016 整理，https：//data. oecd. org/healthres/health-spending. htm#indicator-chart。

（四）管理体制

在新西兰，医疗和残疾服务是由众多机构和人员组成的错综复杂的网络提供的。这些机构包括卫生部、国家卫生局、新西兰医疗卫生人力资源署、意外事故赔偿局、其他医疗卫生委员会和其他部级顾问委员等，此外，还涉及政府部门、地方组织、私人机构等，这些机构和人员各有作用，并与其他机构和人员相互合作，以确保全体新西兰人都能享受快速而又有效的医疗卫生服务。

最高“统帅部”是卫生部，负责新西兰的公共卫生服务，主要负责制定政策和法规，监管 20 个区卫生局，下设一个业务部门——国家卫生局（National Health Board，NHB）（2009 年 11 月成立），负责医疗卫生资金监督和管理、医疗信息技术及医疗卫生人力资源。

区卫生局是 2001 年 1 月依据 2000 年《新西兰公共卫生和残疾法》建立的。目前新西兰境内按照地理分布划分出了 20 个区卫生局，每个区卫生局最多由 11 位成员组成委员会进行管理，其中 7 名成员由当地选举产生，4 名成员由卫生部任命。20 个区卫生局负责规划和筹资，为其所辖地理区域提供免费公立医院的住院或门诊服务以及购买部分全科诊所服务。

卫生部通过基于人群的公式①将80%的医疗卫生资金拨付给 20 个区卫生局，区卫生局与提供满足该区域内人口需求的卫生服务组织签订合同和协议。全国 12 个区卫生局直属的公共卫生机构主要提供区域公共卫生服务，专注于环境卫生、传染病的控制、戒烟、健康促进和预防服务等活动。另外，区卫生局通过协议，购买并监督私人和 NGO 服务提供商，包括药品、实验室、放射性诊所、PHO、全科医生、助产士、执业护士、私人医院、为毛利和太平洋提供的服务、对残疾人的支持服务等。

（五）费用分担机制

新西兰医疗卫生费用大部分来自公共财政，接着是通过个人医疗卫生费用来支付，或者通过购买商业保险来支付。新西兰医疗卫生费用情况见表 3。

表 3　新西兰医疗卫生费用情况

单位：%，美元

	2015 年	2014 年	35 个 OECD 国家排名
医疗卫生费用占 GDP 比重	9.4	9.4	18/35(2015 年)
公共医疗卫生费用占总医疗卫生费用比重	79.7	79.6	25/35(2015 年)
个人实际医疗卫生费用占总医疗卫生费用比重	—	12.6	6/35(2013 年)
人均医疗卫生费用(购买力平价)	3590	3537	8/35(2015 年)

资料来源：根据 OECD Health Statistics 2016-Frequently Requested Data 整理。

① 资金资助主要是基于其人口的规模和人口组成（年龄、性别、种族），过去使用卫生服务情况。

新西兰3/4以上的医疗卫生费用由政府拨款。从表3可以看出，2015年医疗卫生费用占GDP的9.4%，占比略高于OECD平均水平（9%），但与大多数OECD国家一致。其中，公共医疗卫生费用占总医疗卫生费用的79.7%，高于美国（49.4%）和英国（79%），也高于OECD（72.9%）的平均水平。2014年，个人实际医疗卫生费用占总医疗卫生费用的12.6%，低于OECD（20.15%）的平均水平。人均医疗卫生费用是3590美元，在35个国家中排名第八。总体来看，在35个OECD国家中，新西兰虽然医疗卫生费用占GDP比重高于很多国家，但人均医疗卫生费用和个人实际医疗卫生费用支出远远少于大多数国家。

1. 政府资助

政府资助的医疗卫生服务主要包括预防保健、住院和门诊医院服务、通过私人提供的基础医疗（不包括验光、成人牙科服务、口腔正畸和物理治疗等服务）、处方药、精神卫生保健、学童牙科保健、长期护理、家庭帮助和临终关怀、残疾支持服务等①。

政府制定年度总预算和一揽子福利计划，主要基于政治优先事项，由20个区卫生局实施，配给和优先级排序主要由区卫生局决定②。政府资助的公共卫生系统致力于建设三个关键部门。

· 区卫生局，区卫生局由政府资助，负责在其所辖区域提供或资助医疗卫生和残疾服务。

· 初级卫生组织，初级卫生组织是提供和协调初级卫生保健服务的地方

① Elias Mossialos, Martin Wenzl, Robin Osborn, Dana Sarnak, *2015 International Profiles of Health Care Systems*, p. 123, The Commonwealth Fund Website, http://www.commonwealthfund.org/~/media/files/publications/fund-report/2016/jan/1857_mossialos_intl_profiles_2015_v7.pdf.

② Elias Mossialos, Martin Wenzl, Robin Osborn, Dana Sarnak, *2015 International Profiles of Health Care Systems*, p. 125, The Commonwealth Fund Website, http://www.commonwealthfund.org/~/media/files/publications/fund-report/2016/jan/1857_mossialos_intl_profiles_2015_v7.pdf.

机构，该组织将医生、护士和其他卫生专业人员（如毛利卫生工作者、健康促进工作者）聚集在社区，以满足注册人群的需求。

· 初级保健，初级保健涵盖广泛的医院外服务，包括一般护理和社区卫生服务等一级服务，并非所有都是由政府资助的。

资金主要分布如下。

第一，87.8%给新西兰卫生部，其中的约80%分配给区卫生局，区卫生局将20%直接给医疗卫生服务提供商。

第二，9.4%给意外事故赔偿局，为事故和伤害护理提供资金。

第三，2.8%用于其他中央和地方政府提供的服务[①]。

表4数据显示，新西兰2015年医疗卫生费用占GDP的9.4%，公共医疗卫生费用占当前医疗卫生费用的79.71%，但居民自费支出占医疗卫生费用的12.6%，低于OECD（20.15%）的平均水平。

表4　2005～2015年新西兰医疗卫生费用支出占比情况

单位：%

年份	医疗卫生费用占GDP比重	公共医疗卫生费用占当前医疗卫生费用比重	自费支出占卫生医疗费用比重	私人支出占医疗卫生费用比重
2005	8.3	79.68	14.07	20.3
2006	8.6	80.07	13.84	19.9
2007	8.3	82.39	11.45	17.6
2008	9.1	80.60	13.51	19.4
2009	9.7	80.67	12.78	19.3
2010	9.7	80.58	12.60	19.4
2011	9.6	80.42	12.6	19.6

① E. Mossialos, M. Wenzl, R. Osborn, C. Anderson, *International Profiles of Health Care Systems, 2014*, p. 103, The Commonwealth Fund Website, http://www.commonwealthfund.org/~/media/files/publications/fund-report/2015/jan/1802_mossialos_intl_profiles_2014_v7.pdf.

续表

年份	医疗卫生费用占GDP比重	公共医疗卫生费用占当前医疗卫生费用比重	自费支出占卫生医疗费用比重	私人支出占医疗卫生费用比重
2012	9. 7	80. 11	12. 7	19. 9
2013	9. 4	79. 82	12. 6	20. 2
2014	9. 4	79. 64	12. 6	20. 4
2015	9. 4	79. 71	12. 6	20. 3

资料来源：根据 OECD Health Statistics 2016-Frequently Requested Data 整理。

2. 个人和商业保险分担部分费用

OECD 公布的数据显示，个人医疗卫生费用占总医疗卫生费用的比重始终维持在 20% 左右，其中，2014 年，个人实际医疗卫生费用占总医疗卫生费用的 12. 6% ，主要用于支付门诊费用。

大约 1/3 的新西兰居民购买了商业医疗保险①，商业医疗保险由各种组织提供——从非营利组织和“友好社会”到营利性公司②，商业医疗保险一般用来支付私人医院费用、专科医生院外诊疗费用，商业医疗保险的支出占总医疗卫生费用的 6% 左右③。

3. 意外事故伤害保险

意外事故赔偿局作为由新西兰政府成立的专门的机构，为所有人提供个人伤害保险。如果在新西兰境内意外受伤，伤员的医生门诊、住院手术、X 光检查、医学化验、处方药品以及理疗针灸等辅助医疗的费用将由意外事故

① E. Mossialos, M. Wenzl, R. Osborn, C. Anderson, *International Profiles of Health Care Systems, 2014*, p. 103, The Commonwealth Fund Website, http://www. commonwealthfund. org/ ~/media/files/publications/fund – report/2015/jan/1802_ mossialos_ intl_ profiles_ 2014_ v7. pdf.

② E. Mossialos, M. Wenzl, R. Osborn, C. Anderson, *International Profiles of Health Care Systems, 2014*, p. 103, The Commonwealth Fund Website, http://www. commonwealthfund. org/ ~/ media/files/publications/fund – report/2015/jan/1802_ mossialos_ intl_ profiles_ 2014_ v7. pdf.

③《新西兰医疗卫生体制情况介绍》，中华人民共和国财政部网站，http://gjs. mof. gov. cn/pindaoliebiao/cjgj/201307/t20130725_ 969269. html。

赔偿局报销。意外事故赔偿局的赔偿对象不仅包括所有新西兰公民和永久居留权持有人，还包括所有在新西兰境内的自然人，包括任何旅游者、学生、工签持有人，甚至非法入境者，这些人在遇到意外伤害事故的时候，费用都由意外事故赔偿局来报销并进行赔偿。

二　新西兰医疗卫生体系的特点

新西兰的医疗卫生服务系统已经发展成为全球最好的同类系统之一，这主要归因于其有一套协调统一的行政管理体制、强大的财政支持、运转高效的医疗信息系统等。

（一）协调统一的医疗卫生行政管理体制

新西兰医疗卫生行政管理工作协调统一，卫生部是国家最高卫生行政机构，负责全国的卫生行政事务及计划管理工作，制定医疗卫生政策，对医学人才、教育科研、信息系统、财政拨款等进行统筹管理。全国设有20个区卫生局，它们直接受卫生部领导，主要负责管理日常卫生事务，任命院长，为所辖区域内的居民提供和购买卫生服务。卫生部每年将大部分资金拨付给区卫生局，卫生部在拨付资金时通常会与区卫生局签订协议，规定区卫生局应该提供的卫生服务项目。

单级行政管理体制有助于有效地监控本地、其他地区以及全国级别的医疗卫生服务和费用。卫生部通过20个区卫生局为其进行社区规划和购买医疗服务，该系统使其能够以全国为单位进行规划，并在本地自主执行。

（二）以税收为主要渠道的医疗卫生资金筹措机制

在新西兰，医疗卫生资金的来源主要是由政府通过一般税收筹集，2005～2015年新西兰医疗卫生费用来源构成情况见表5，新西兰医疗卫生系统的大部分资金（80%）通过累进税获得，其余为个人支付费用（12.7%）和商业医疗保险（4.9%）[①]以及一些非政府组织支付的费用。

表5　2005～2015年新西兰医疗卫生费用来源构成情况

单位：%

年份	医疗卫生总费用占GDP比例	政府	非政府部门	
			个人支付	总计
2005	8.3	79.7	14.1	20.3
2006	8.6	80.1	13.8	19.9
2007	8.3	82.4	11.5	17.6
2008	9.1	80.6	13.5	19.4
2009	9.7	80.7	12.8	19.3
2010	9.7	80.6	12.6	19.4
2011	9.6	80.4	12.6	19.6
2012	9.7	80.1	12.7	19.9
2013	9.4	79.8	12.6	20.2
2014	9.4	79.6	12.6	20.4
2015	9.4	79.7	—	20.3

资料来源：根据2016年OECD卫生数据库数据整理。

这些由政府拨款提供的服务既包括在公立医院的免费治疗，还包括在私人诊所的看病治疗和处方药补贴。新西兰也实行了“安全网”制度，对13周岁以下儿童的卫生服务几乎是免费的；对于其他加入了初级卫生组织的人，则可以享受到相当程度的补贴。如果没有资格获得公共资助的医疗服务，则仍然可以得到服务，但必须支付高额的费用[②]。

① World Health Organization, *New Zealand Health System Review 2014*, p. 185, Health Systems in Transition Website, http://www.wpro.who.int/asia_pacific_observatory/hits/series/Nez_Health_Systems_Review.pdf.

② "Publicly Funded Health and Disability Services," Ministry of Health Website, http://www.health.govt.nz/new-zealand-health-system/publicly-funded-health-and-disability-services.

（三）充分发挥市场机制的基础作用

在药品销售和全科医生领域，对于发挥市场机制的作用，无论是药店还是全科医生，必须通过优质服务获得生存空间，否则就被市场淘汰。政府的主要职责是加强对全科医生和药店的监管，有效避免政府既是“裁判员”又是“运动员”带来的监管不力、竞争不充分和效率低下等问题。同时，采取公私混合的医疗服务体系，公立医疗机构和私立医疗机构通过优质服务吸引病人，形成良性竞争机制。

（四）建立了以全科诊所为纽带的转诊制度和分级诊疗体系

在新西兰，除急诊危重症外，居民不可以直接去公立医院，而公立医院通常不设普通门诊部，也不接受病人的直接预约，公立医院的急诊中心主要救治比较严重的急病或者外伤病人，如果是普通急诊，应该去社区诊所。在大医院度过急救期的病人转到全科诊所等基层医疗卫生机构进行康复治疗，有效缓解了大医院的就诊压力。同时具有完善的全科医生准入管理制度，全科医生水平普遍较高，患者普遍比较信任全科医生。

全科医生首诊制度的目的在于对患者进行合理的分流，使社区居民的常见病、多发病尽可能地在社区内通过常规方法加以解决，把大量病人留在基层，节约了医疗卫生资源。在这种制度下，医院只接收急诊患者或者由社区全科医生转诊来的患者，有利于发挥医院以及专科医生在设备和技术上的优势。同时，社区全科医生作为整个医疗卫生服务体系的一线人员，不仅为社区居民提供初级卫生保健服务，也负责为患者选择就诊医院、科室及专科医生，向病人提供最合理、最有效的医疗卫生服务，从而提高了诊疗效率，减少病人因“乱投医”而浪费的时间。

在全科医生首诊的前提下，大部分患者的需求在社区就得到了满足，有效缓解了大医院的就诊压力，医疗资源得到了充分、合理的利用。新西兰卫生部调查发现，90%以上的患者可以在训练有素的全科医生那里得到满意的医疗服务。

（五）医、药、检分家

在新西兰，药店和医院是相互独立的，无论是基层诊所还是大型的医院，医生在给患者诊断后都只负责开具处方，患者需持医生的处方到药店买药。新西兰的药品大部分是由政府资助的，在初级卫生组织注册的成人处方药是5新元，2015年7月1日起，13周岁以下的儿童的处方药是免费的，非处方药和不列入补贴范围的药品要自己付全额费用。全科诊所里并没有药房，割断了医生与药品的利益关系，杜绝了滥用药品，医生有权开药但是无权卖药，药剂师有权配药但是无权改变处方，再辅以严格的审计和监督，基本破除了医疗机构“以药养医”的机制。

如果有享受新西兰公费医疗的资格，则当医生开单做化验检查时，可以在任意一家检查中心检查，化验结果均可电传给家庭医生。医检分家，在一定程度上可以有效避免过度重复的检查。

（六）建立了统一规范、运转高效的医疗信息系统

新西兰医疗信息系统较为先进，按照统一标准建立了覆盖所有医疗卫生机构的信息网，对就诊信息、健康状况进行动态管理。其中一个重要项目是全国卫生索引（NHI）和NHI编号，实施于20世纪90年代初期，这个患者主索引和独一无二的标识符确保了个体患者被主动和独特地辨别出来，以接受治疗和护理，以及维护病历。NHI编号是一个独一无二的标识符，位于两个全国性数据库内：医疗警示系统（MWS），包含出院总结、医疗警告与提示等记录；全国免疫登记系统（National Immunization Register）。如今，95%的新西兰人在NHI中注册，使诊所、区卫生局以及医院能够通过安全的网

络来传输和共享信息。

新西兰医院拥有完善的IT系统，新西兰ICT发展指数在2016年排名第13（总计175个国家）。全科医生诊所也高度计算机化，借助电子转院，全科医生可以容易得多地将其患者转院，有助于提供更快捷、质量更高的医护服务。

如今新西兰的全科医生拥有全球第一高比例的电子病历使用率，100%的医生和所有的实验室都能通过安全的网络进行沟通①，而几乎所有的药房都计算机化了。

三　面临的挑战

虽然新西兰的医疗成功众所周知，但挑战仍然存在，与其他很多国家一样，其面临医疗费用不断攀升、公立医院等待时间长、丰富医疗专业人士短缺等挑战。

（一）卫生费用持续增长，政府和公立医院难堪重负

与大多数OECD国家相比，新西兰比较成功地控制了医疗服务费用的上涨，虽然医疗费用低于其他国家，但医疗费用也在不断攀升。

另外，随着公众对医疗卫生服务需求的不断增加和老龄化程度的不断提高，卫生投入日益呈现相对短缺的状况，主要表现为承担绝大部分医疗任务的公立医疗体系资金不足、基础设施和卫生人力不能满足实际需要，导致医院急诊人满为患、非紧急手术预约时间长和拖延救治的现象时有发生。据新西兰统计，2014～2015年因无力支付诊费而无法就医的成年人口数量为47.3万～53.1万人②。在新西兰，公立医院和初级卫

① Robin Gauld, *International Profiles of Health Care Systems*, *2015*, p. 7, The New Zealand Health Care System Website, http://international.commonwealthfund.org/countries/new_zealand.

② 《约50万新西兰人看不起家庭医生　小病会拖成大病!》，天维新闻网，http://news.skykiwi.com/na/sh/2016-11-04/229745.shtml。

生组织大多由政府举办，政府的监督成本过高，且管理效果较差。专科医生由政府发放工资，其积极性受到一定影响。1999～2009年，卫生费用年均增长5.0%，1950～2010年，人均卫生费用增长了412%。新西兰卫生部一名官员认为，“卫生筹资的可持续性已成为新西兰医疗卫生体制面临的最大问题”。

（二）公立医院等待时间较长

随着人口老龄化加剧，新西兰全科医疗服务工作量日益繁重，加上由于每名全科医生诊所获得的拨款是由注册人数决定的，与医生接诊数量无关，因此造成病人排队现象，在11个发达国家中①，2013年，在新西兰看专科医生，需要等待2个月以上的比例为19%，排名第8；手术需要等待4个月以上的比例排名第九（见表6），属于等待时间比较长的国家，由全科医生转诊到公立医院治疗的，不管是门诊还是住院治疗的费用，对患者来说都是免费的，但由于医疗资源不足，许多病人需要很长时间排队等候，尤其是那些患癌症的病人由于占用病床时间长，其他人要入院治疗时，往往要等上1～2年的时间，甚至更长一些。有些病人接到入院治病通知时已到病危阶段，有的已经不在人世了。有时临产的孕妇比较集中，产科病床不够，也会被转到澳大利亚的医院。据统计，目前有超过28万名新西兰人被医生诊断需要手术治疗，其中只有11万人幸运地符合条件，被放入公立医疗系统的等候手术名单上，平均等候手术时间为224天；其余17万人只能继续忍受病痛的折磨，直至发展到足够严重的程度才进入公立医疗系统的等候名单，或者不得不自付几千到几万新元寻求私立医院的治疗②。

---

① 11个国家包括澳大利亚、加拿大、法国、德国、荷兰、新西兰、挪威、瑞典、瑞士、英国、美国。

② 资料来源：新西兰国会资料，2014年1月29日。

表6　2013年成人医疗卫生服务的可获得性

单位：%

	比例	在11个国家中的排名（由低到高）
需要等待2个月以上的专科医生	19	8
需要等待4个月以上的手术	15	9
经历过费用问题（包括没有拿处方药、没有看医生，或者没有去继续治疗）	21	8

资料来源：Commonwealth Fund International Health Policy Surveys，International Profiles of Health Care Systems，2014；E. Mossialos，M. Wenzl，R. Osborn，C. Anderson，*International Profiles of Health Care Systems*，*2014*，p. 8，The Commonwealth Fund Website，http：//international. commonwealthfund. org/countries/new_ zealand/。

另外，由于新西兰的全科诊所大多为私人所有，政府难以直接干预医生的业务，这使新西兰全科医疗服务与公立性质的社区卫生服务和医院之间难以协调和深度合作。

（三）医疗卫生服务的不平等

大多数新西兰人能够在需要时获得初级卫生保健服务。然而，据新西兰统计，2014～2015年因无力支付诊费而无法就医的成年人口数量为47.3万～53.1万人①。2013～2014年，21%新西兰人因为无力支付费用而没有去看全科医生，在11个发达国家中排名第8②，主要是毛利人等居民因为无力支付费用而看不起病。尽管这种情况在20世纪90年代中期有所改善，他们的问诊率仍然较低，2013～2014年，毛利人（成人）因为费用，

① 《约50万新西兰人看不起家庭医生　小病会拖成大病!》，天维新闻网，http：//news. skykiwi. com/na/sh/2016－11－04/229745. shtml。

② E. Mossialos，M. Wenzl，R. Osborn，C. Anderson，*International Profiles of Health Care Systems*，*2014*，p. 8，The Commonwealth Fund Website，http：//international. commonwealthfund. org/countries/new_ zealand/.

没有拿处方的数量是非毛利人（成人）的2倍[①]。2015～2016年，22.7%的毛利人，21.5%的太平洋岛国人因为费用，未去看全科医生，这两个群体的比例远远高于平均水平（见表7）。

表7　2015～2016年未获得初级医疗卫生服务的比例（成人）

单位：%

	所有人	毛利人	太平洋岛国人
因为费用,未去看全科医生	14.3	22.7	21.5
因为费用,在非就诊时间未去就诊	6.9	12.8	12.7
因为费用,未拿处方药	6.3	14.9	19.3

资料来源：Ministry of Health，*Annual Update of Key Results 2015/16*：*New Zealand Health Survey*，pp. 36－38，Ministry of Health Website，http：//www. health. govt. nz/publication/annual－update－key－results－2015－16－new－zealand－health－survey。

而毛利人和太平洋岛国人的健康状况较差，对保健的需求更大。与非毛利人（成年）相比，大多数毛利人（成年）面临更严峻的健康风险（例如吸烟、危险饮酒、肥胖、身体不活动、心理困扰、哮喘、关节炎和慢性疼痛），毛利人（儿童）也有较高的肥胖和哮喘发病率，因此，毛利人对初级卫生保健的需求比非毛利人多得多。毛利人（成人）和毛利人（儿童）在调整年龄和性别差异后，分别因为成本而没有拿到处方的可能性是非毛利人的两倍以上。太平洋岛国人（成人、儿童）在调整年龄和性别差异后，因为成本没有拿到处方的可能性是其他人群的三倍以上[②]。这些不平等是新西兰医疗卫生系统面临的一个重大挑战。

① "Prescriptions，" Ministry of Health Website，http：//www. health. govt. nz/our－work/populations/maori－health/tatau－kahukura－maori－health－statistics/nga－ratonga－hauora－kua－mahia－health－service－use/prescriptions.

② Ministry of Health，*Annual Update of Key Results 2015/16*：*New Zealand Health Survey*，p. ix，Ministry of Health Website，http：//www. health. govt. nz/publication/annual－update－key－results－2015－16－new－zealand－health－survey.

（四）医疗卫生队伍人才短缺且老龄化严重

新西兰卫生部公布的数据显示，2016 年 1 月，全国 1014 个家庭医生中，有 182 个拒绝接受新患者，此现象的原因之一是家庭医生短缺。

根据 2015 年新西兰皇家全科医生学院调查，1991 ~ 2012 年，全科医生数从 3344 人上升到 3738 人，上升了 12%，而全职全科医生数从 3204 人上升到 3274 人，仅上升了 2%，每 10 万人中平均全科医生数量从 84 人下降到 74 人，下降了 12%，而人口增长了 16%[①]。另外，新西兰的医疗卫生人力正在老化，平均年龄为 45.7 岁，40% 的医生和 45% 的护士都超过 50 岁，而且新西兰医疗卫生专业人员具有很高的流动性（在新西兰出生的卫生专业人员在海外工作），在 OECD 国家中，有第三高的医生流出率（28.5%）和第二高的护士流出率（23%）[②]。

四　结论

新西兰现行医疗卫生体系是在 1938 年以后逐渐发展形成的，呈现混合、多元化的特点：建立了覆盖全民的国民医疗卫生制度和 ACC 计划，还有覆盖面较广泛的私人医疗保险；在卫生服务的提供方面，按照医疗服务性质划分，主要有初级（全科）医疗服务、医院服务两个等级；在卫生服务提供者方面，按照医疗机构所有者性质划分，既有公立的社区卫生服务机构、医院，也存在营利的和非营利的私人诊所；在行政管理体制方面，卫生部、区卫生局都参与医疗卫生系统，各司其职。卫生部负责制定政策和法规及管理区卫生局，区卫生局管理一些服务机构和通过协议购买一些私人医疗服务。

---

① Frances Townsend, *New Zealand General Practitioners: An Update on the Workforce Situation*, p. 5, New Zealand Doctor, https://www.nzdoctor.co.nz/media/110328/nzma gp report.pdf.

② World Health Organization, *New Zealand Health System Review 2014*, p. xix, Health Systems in Transition Website, http://www.wpro.who.int/asia_pacific_observatory/hits/series/Nez_Health_Systems_Review.pdf.

整体而言，新西兰的初级医疗卫生体系运行状况较好，医疗卫生水平较高，各项卫生指标皆在 OECD 成员国中居中上水平。新西兰的医疗卫生服务系统已经发展成为全球最好的同类系统之一，这主要归因于有一套协调统一的行政管理体制、强大的财政支持和建立了一套梳理患者医疗卫生保健需求、引导有序就医的完整机制。通过分级诊疗和双向转诊，患者在各级诊疗体系中实现了个性化治疗，尤其是大力倡导全科医生首诊制度，引导医疗服务向基层“下沉”，大部分患者的需求在社区诊所就得到了满足，医疗资源得到了充分、合理的利用。同时借助信息网络技术，一方面提高医疗服务效率，另一方面加强跨区域医疗合作，减少患者的无序流动。

太平洋岛国篇

Pacific Islands Countries Reports

B.10

2018 ~2019年太平洋岛国发展概况回顾与展望

王作成*

摘　要： 2018年太平洋岛国的形势喜忧参半。政治上，太平洋岛国稳中有变，大选总体平稳但地区热点问题显现。经济上增速缓慢，痼疾依存。气候变化、非传染性疾病等社会问题突出。外交方面，新老势力在太平洋岛国地区竞争加剧，中国外交面临的挑战越来越大，太平洋岛国强化蓝色太平洋理念，推进区域一体化。

关键词： 太平洋岛国　政治形势　蓝色太平洋

* 王作成，博士，聊城大学太平洋岛国研究中心研究员，聊城大学历史文化与旅游学院副教授，主要研究领域为太平洋岛国史。

2018 年的太平洋岛国政治热点开始升温，多国政治内斗加剧。由于灾害等因素的影响，经济发展缓慢，经济结构痼疾依存。外交上太平洋岛国自主性增强，面对中国在太平洋岛国影响日渐上升，域内外新老力量对各自外交政策进行调整，竞争加剧。气候变化、非传染性疾病等社会问题依旧困扰着太平洋岛国。

一 政治形势

（一）斐济、库克群岛、法属波利尼西亚等完成选举，政治力量角逐激烈，基本实现了权力的稳步过渡和政治进程的持续推进

2018 年 11 月 14 ~ 18 日，斐济进行大选。为保证这次选举的公平与透明，并向国际社会展示斐济的民主化形象，斐济政府邀请了国际观察团以监督整个选举过程。该国际观察团由澳大利亚、印度、印尼等 10 个国家的 77 名观察员以及太平洋岛国论坛和美拉尼西亚先锋集团的代表组成。观察团由澳大利亚议员简・普伦蒂斯、印度阿萨姆邦首席选举官穆克什・钱德拉・萨胡、印度尼西亚外交部长管理事务特别顾问瓦吉德・福齐阁共同领导。选举期间因受大雨与洪水影响，投票率不到 70%。最终结果显示，现任总理姆拜尼马拉马领导的斐济优先党共赢得 227241 张选票，约占选票总数的 50.02%，获得斐济议会 51 个席位中的 27 个，其中，现任总理姆拜尼马拉马依然强势，个人获得 167732 票，占其党派所获总票数的 74%；作为最大反对党、主要代表斐济土著裔利益的社会民主自由党获得 181072 张选票，位居次席，获得 21 个席位；主要代表印裔斐济人的斐济民族联盟党则获得了 33515 票，赢得其余 3 个议席。现任总理姆拜尼马拉马击败社会民主自由党候选人、1987 年斐济军事政变的发起者西蒂韦尼・拉布卡，成功连任。不过，与 2014 年相比，本届大选中姆拜尼马拉马及斐济优先党得票率有所回落。2014 年，斐济优先党获得选票 293714 张，占所有选票数的 59.2%，其中，姆拜尼马拉马获得 202459 张选票。社会民主自由党虽然败选，但上

升势头明显，比2014年增加了41215票，获得议席也由原来的15席升至21席。斐济民族联盟党的总票数增加了6449票。这一结果使其获得3个议席[①]。本次大选可喜的是，女性候选人数占候选人总数的24%，共56名妇女参加初选，最终有10位妇女获得议员职位[②]。

2018年6月14日，库克群岛举行大选，普纳总理领导的库克群岛党仅获得议会24个席位中的10席，蒂娜·布朗领导的民主党赢得11席，“一个库克群岛党”获得1席，独立候选人获得2席。因各党派均未超过半数，库克群岛党随即联合“一个库克群岛党”及两位独立候选人，成功组建多数派政府，现任总理普纳获得连任。

2018年5月，法属波利尼西亚选举结果揭晓，现任主席爱德华·弗里奇领导的塔普拉·维拉蒂拉党获得了49%的选票，在由57名议员组成的议会中赢得38个席位；塔霍拉·维拉蒂拉党获得了28%的选票，赢得11个席位；主张独立的奥斯卡·特马鲁所率领的政党塔维尼·维拉蒂拉党获得23%的选票，赢得8个议席[③]。爱德华·弗里奇在胜选演讲中表示，选民们选择了现实主义而非哗众取宠，选择了自治而非独立，选择了发展而非外来援助。议会选举加斯通·唐桑为议长，任期五年。因贪腐被禁止参选的塔霍拉·维拉蒂拉党领袖、原法属波利尼西亚自治主席加斯通·弗罗斯对弗里奇当选表示失望，认为选举中存在舞弊行为。

（二）新喀里多尼亚举行公投，地区热点明显升温

2018～2019年，太平洋岛国地区热点频发，新喀里多尼亚等地举行或

---

① Jope Tarai, “2018 Fiji Elections: The Real Losses and Wins,” 30 November 2018, https://www.devpolicy.org/fiji-2018-elections-the-real-losses-and-wins-20181203/.

② 《萨内姆：24%的女性竞选选举》，今日斐济网站，https://nowfiji.com/2018/11/21/%e8%90%a8%e5%86%85%e5%a7%86%ef%bc%9a24%ef%bc%85%e7%9a%84%e5%a5%b3%e6%80%a7%e7%ab%9e%e9%80%89%e9%80%89%e4%b8%be/。

③ “French Polynesia Incumbent Wins Resounding Election Victory,” 8 May 2018, https://www.rnz.co.nz/international/pacific-news/356844/french-polynesia-incumbent-wins-resounding-election-victory.

预备举行全民公投。

法国在南太平洋的重要属地新喀里多尼亚于2018年11月4日举行了独立公投，本次公投共有17.5万人被认定为合格选民，投票率约为81%。投票结果显示，支持脱离法国独立建国的占43.6%，而56.4%的投票选民则反对独立[①]。《努美阿协议》规定，如独立被否决，可在随后的4年中再度举行两次投票以决定新喀里多尼亚的未来归属，即新喀里多尼亚在2022年之前还有两次独立公投机会。

随着公投日期的临近，巴新布干维尔自治区也成为世人关注的焦点之一。2018年7月，巴新总理奥尼尔与布干维尔自治区主席莫米斯在阿拉瓦签署联合决议，对定于2019年6月15日举行的布干维尔公投的财政支持、行政管理、成立独立机构对公投进行监控等工作进行安排，从而为公投顺利举行打好基础。[②] 双方同意由爱尔兰前总理伯蒂·埃亨担任联合监管机构主席；批准向布干维尔独立委员会拨付中央财政资金600万美元，向布干维尔自治区政府划拨资金15万美元，并转至双方认可的账户。巴新政府已划拨36.6万美元到国家布干维尔事务协调办公室。另外，联合监管机构决定推进为期四个阶段的武器销毁计划。2019年3月1日，巴新政府与布干维尔自治区政府在莫尔斯比港举行会议，奥尼尔与莫米斯商定布干维尔独立公投推迟至2019年10月12日举行，推迟公投的主要原因是财政问题、选民登记过程缓慢，以及法律和技术细节有待澄清。

密克罗尼西亚联邦丘克州政府曾于2015年首次宣称于当年3月3日举行独立公投，后被推迟。2018年，密克罗尼西亚联邦丘克州政府宣布2019年3月5日为丘克州独立公投日期。丘克州人口约占全国人口的一半，是密克罗尼西亚联邦最大的州，当地民众对将国家首都定于邦佩州的帕利基尔表示不满，并认为在资源分配方面未得到中央政府的公平对待，

---

① "New Caledonia: French Pacific Territory Rejects Independence," 5 Nov. 2018, http://grabghana.com/portal/site/News/detail/36129.

② "Deal Done on Bougainville Vote," 4 July 2018, https://www.pngreport.com/government/news/1341676/deal-done-on-bougainville-vote.

从而助推了分离运动。美国驻密克罗尼西亚联邦大使罗伯特·莱利于2018年4月威胁说，如果丘克州独立，那么美国不可能单独与之签订自由联系条约，现有条约中的承诺提供的资金援助等将中断。密克罗尼西亚联邦政府于2019年2月宣称，公投中提及的脱离联邦目前是违宪的，需要修改宪法才能进行，公投再次被搁置。密克罗尼西亚联邦政府发言人理查德·克拉克表示，"推迟公投的一个原因是让公众有更多的时间来了解公投的意义，另一个原因是让法律专家及其他相关人士有更多的时间来完成他们的工作"①。

（三）政治内斗加剧，党派斗争激烈，局势一度动荡

2018年3月，瓦努阿图副总理纳图曼因被控阴谋妨碍司法公正被最高法院判处2年缓刑，具体缘由是2014年时任总理纳图曼命令当时的国家警察局长马拉劳阻止警方调查被控叛变的高级官员。议长埃斯蒙·赛蒙随后宣布将纳图曼逐出议会，其席位空缺将择时举行补选，纳图曼被迫辞去副总理一职，但仍担任瓦努阿库党帕蒂派领袖。2018年12月8日，农牧渔林和生物安全部长马泰·赛瑞玛伊尔·纳瓦鲁，基础设施与公共事业部长约坦·纳帕特（Jotham Napat）被解职，其所属的领袖党转投反对党阵营，致使总理萨尔瓦伊所在的执政联盟一下子丧失8个议席，元气大伤②。仅2018年12月，反对党对现总理萨尔瓦伊就提出两次不信任案。因对地方选举不满，2018年6月14日，巴布亚新几内亚南高地省首府门迪发生暴乱，支持2017年选举中落败的省长候选人的示威者因巴新高院驳回针对现任省长威廉·鲍威的诉状大为不满，对市内多处政府大楼纵火，并强行冲入门迪机场，洗劫并焚烧一架巴布亚新几内亚航空公司的飞机，导致机场被迫关闭。示威者拦截了海拉省的警察车辆，抢走3支步枪并扣留两名警察。6月15日，巴新

① "Vote on Micronesia State Breakaway Postponed," 22 February 2019, https://www.msn.com/en-us/news/world/vote-on-micronesia-state-breakaway-postponed/ar-BBTVHQH.

② "Vanuatu Government Ministers Sacked," 8 November 2018, http://melanesia.news/2018/11/08/vanuatu-government-ministers-sacked.html/.

总理奥尼尔召集国家安全理事会召开紧急会议，宣布对南高地省实施为期9个月的国家紧急状态，在门迪实施18时至次日6时的宵禁①。举行亚太经济合作组织会议前后，巴新也出现不和谐现象。会议刚落下帷幕，一群巴布亚新几内亚军警在11月20日强行闯入国会，捣毁窗户和家具，索取被拖欠的APEC执勤津贴。10月，为方便APEC会议期间各国领导人出行，巴新政府购买了40辆玛莎拉蒂和3辆宾利飞驰轿车，这在巴新国内引起轩然大波，当地人民对这一奢侈举措广为不满，部分地方掀起罢工活动，抗议政府铺张浪费以及对民众的忽视，反对党也呼吁对总理奥尼尔提出不信任案②。

2018年10月2日，支持独立的法属波利尼西亚政府前主席、反对党领袖奥斯卡·特马鲁向国际刑事法院对所有在世的法国总统进行起诉，指控法国自1966年至1996年在法属波利尼西亚试验核武器的行为犯有危害人类罪。特马鲁谴责法国在法属波利尼西亚进行的193次核试验事件是赤裸裸的核殖民主义行为③。2010年之前法国一直对此予以否认，之后才正式通过立法对因核试验而受害的退伍军人与平民提供赔付。10月27日，法国最高行政法院以奥斯卡·特马鲁竞选支出违规而宣布其在一年之内没有资格保持议员席位。后来特马鲁又因涉嫌滥用公款于2019年6月在刑事法庭受审，其所领导的反对党指责法国由于该党因核试验起诉法国总统而试图在政治上扼杀特马鲁。法属波利尼西亚现任主席爱德华·弗里奇11月在议会上承认法属波利尼西亚领导人30年来一直在法国核武器试验的影响上对民众撒谎，掩盖了核试验造成的危害。2018年3月2日，汤加前首相

① "Plane, Governor's House Torched in Papua New Guinea Violence," 18 June 2018, http: //www. newindianexpress. com/world/2018/jun/18/plane – governors – house – torched – in – papua – new – guinea – violence – 1829787. html.

② Johnny Blades, "PNG Govt under Fire for Maseratis," 15 October 2018, https: //www. rnz. co. nz/international/pacific – news/368660/png – govt – under – fire – for – maseratis.

③ "Current Event: French Polynesia's Former President Files ICC Complaint against France," 10 November 2018, http: //berkeleytravaux. com/current – event – french – polynesias – former – president – files – icc – complaint – france/.

图伊瓦卡诺被控伪造护照、做伪证、收受贿赂和洗钱，而被警方逮捕；同月，内政部长阿科茜塔·拉乌拉乌也因伪造文件获取信贷而遭到逮捕。2018 年 6 月，一份超过 3000 人签名的请愿书提交至议会，要求弹劾阿基利希·波希瓦首相及其 7 名内阁部长。2019 年 2 月，三份超过 10000 人签名的请愿书递交至国王图普六世，要求国王解散议会并对政府展开调查。相对而言，萨摩亚政局稳定，不过，萨摩亚新税收政策要求牧师缴纳所得税遭到教会抵制，政府与宗教界关系趋于紧张，总理图伊拉埃帕威胁要进一步采取法律行动。

2018 年 11 月，马绍尔群岛 8 名参议员因海涅政府计划推出全国数字货币而对海涅政府进行了不信任投票。前总统卡斯滕·内姆拉表示，以数字货币作为法定货币的计划对该国的声誉带来负面影响，并招致了国际货币基金组织及美国财政部等主要金融组织的批评。议会投票结果为16:16，海涅政府涉险过关。海涅表示将继续推进其提出的由国家支持的加密货币。

二 经济形势

（一）受自然灾害等因素影响，2018年太平洋岛国总体上经济发展缓慢

在美国保护主义与单边主义政策冲击下，全球自由开放的国际经济秩序遭遇重创，多边贸易机制遭遇危机，贸易、投资、工业生产等均呈现不同程度的疲态，尽管 2018 年世界经济增速有所放缓，作为世界增长主要引擎的亚太地区增速虽有回落但仍表现抢眼，不过，太平洋岛国除外。根据亚洲开发银行的统计，2018 年，太平洋岛国地区 GDP 增速为 0.9%，与亚开行统计的其他地区相比，增速缓慢。横向比较来看，中亚地区 2018 年 GDP 增速为 4.4%，东亚地区为 6.0%，南亚地区为 6.7%，东南亚地区为 5.1%。纵向比较来看，太平洋岛国地区 2014 年 GDP 增速

为9.6%，2015年为8.0%，2016年为2.5%，2017年为2.4%[①]。太平洋岛国地区经济出现大幅回落的最主要原因是该地区“巨无霸”国家巴布亚新几内亚在2018年遭遇强震，地震导致巴新石油及天然气公司关闭，并波及黄金生产及农业等，而石油与天然气产业产值占巴新GDP的约20.2%，地震对巴新经济产生的影响不言而喻。据亚开行统计，2018年巴布亚新几内亚GDP增长率为0.2%[②]，而世界银行的统计则更低，认为巴新2018年的实际GDP增速为-1.6%[③]。巴新经济不振明显拉低了整个太平洋岛国地区经济总量的增长速度。

部分太平洋岛国在2018年也发展不佳。出于环境保护和可持续发展的考虑，自2018年1月起，帕劳政府实施“原生态天堂帕劳”旅游发展战略，走高端旅游发展之路，对前往帕劳的所有旅客加征环境保护费。成本的增加导致入境旅游人数减少，日本东京至帕劳及中国香港至帕劳的两个航班在2018年关停。旅游收入及出售远洋捕鱼证收入的下降导致帕劳经济增速减缓。瑙鲁由于澳大利亚离岸难民营规模缩减而财政收入减少，加之磷酸盐出口疲软，经济出现负增长。与巴新类似，汤加受2月热带气旋“吉塔”影响，经济损失总计约1.64亿美元，占其GDP的38%[④]。萨摩亚2018年经济增速放缓，一是因为渔业收入下滑，二是因为2017年其国内最大的制造企业矢崎萨摩亚（Yazaki EDS Samoa Ltd.）倒闭。

（二）受基础设施建设投入、旅游业及渔业发展等经济增长点带动，部分太平洋岛国保持了较为稳定的经济增速

至2018年，斐济经济已连续第9年实现增长。增长的关键是旅游业的

① Asian Development Bank, *Asian Development Outlook: Strengthening Disaster Resilience*, April 2019, p. 350.

② Asian Development Bank, *Asian Development Outlook: Strengthening Disaster Resilience*, April 2019, p. 350.

③ World Bank Group, *East Asia and Pacific Economic Update: Navigating Uncertainty*, October 2018, p. 142.

④ World Bank Group, *East Asia and Pacific Economic Update: Navigating Uncertainty*, October 2018, p. 149.

强势带动，该行业的贡献约占斐济 GDP 的 30%[①]。入境游客人数比 2017 年增长了 3.3%，日本恢复了对斐济的直航，游客人数大增，中国与欧洲游客量也增长明显。另外，农业、林业和建筑业都有不同程度的发展。与斐济相似，库克群岛的经济增长主要依靠旅游业与建筑业。入境旅客人数增加 6.2%，并且旅游业发展带动了零售业、运输业和通信业。虽然渔业、金融业等发展趋缓，但库克群岛外岛可再生能源项目、供水项目、卫生设施改造项目等使建筑业增长 25.0%。

所罗门群岛 2018 年经济增长主要依赖伐木业、采矿业及基础设施建设项目。木材出口量达到创纪录的 270 万立方米，比 2017 年增长 2.7%，由于世界原木价格上扬，2018 年所罗门群岛木材出口收入增长约 25%。铝土矿和镍矿出口量增长 29.9%，渔业出口量增长 15.1%，旅游业收入增长 20%，但农产品产量下降明显。瓦努阿图 2018 年维拉港与卢甘维尔港升级改造、外岛机场及相关岛屿的公路修建等基建设施建设项目拉动了经济增长，入境旅客人数达到创纪录的 35.8 万人次，增长 7.8%，但鱼类、椰干、牛肉与木材出口量大幅下降。

基里巴斯也实现了连续 8 年的经济增长，近几年，该国增长主要依靠因援助启动的基础设施建设项目及出售渔业捕捞证。2018 年 10 月，亚洲开发银行、世界银行和绿色气候基金联合赠款 6000 万美元在南塔瓦岛建造太平洋岛屿地区最大的海水淡化厂，其建成后每天可完成 4000 立方米海水的淡化处理，整个项目预计将于 2022 年左右完工。不过，渔业收入有所下降。图瓦卢 2018 年也主要受惠于基础建设项目及出售渔业捕捞证。因主办 2018 年波利尼西亚领导人集团会议、2019 年第 50 届太平洋岛国论坛，图瓦卢加大了对基础设施建设的投入力度，另外，图瓦卢渔业捕捞证收入较 2017 年上涨了 84.8%。密克罗尼西亚联邦与马绍尔群岛主要依靠美国根据自由联系条约支付的资金来拉动经济增长。

---

① World Bank Group, *East Asia and Pacific Economic Update: Navigating Uncertainty*, October 2018, p. 119.

（三）太平洋岛国经济结构痼疾依然存在，经济发展依然面临一定困难

近年来，太平洋岛国倡导走蓝色经济的可持续发展之路，进行经济改革，想方设法扭转困境，如所罗门群岛等国试图通过改善债务管理方式、提高财政支出质量解决债务问题。但太平洋岛国的经济发展所面临的国土面积小、远离国际市场、人口稀少、产业单一、私有经济弱、对外依赖性强、易受环境影响等结构性因素对其经济发展造成很大限制，各国经济发展经常陷入发展怪圈难以自拔。太平洋岛国营商环境排名见表1。

表1　太平洋岛国营商环境排名

单位：分

	国家	得分(2018 年)	排名(2018 年)	得分(2017 年)	排名(2017 年)
1	萨摩亚	63.77	90	63.89	87
2	汤加	63.59	91	63.43	89
3	瓦努阿图	62.87	94	63.08	90
4	斐济	61.15	101	60.74	101
5	巴布亚新几内亚	60.12	108	59.04	109
6	所罗门群岛	59.17	115	58.13	116
7	帕劳	55.59	133	55.58	130
8	马绍尔群岛	51.62	150	51.45	149
9	基里巴斯	49.07	158	48.74	157
10	密克罗尼西亚	48.99	160	48.99	155

资料来源：World Bank，*Doing Business 2018*：*Croatia*，*The Czech Republic*，*Portugal and Slovakia*，2018，pp. 132－136；World Bank，*Doing Business 2018*：*Training for Reform*，2019，pp. 152－215。

三　社会形势

2018～2019 年，太平洋岛国面临气候变化肆虐、非传染性疾病发病率不断上升、青年失业率居高不下、家暴现象严重等社会问题。

（一）气候变化与自然灾害依然是太平洋岛国民众最为关心的问题

第49届太平洋岛国论坛发布的联合宣言提出，“各国领导人认识到气候变化是对太平洋地区人民生计、安全和福祉构成的最大威胁，重申立即采取紧急行动应对气候变化的重要性”①。2018年全球气温持续攀升，地表温度达到有观测记录以来的历史第四高值，比工业化前水平偏高0.99℃。全球海洋表面温度较常年偏高，海洋热含量创历史新高，达历史峰值；海平面持续上升，全球平均海平面较2017年上升3.7毫米，创历史新高，海洋酸化的影响也随之加剧。2018年2月，当地有记录以来最强烈的热带气旋“吉塔”突袭汤加，造成包括国会大楼在内的大量房屋损毁以及基础设施瘫痪，电力和通信大面积中断，33人受伤入院，受此影响，汤加宣布全国进入紧急状态。萨摩亚和斐济等邻国也受到波及，损失严重。2018年3月，热带低气压“圣帕”袭击密克罗尼西亚联邦邦佩州，造成洪灾和山体滑坡，破坏了道路及其他关键基础设施，密克罗尼西亚联邦也宣布国家进入紧急状态。2月26日1时44分，巴布亚新几内亚境内发生7.5级地震，震中位于南高地省，造成160人死亡、500余人受伤。地震对该国赫拉省及南高地省影响明显，通信、网络中断，电力供应遭到严重影响，所有航班被取消。地震引发山崩、泥石流、地面塌陷和大规模滑坡，数千处房屋被摧毁。

气候变化所引发的极端天气事件及其他灾害对空气质量、粮食安全、安全饮用水等也产生了冲击，热应激、病媒传播疾病的发生率提高，腹泻等明显增加，给卫生系统带来相当大压力。2018年，太平洋岛国地区就发生数起如登革热等传染病事件及公共卫生灾难，既给太平洋岛国民众生命安全造成威胁，也引发了广泛的经济与社会混乱。2018年4月，在帕劳召开的太平洋岛国论坛经济部长会议上，各国部长提出要设立“太平洋

① “Forty-Ninth Pacific Islands Forum：Communiqué，” 6 September 2018，https：//foreignminister.gov.au/releases/Pages/2018/mp_ mr_ 180906a.aspx.

恢复力基金”与“太平洋岛国气候变化保险基金”①。2019 年 7 月召开的联合国可持续发展高级别政治论坛上，萨摩亚副总理兼自然资源部与环境部部长菲亚梅·内奥米·马塔阿法代表太平洋岛国论坛发言，称“灾害正在破坏我们几十年所取得的进步，夺去生命，摧毁重要的基础设施、住房、生物多样性，并对粮食安全、服务和人民生活产生了不利影响”②。太平洋岛国在“2018 年世界风险指数”中的排名见表 2。

表 2　太平洋岛国在“2018 年世界风险指数”中的排名

国家	风险指数	世界排名
瓦努阿图	50. 28	1
汤加	29. 42	2
所罗门群岛	23. 29	4
巴布亚新几内亚	20. 88	6
斐济	16. 58	10
基里巴斯	15. 42	15
萨摩亚	6. 71	76

资料来源：Bündnis Entwicklung Hilft and Ruhr University Bochum-Institute for International Law of Peace and Armed Conflict, *World Risk Report 2018*, https://weltrisikobericht. de/wp－content/uploads/2019/03/190318_ WRR_ 2018_ EN_ RZonline_ 1. pdf。

（二）非传染性疾病成为当前太平洋岛国亟待解决的重要社会问题

第 49 届太平洋岛国论坛发布的联合宣言指出，“论坛各国领导人对非传染性疾病发病率不断上升均表示严重关切，认为非传染性疾病现在是本地

① “Forum Economic and Finance Ministers Look at Pacific Resilience-Forum Sec,” 25 April, 2018, https://www. forumsec. org/forum－economic－finance－ministers－look－pacific－resilience/Koror, Palau.

② “A Quarter of Pacific Islanders Live Below ‘Basic Needs Poverty Lines’, Top UN Development Forum Hears,” 10 July 2019, https://news. un. org/en/story/2019/07/1042161.

区过早死亡的主要原因。各国领导人还对儿童肥胖症发病率的不断上升以及儿童肥胖症对太平洋地区未来几代人的影响，特别是其对后代的影响，表示震惊”。世界卫生组织发布的《2018 年非传染性疾病国家概况》显示，包含心血管病、糖尿病、中风、慢性呼吸道疾病等在内的非传染性疾病已成为目前太平洋岛国最主要的致死病因。其中，斐济因非传染性疾病死亡的人数占死亡总人数的 84%；基里巴斯的比例为 64%；巴布亚新几内亚约占 56%；萨摩亚的比例为 81%；所罗门群岛占 69%；汤加约占 83%；瓦努阿图占 74%①。世界卫生界人士一般称太平洋岛国为“世界非传染性疾病之都”，非传染性疾病也被视为太平洋岛国人民过早死亡的主要原因。非传染性疾病死亡主要归因于四个危险因素：高血压、抽烟、高血糖与高体重指数。肥胖问题在太平洋岛国极其普遍，太平洋岛国成人肥胖率据统计高达 75%②。

非传染性疾病在该地区的肆虐与岛民的生活方式密切相关。岛民的饮食早已由原来的以椰子、水果、鱼等天然食品为主转为目前对肥肉、大米及加工休闲食品的严重依赖。非传染性疾病已严重影响岛国民众的健康、生活质量与寿命，并加重国家及个人的医疗及生活费用负担。根据图瓦卢政府估算，非传染性疾病治疗支出已占其 GDP 的 10%③。在 2018 年第 49 届太平洋岛国论坛召开之际，汤加首相阿基利希·波希瓦向其他各太平洋岛国领导人提出减肥挑战，呼吁各国政治家应做出表率，引领全民减肥。世卫组织西太平洋区主任葛西健（Takeshi Kasai）博士于 2019 年 2 月上任之初就赴斐济、基里巴斯等太平洋岛国与各国领导人会面商讨，深入社区以寻求解决方案，强调建立强有力的初级卫生保健系统是与非传染性疾病进行斗争的有效途径④。

---

① World Health Organization, *Noncommunicable Diseases: Country Profiles 2018*, 2018.

② 《非传染性疾病》，世界卫生组织网站，https://iris.wpro.who.int/bitstream/handle/10665.1/13888/WPR-RC064-08-NCD-2013-zh.pdf，第 11 页。

③ 《非传染性疾病》，世界卫生组织网站，https://iris.wpro.who.int/bitstream/handle/10665.1/13888/WPR-RC064-08-NCD-2013-zh.pdf，第 3 页。

④ New Who Regional Director Meets Pacific Leaders, Communities, Highlights Climate Change, Noncommunicable Diseases, Emergencies as Priorities, 26 February 2019, https://www.fijione.tv/news-posts/new-who-regional-director-meets-pacific-leaders-communities-highlights-climate-change-noncommunicable-diseases-emergencies-as-priorities/.

（三）青年失业率居高不下也困扰着太平洋岛国

2018年9月，新西兰前总理、联合国开发计划署前署长、新西兰全国妇女理事会主席海伦·克拉克在妇女理事会年度大会上表示，青年人失业是我们这个时代所面临的巨大挑战之一，以所罗门群岛为例，其青年人失业率高达82%，这一问题不啻一枚“定时炸弹”①。时任斐济就业部副部长的维拉姆·巴勒德拉卡德拉卡（Viliame Baledrokadroka）于2017年12月也指出，斐济国家就业政策的当务之急是解决青年就业问题，斐济全国失业率为5.5%，青年失业率则高达18.1%②。青年人失业率偏高在太平洋岛国地区比较普遍。主要原因在于：人口增长较快，青年人所占比例高；岛国经济增长乏力；缺乏足够教育；缺乏足够的就业机会。工作经验丰富的成年人可以赴澳新谋求就业岗位，而缺乏适当技能的青年人则受限较大。

最后，家暴问题在太平洋岛国依然普遍且比较严重。2018年9月，萨摩亚一个调查委员会经过广泛调查，发布了一份长达300页的调查报告，报告显示，90%的萨摩亚人遭遇过家庭暴力。60%的萨摩亚女性遭受过丈夫或亲密伴侣的暴力，1/5的女性被强奸③。报告指出，家庭暴力是一场“国家危机”，谴责政府在打击家庭暴力方面措施不力，并指出传统的村委会与教会沆瀣一气，对家暴采取无视态度。建议国家专门设立防止家庭暴力办公室。不仅萨摩亚，巴新、瓦努阿图、斐济、汤加以及经济较发达的库克群岛等国均面临同样严峻的家暴形势。2018年10月，来自11个太平洋岛国的代表在斐济举办解决家庭暴力的会议，该会议由太平洋共

---

① “NZ Must Help Solomon Islands Tackle Unemployment ‘Time Bomb’, Says Clark,” 2 September 2018, https://asiapacificreport.nz/2018/09/02/nz-must-help-solomon-islands-tackle-unemployment-time-bomb-says-clark/.

② “Youth Unemployment a Priority for Fiji Govt,” 14 December 2017, https://www.rnz.co.nz/international/pacific-news/346167/youth-unemployment-a-priority-for-fiji-govt.

③ “‘Veil of Silence’ on Samoa’s Domestic Violence,” 12 September 2018, https://www.rnz.co.nz/international/pacific-news/366275/veil-of-silence-on-samoa-s-domestic-violence.

同体下辖的太平洋区域人权资源工作队、联合国妇女署驻斐济多国办事处联合主办，澳大利亚与瑞典政府协办。各国代表同意成立一个解决家暴问题的地区工作组，会议初步决定由斐济选出一名主席，萨摩亚推选出一名副主席，秘书处由太平洋共同体太平洋区域人权资源工作队充当，其他成员由每个太平洋岛国提名的政府代表组成，自 2019 年起每两年举行一次会议①。

四 外交形势

（一）随着中国在太平洋岛国地区影响力日增，域内外新老势力在该地区的博弈愈发激烈

1. 针对“一带一路”倡议，美国联合其盟友，无论在经济开发还是军事合作层面均加大了对太平洋岛国地区的介入力度

经济方面，美国有意识地加大了对岛国的基础设施投入力度。2018 年 10 月，特朗普签署《更好利用投资引导发展法案》，将美国海外私人投资公司与美国国际发展署两部门合并，建立美国国际发展金融公司，并为该公司提供资金 600 亿美元，以帮助全球欠发达地区兴建海港、能源水务等基础设施和发展经济。2018 年 11 月 APEC 峰会期间，美国联手日、澳、新与巴新签署电气化合作协议，投资 17 亿美元，计划在 2030 年使 70% 的巴新人口能够用上电②。美国副总统彭斯宣称，在美国的印太战略中，对亚太地区的投资将超过 14000 亿美元。2018 年 12 月，美国宣布加入“太平洋地区基础设施项目集团”，以增强在太平洋岛国基础设施建设援助层面的影响

① “Pacific Countries Agree to Establish a Regional Working Group to Address Domestic Violence,” 11 December 2018, https: //pacificwomen. org/news/pacific – countries – agree – to – establish – a – regional – working – group – to – address – domestic – violence/.

② “PM Signs Papua New Guinea Electrification Partnership with Australia, US, Japan and US,” 21 Nov. 2018, https: //www. businessadvantagepng. com/pm – signs – papua – new – guinea – electrification – partnership – with – australia – us – japan – and – us/.

力。军事方面，美国也加强了与岛国的合作。2018 年 11 月，美国宣布将与澳大利亚合作，共同在巴布亚新几内亚马努斯岛重建海军基地，该基地建成后可停泊潜艇与航母，以与美国在日本和关岛的北太平洋军事基地互补。

2. 澳新加大了对太平洋岛国的重视力度，澳大利亚与新西兰分别推出“太平洋升级”及“太平洋重置战略”

就澳大利亚而言，作为中等强国和地区大国，澳大利亚一向视澳美同盟为其外交政策基石。针对中国“一带一路”倡议，澳大利亚借助美国的支持，有意强化“印太战略”，加强了对太平洋岛国地区的关注。2018 年莫里森就任总理后不久推出“太平洋升级”战略，试图从经济、外交、社会、安全等领域全方位升级与太平洋岛国的关系。2018 年 11 月 8 日，莫里森在澳大利亚昆士兰州汤斯维尔（Townsville）市的熔岩军营（Lavarack Barracks）发表《澳大利亚与南太平洋：一个新篇章》讲话，宣称“太平洋不仅仅是我们所位于的地区，或者我们的邻居，它还是我们的家园，是澳大利亚在国际事务中可以发挥最大作用的区域”，因此，太平洋地区必须“重新回到澳大利亚战略视野、外交政策与领导人之间个人关系的前沿地带”①。经济援助方面，莫里森政府推出 30 亿澳元的基础设施建设援助计划。该计划包含两部分内容：一是金额达 20 亿澳元的“太平洋地区澳大利亚基础设施融资机制”；二是经澳大利亚出口信贷机构（Export Finance and Insurance Corporation）向太平洋岛国基础设施发展注资 10 亿澳元。军事方面，加强与岛国军事合作。2018 年，与巴布亚新几内亚共同建设隆布朗海军基地；帮助斐济建设位于楠迪的黑石军营，将其建成太平洋国家军队的训练中心，尤其是警察与维和部队的训练营地。外交方面，澳大利亚在帕劳、法属波利尼西亚、马绍尔群岛增设外交机构；澳大利亚总理频频造访太平洋岛国，2019 年 1 月，莫里森出访瓦努阿图与斐济；2019 年 6 月 2

① Scott Morrison, “Australia and the Pacific: A New Chapter,” 8 Nov. 2018, https://www.pm.gov.au/media/address - australia - and - pacific - new - chapter.

日，出访所罗门群岛，会晤所罗门群岛新任总理索加瓦雷。

新西兰则提出“太平洋重置”战略。面对中国在太平洋地区迅速增长的影响力，2018年7月6日，新西兰发布的《2018年战略性国防政策声明》对此表示担忧。2018年3月1日，新西兰副总理兼外长彼得斯于澳大利亚罗伊国际政策研究所发表演讲，明确提出新西兰“太平洋重置”战略：一是通过学术、社区、民间团体、私营部门等层面全方位展现新西兰对太平洋地区的深入认识和了解；二是展现涵盖诚实、同理心、信任与尊重的友谊之情；三是在制定涉及太平洋地区的内外政策时力图互利共赢；四是与太平洋区域伙伴及该区域外部力量实现共同抱负；五是致力于实现太平洋地区的长期目标，充分发挥新西兰的作用，帮助各岛国发展经济和实现社会进步，获得更大的自主权和适应能力，实现可持续发展[①]。“太平洋重置”战略推出后，新西兰总理与外长频频造访太平洋岛国，另外，在太平洋岛国和北京、布鲁塞尔、纽约、东京等地增设14个外交职位。在未来四年内新西兰将新增援助资金7.14亿新元，推出“太平洋园艺文化与农业市场准入”项目，并设立专项基金以资助太平洋岛国发展农业和橄榄球等文化体育活动。

3. 英法提高了对太平洋岛国的重视程度，陷于脱欧旋涡中的英国高调重返太平洋岛国

2018年4月，英国宣布在瓦努阿图、汤加和萨摩亚等岛国新设高级专员公署。时任英国外交大臣鲍里斯·约翰逊表示，这些岛国均属于“英国脱欧后为英国企业提供巨大潜力和机遇”的地区，同时，约翰逊表示，英国本次外交拓展是英联邦促进繁荣、解决安全问题和加强净化环境等方面合作的一部分[②]。英国政府承诺对新成立的英联邦清洁海洋联盟投入8800万美元，已与瓦努阿图等国展开合作。英国皇室成员也纷纷造访。2018年4月，查尔斯王子访问了瓦努阿图。10月，哈里王子偕梅根王妃

---

① “‘Shifting The Dial’, Eyes Wide Open, Pacific Reset,” 2 March 2018, https://www.lowyinstitute.org/publications/winston-peters-new-zealand-pacific.

② “UK to Open Diplomatic Posts in Vanuatu, Tonga and Samoa,” 20 April 2018.

对汤加、斐济等国进行了访问，10 月 24 日，哈里王子与梅根王妃还参观了位于苏瓦的南太平洋大学，并出席南太平洋大学建校 50 周年庆祝活动。

法国在 2013 年宣称其“政治和海洋影响力来自太平洋的属地（新喀里多尼亚、法属波利尼西亚、瓦利斯群岛和富图纳群岛）”。随着 2016 年新喀里多尼亚和法属波利尼西亚作为正式成员加入太平洋岛国论坛，法国在该地区的影响力上升。2018 年，在新喀里多尼亚举行公投前夕，总统马克龙专程造访，显示了法国对此地的重视程度。另外，法国加强了与澳大利亚、印度等国的战略合作。法国总统马克龙坦言，任何国家都不能主宰印太地区，法国、澳大利亚和民主的印度一道有责任共同保卫该地区不受“霸权主义”影响①，显露了其平衡中国在该地区发展的意图。

4. 欧盟在气候变化、可持续性、恢复力、经济增长、性别平等和区域一体化等方面与太平洋岛国积极合作

一方面是国家层面的合作。2018 年 4 月 16 日，欧盟国际合作与发展专员内文・米米察（Neven Mimica）与瓦努阿图总理共同启动了一项加强该国可持续性价值链的项目，欧盟为该项目注资 2500 万欧元，覆盖瓦努阿图 6 个省，着眼于提高牛肉、椰干、蔬菜等瓦努阿图关键出口农产品的安全水平和质量，着力打造适应气候变化的、可持续的农村经济②。2018 年 5 月 11 日，欧盟太平洋代表处主任朱利安・威尔逊（Julian Wilson）对帕劳进行了官方访问，与帕劳的高级官员就气候变化、海洋治理、贸易、投资、区域与双边合作等议题进行了讨论，并对帕劳 2020 年主办“我们的海洋”会议表示赞赏与支持。

另一方面是区域层面的合作。如太平洋—欧洲联盟海洋伙伴计划（The

---

① “Macron Says France, Australia and India Must ‘Preserve Balance’ in Pacific,” 2 May 2018, https://thedefensepost.com/2018/05/02/france-australia-india-china-pacific-macron/.

② “The European Union Enhances Its Cooperation with the Republic of Vanuatu to Enhance Sustainable Rural Development,” 16 April 2018, https://ec.europa.eu/europeaid/news-and-events/european-union-enhances-its-cooperation-republic-vanuatu-enhance-sustainable-rural_en.

Pacific-European Union Marine Partnership Programme, The PEUMP Program)。该计划由欧盟与太平洋岛国论坛渔业署、太平洋共同体、太平洋区域环境署秘书处、南太平洋大学于2018年9月5日联合签署，为期5年，由欧洲联盟提供3500万欧元经费，瑞典政府另外提供配套经费1000万欧元，通过区域组织拨付以资助太平洋岛国地区层面和国家层面的活动。该计划主要基于四点原则：一是力促海洋和沿海管理健全化，重点保护生物多样性以及可持续利用渔业和其他海洋资源；二是采取以权利为基础的途径保护人权和性别平等，以提高社区、男子、妇女及青年参与决策的能力，并鼓励各国政府履行其在渔业和沿海管理方面的义务；三是将气候变化和环境问题列为主要考虑对象，适当兼顾生物多样性；四是增强区域、国家、地方各级的治理能力，重点关注教育、培训和研究①。“太平洋生物多样性、气候变化和恢复力倡议”由欧盟与法国、澳大利亚、新西兰于2018年9月26日共同签署，由欧盟与法国各出资1000万欧元，澳大利亚和新西兰各出资100万欧元。内文·米米察在发起仪式上的发言道出了该倡议的初衷，“太平洋是世界生物多样性的重要组成部分，而生物多样性正日益受到威胁。欧盟为此提供1000万欧元捐款，我们重申了帮助保护该地区免受气候变化及其对生物多样性、生计和环境影响的承诺”②。目前欧盟与太平洋岛国正处于“后科托努协定”谈判时期，二者新的合作协定计划于2019年10月签署。2018年9月，太平洋岛国论坛与欧盟就新伙伴关系协定会谈时，将海洋治理、维护地区资源安全、大力发展蓝色和绿色经济、致力于应对气候变化和抗灾能力、发展中小型和微型企业、支持青年和弱势群体确定为双方合作优

① “Signature of a Historic Pacific-European Union Marine Partnership (PEUMP),” 5 September 2018, https://www.spc.int/updates/news/2018/09/signature-of-a-historic-pacific-european-union-marine-partnership-peump.

② “EU, France, Australia and New Zealand Launch a Pacific Initiative for Biodiversity, Climate Change and Resilience,” 27 Set. 2018, https://ec.europa.eu/europeaid/news-and-events/eu-france-and-new-zealand-launch-pacific-initiative-biodiversity-climate-change-and_en.

先事项①。

5. 日本通过日本—太平洋岛国峰会强化了与太平洋岛国的关系

第八届日本—太平洋岛国峰会于 2018 年 5 月 19 日在福岛县磐城市举行，日本首相安倍晋三与萨摩亚总理图伊拉埃帕担任峰会的联合主席。本届峰会共有 19 个国家与地区参加，其中，法属波利尼西亚、新喀里多尼亚首次参加。日本承诺帮助太平洋岛国建设高质量的基础设施，以使岛国实现自立、可持续的繁荣，提出在下一次峰会召开前完成 5000 人以上的人才培养与交流。安倍晋三表态为提高太平洋岛国的海上安保能力提供相应的援助，如帮助太平洋岛国培养海上安保领域人员、与日本海上保安厅联合训练、提供巡逻艇等。在气候变化、防治自然灾害等领域为岛国继续提供援助。此外，日本与美、澳携手，对太平洋岛国实施“能力构建援助”，于 2018 年 11 月遴选部分巴新和斐济的工兵到日本培训，进行灾害中的人员救助、道路抢修等研修活动。

6. 新兴国家的不断加入加剧了该地区的竞争

韩国近年来通过定期举行的韩国—太平洋岛国外长会议、韩国—太平洋岛国高官会等多边对话保持与太平洋岛国的密切关系。2018 年也是韩国—太平洋岛国合作基金启动十周年，过去 10 年，韩国为该项基金投入 570 多万美元。2018 年 10 月 23 日，第五届韩国—太平洋岛国高官会在首尔举行，来自 14 个岛国及太平洋岛国论坛秘书处的代表参加了此次会议。双方在气候变化、海洋治理与保护、联合国 2030 年可持续发展议程、朝鲜半岛问题等方面进行了协商并达成一致意见。同意启动 2018 ~ 2019 年实施的第二轮太平洋岛国气候预测服务项目，并同意签署 2018 ~ 2019 年贸易及相关的附属安排旅游推广计划。会议还商定 2019 年韩国—太平洋岛国高官会日程将延长至少一天，并以第六届高官会为契机，对 2020 年举行的第五届韩国—太平洋岛国外长会议进行规划。

---

① “Summary Decisions of the 2018 Pacific ACP Leaders Meeting,” 3 September 2018, https: //www. forumsec. org/summary - decisions - of - the - 2018 - pacific - acp - leaders - meeting/.

因西巴布亚问题，印尼尤其重视加强与太平洋岛国关系。2018 年 9 月 3 日至 6 日，印度尼西亚外交部亚太和非洲司司长德斯拉·帕卡亚率团出席在瑙鲁举行的第 49 届太平洋岛国论坛峰会，并在发言中强调，“印度尼西亚不仅是亚洲的一部分。我们和太平洋岛国共享同一个海洋——太平洋。印尼政府加快国家东部地区发展的优先项目也将对南太平洋地区的发展产生积极影响”①。9 月 19 日，印度尼西亚巴布亚省省长卢卡斯·埃内姆访问巴布亚新几内亚首都莫尔斯比港时，应巴布亚新几内亚国家首都区州长鲍兹·帕克普之邀，参加庆祝巴布亚新几内亚独立 43 周年的活动。2019 年 7 月，印尼外交部长马苏迪表示，印尼将与纽埃和库克群岛建立正式外交关系，同时寻求与斐济和巴布亚新几内亚达成贸易协议，并在气候变化方面表示支持②。

泰国在农业、渔业方面与太平洋岛国合作密切。2015 年 12 月，泰国与斐济签署农业与渔业合作谅解备忘录，建立泰国与斐济两国农渔政府间双边合作机制。另外，泰国首都曼谷也是世界上最大的金枪鱼接收和加工港口。2019 年 2 月，马绍尔群岛和泰国渔业部在曼谷签署了一项承认渔业数据相互交换的谅解备忘录，由此，马绍尔群岛定期收到在马朱罗转运与在曼谷从泰国渔业检察官卸下的金枪鱼捕获量，包括核实后的重量。

其他国家如印度、俄罗斯、越南等国均与太平洋岛国进行了比较稳定的合作。

（二）太平洋岛国与中国的关系全面升级，双方在政治、经济、文化诸领域的合作不断推进

2018 年 11 月，经双方领导人同意，中国与太平洋岛国关系升级为相互尊重、共同发展的全面战略伙伴关系。中国与巴布亚新几内亚等 8 个建交太

① “Indonesia Strengthens Maritime Cooperation with the Pacific,” 3 September 2018, https://westpapuaindonesia.com/indonesia-strengthens-maritime-cooperation-with-the-pacific/.

② Tom Westbrook, “Indonesia Looks East to Expand Pacific Diplomacy, Trade,” 12 July 2019, https://www.usnews.com/news/world/articles/2019-07-12/indonesia-looks-east-to-expand-pacific-diplomacy-trade.

平洋岛国签署了“一带一路”合作谅解备忘录，双方将按照“共商、共建、共享”原则，在“一带一路”框架内加强贸易投资，基础设施建设，交通通信、文教卫生等领域合作，实现共同发展。双方在政治、经济、文化诸领域的合作不断推进。

第一，政治领域合作。一是高层互访频繁。2018 年 11 月，习近平主席访问巴新并与 8 个建交太平洋岛国领导人集体会晤，提出“四个坚持”，即坚持平等相处，深化政治互信；坚持互利合作，实现共同繁荣；坚持心心相印，增进人民友谊；坚持守望相助，维护公平正义，并强调双方要把握机遇、共创未来，携手开创中国同太平洋岛国关系更加美好的未来①。国务委员兼外交部长王毅在 2018 年 10 月底对巴布亚新几内亚、斐济进行访问，与巴布亚新几内亚外交与贸易部长帕托、斐济总理兼外长姆拜尼马拉马进行了会谈。中共中央政治局委员、广东省委书记李希于 9 月 7 日至 9 日率中共代表团对巴新进行友好访问。外交部副部长郑泽光于 2018 年 7 月 12 日至 14 日到访斐济，会见了斐济总统孔罗特、总理兼外长姆拜尼马拉马、总检察长兼经济部长海尤姆和外交部常秘奈法卢拉。汤加国王图普六世应习近平主席邀请于 2018 年 2 月 28 日至 3 月 8 日对中国进行了访问。巴新总理奥尼尔率领由 19 名官员和约 50 名在巴新企业家组成的代表团于 6 月 21 日至 25 日对中国进行了访问。二是完善中国与太平洋岛国合作机制。2018 年 9 月，中国—太平洋岛国论坛对话会特使杜起文参加了第 30 届太平洋岛国论坛会后对话会。2019 年 3 月 29 日，首届中国—太平洋岛国农业部长会议在斐济楠迪举行，中国农业农村部部长韩长赋、斐济农业部部长马亨德拉·雷迪共同主持了会议，会议审议并通过了《中国—太平洋岛国农业部长会议楠迪宣言》②。三是其他具体层面的合作。近年来，中国与斐济不断深化在警务方面的合作，成为中斐关系发展中的亮点之一。2013 ~ 2018 年，我国公安部

① 《习近平同建交太平洋岛国领导人举行集体会晤并发表主旨讲话》，人民网，http：//politics. people. com. cn/n/2014/1123/c1024 - 26075169. html。

② 《中国—太平洋岛国农业部长会议在斐成功召开》，中华人民共和国驻斐济共和国大使馆网站，http：//fj. chineseembassy. org/chn/gdxw/t1650035. htm。

共向斐济派驻了6批警务顾问。湖北警官学院举办了2018年斐济高级执法官员研修班，对斐济警员进行警务培训。

第二，经济领域合作。中国拓展并深化了与太平洋岛国在经贸、农渔业、海洋、能源资源、基础设施建设等领域的合作。由广东省贸促会组织经贸代表团于2018年5月30日至6月4日分别在新西兰、汤加、萨摩亚三国举办了“2018广东精品太平洋岛国巡回展”系列活动。2018年10月2日，由中国（深圳）综合开发研究院与中华太平洋岛国经济文化协会共同主办“中国—太平洋岛国海洋经济合作研讨会”，会议在密克罗尼西亚联邦波纳佩州举办，中密两国政府官员、专家学者与企业代表，就海洋经济合作，基础设施建设，交通互联互通，渔业、旅游业发展等议题进行了研讨。2018年1月，由中国援建的斐济斯丁森桥和瓦图瓦卡桥通车，为斐济瑙索里—苏瓦—拉米经济走廊注入发展动力。在建造过程中，中方共雇用斐济当地600余名员工，且培养了大量技术工人。2018年11月9日下午，钱波大使与斐济渔业部长塞米·科罗拉维萨乌在斐济渔业部正式签署了《中华人民共和国农业农村部与斐济共和国渔业部渔业合作备忘录》。2019年3月11日，中国驻汤加大使王保东同汤首相兼代理公共企业大臣波希瓦共同签署中国广东省东莞市人民政府向汤加政府捐赠农用机械设备交接证书。该批4台拖拉机将用于帮助汤加发展农业生产，改善民众生活。波希瓦首相和汤加政府感谢中方援助。2018年9月13日，中国援助瓦努阿图马拉坡学校扩建项目移交仪式在维拉港隆重举行。2018年3月29日，中国驻瓦努阿图大使刘全与瓦总理萨尔瓦伊在瓦努阿图总理府共同签署了总统府、财政部、外交部办公楼建设项目换文。2018年10月19日袁隆平农业高科技股份有限公司与斐济农业部在苏瓦签署了中国援助斐济北岛农业发展项目（第二期）实施方案确认书。萨摩亚、斐济、库克群岛、瓦努阿图、纽埃等多个太平洋岛国参加了2018年11月5～10日举办的中国国际进口博览会。2018年10月10日，在莫尔斯比港举行了中国援助巴布亚新几内亚车辆交车仪式，中国驻巴新大使薛冰与巴新计划部长马鲁签署了交接证书，将94辆APEC会议用车交付巴方。2018年5月4日，中国驻新西兰大使吴玺在库克群岛拉罗汤加岛出席中国援建阿皮尼考小学移交仪式，库克群岛女王代表马斯特斯夫妇、总理普纳夫妇、财政部长布朗等均参加了仪式。斐济旅游局 2018 秋季大中华区路演于 11 月 19 日举行，路演活动在上海、北京、成都、广州及香港等主要城市持续了一周，为 350 家旅行社及旅游批发商带来最新旅游产品和斐济旅游体验。

第三，文化及其他交流合作。习近平主席在巴新与太平洋岛国领导人集体会晤时一致同意双方密切人文交流，办好 2019 年中国—太平洋岛国旅游年系列活动，进一步拉近双方心灵距离。一是教育与培训。2018 年 3 月，《中华人民共和国教育部与汤加王国教育部关于教育交流与合作的谅解备忘录》签署。2018 年 9 月，聊城大学校长蔡先金与萨摩亚国立大学校长阿索福·索欧签署《关于在萨摩亚国立大学成立聊城大学南太平洋学院合作协议书》，商定成立聊城大学南太学院。由聊城大学与萨摩亚国立大学合作共建的萨摩亚国立大学孔子学院于 2018 年 9 月 10 日正式揭牌成立。2018 年 1 月，由广东省农业厅主办的“南太平洋岛国农业技术培训班”开班，来自巴布亚新几内亚、斐济的 17 名学员参加了学习。2018 年 4 月 4 日，驻瓦努阿图使馆举办 2018 年中国援瓦培训说明会暨公共服务座谈会。5 月 21 日，山东外贸职业学院在黄岛基地举行了 2018 年萨摩亚烹饪技术培训班结业仪式。8 月 3 日，“2018 年瓦努阿图汉语海外培训班”在瓦努阿图公务员局举行了开班仪式，该培训班由商务部主办，湖南外贸职业学院与湖南省商务厅培训中心承办。2018 年 10 月 15 日，由来自库克群岛、斐济、纽埃、萨摩亚、密克罗尼西亚、汤加、瓦努阿图的 7 国 38 名学员组成的“2018 年太平洋岛国青年领袖培训班”在广东外语外贸大学开班。广东海洋工程职业技术学院举办了两期太平洋岛国渔业培训班，共培训了来自巴布亚新几内亚、斐济、汤加、萨摩亚、库克群岛、所罗门群岛、瓦努阿图、密克罗尼西亚等国的 41 名学员。2018 年 12 月，由湖南省儿童医院主办的“2018 年援助斐济临床专业护理海外培训班”结业仪式在苏瓦殖民地战争纪念医院举行，该培训班为斐济培训妇幼医护学员 50 名。二是学术交流活动。2018 年 8 月 28 日至 30 日，聊城大学与萨摩亚国立大学联办的第三届太平洋岛国研究高层论坛在萨摩亚首都阿皮亚举行。5月24～26日，“太平洋世界的环境史”国际学术会议在中山大学举行，来自全球10个国家和地区的30余位学者与会。斐济南太平洋大学孔子学院和商业与经济学院8月28日共同举办主题为南太平洋岛国与“一带一路”倡议的研讨会，来自中国人民大学与南太平洋大学的学者、华人社团和中资企业代表等应邀参会。由华东师范大学国际关系与地区发展研究院主办、主题为“大洋洲研究：历史与现实”的第一届大洋洲研究高层论坛于2018年9月在华东师范大学举行。三是卫生与医疗领域。2018年7月30日，中国驻巴新大使馆经商处参赞刘林林代表中国政府将价值120多万元人民币的药械捐赠给巴新莫尔斯比港总医院。7月11日至8月20日，执行“和谐使命——2018”任务的中国海军和平方舟医院船对巴布亚新几内亚、瓦努阿图、斐济和汤加4个岛国进行了访问，并开展免费医疗服务。在巴布亚新几内亚、瓦努阿图、斐济、汤加分别诊疗6209人次、46096人次、6577人次、5532人次。2019年4月1日，中、澳、巴新三方抗疟项目联合工作组第六次会议在莫尔斯比港举行。

中国在与太平洋岛国关系日渐加深的同时，也应清醒地认识到在该地区面对的风险也在增加。

一是随着中国在太平洋岛国经济与政治影响力的扩大，该地区地缘政治风险趋于加剧。澳大利亚、美国等传统势力一向视太平洋岛国地区为传统势力范围，在其看来，中国的进入无疑触及它们的战略利益。无论是美国副总统彭斯的言论及美国加强基建投资等举措，还是澳大利亚的“太平洋升级”战略，抑或是日本首相安倍晋三倡导的“印太战略”等，遏制中国在此区域扩大影响力的意图都已非常明显。新兴国家的加入更使形势复杂化，增加了地缘竞争风险。另外，太平洋岛国有可能会出现的政治和安全危机也增加了项目建设风险。应预防针对中资企业与中国公民的暴力犯罪事件发生。

二是警惕债务危机带来的风险。11月，美国副总统彭斯在亚太经合组织工商领导人峰会上再次指责中国对岛国的援助造成受援国不堪债务重负。针对西方在这一问题上的夸大与污蔑，太平洋岛国领导人与中国都进行了驳斥。不过，超过40%的岛国如图瓦卢、基里巴斯、萨摩亚、汤加、马绍尔群岛、密克罗尼西亚联邦等已被列为“债务问题高危”国家也是事实，这种情形是由太平洋岛国自身经济发展模式所致。今后中国应进一步提高精准度，继续将资金投向基础设施等受援国急需扶持发展且存在资金缺口的领域，切实促进受援国实现发展式增长。

三是违约的风险。有些太平洋岛国政府更迭较为频繁，政策变化较快，政府更迭与政策变化有可能带来的冲击和负面效应也应当引起重视。

四是台湾问题的影响。太平洋岛国是中国台湾地区的外事活动重镇，2018 年，台当局复办“南岛民族论坛”，拉拢 6 个太平洋“邦交国”。瑙鲁在第 49 届太平洋岛国论坛上刁难中方代表，其背后也有台方影子。

（三）太平洋岛国进一步强化“蓝色太平洋”理念，稳步推进区域一体化进程，外交自主性有所提高

在第 49 届太平洋岛国论坛上，太平洋岛国继续高举“蓝色太平洋”的旗号，推进联合自强之路。论坛的主题是“建设一个更强大的太平洋，我们的人民，我们的岛屿，我们的意志”。论坛通过的《博埃附加宣言》中也明确提出，“在太平洋地区主义框架下确认我们对‘蓝色太平洋’的认同，推进采取集体行动，支持我们的愿景”。“蓝色太平洋”概念由第 48 届太平洋岛国论坛主席、萨摩亚总理图伊拉埃帕提出，是新时代下太平洋岛国深化地区主义的新口号。图伊拉埃帕解释，“海洋是我们生活方式的核心”，“（蓝色太平洋）旨在重获我们共同管理太平洋的集体潜力……通过将蓝色太平洋作为区域决策过程的中心，并推动论坛领袖对区域愿景的必要集体行动，以成为一个‘蓝色太平洋大陆’”，即建立海洋经济发展、可持续性和恢复力强、安全和平的“蓝色太平洋”①。本届论坛再度强化了对“蓝色太平洋”理念的认同。

论坛通过的《博埃附加宣言》是一份地区安全宣言，该宣言以 2000 年

---

① 曲升：《近年来太平洋岛屿区域海洋治理的新动向和优先事项》，载陈德正主编《太平洋岛国研究》（第二辑），社会科学文献出版社，2018，第 47 ~ 61 页。

达成的《比克塔瓦宣言》为基础，涵盖犯罪、人道主义援助、环境安全等。宣言指出，近年来地缘政治环境的动态变化使南太平洋区域日益“拥挤和复杂化”，论坛各国“有必要加强集体与团结一致的行动，以积极有效地管理我们的地区安全环境”。澳新极力促成的该宣言暗含对抗中国在该地区影响的色彩。不过，不管是“蓝色太平洋”理念还是《博埃附加宣言》，都彰显出太平洋岛国外交自主性、独立性不断加强。太平洋岛国论坛秘书长梅格·泰勒于2019年2月在维拉港发表讲话，明确表态，“太平洋岛国论坛及其秘书处的工作重点是确保蓝色太平洋未来的繁荣和福祉。论坛寻求与所有愿意在实现这一愿景的道路上加入我们的行动者，建立真正的伙伴关系。因此，我拒绝接受这样一种说法，即太平洋岛国必须在中国和我们的传统伙伴之间做出选择”，并表示，“中国将通过探索蓝色太平洋，增加21世纪海上丝绸之路的机会，为太平洋岛国当地提供机会，建立基础设施，从而激发亚洲、太平洋和拉美之间新贸易市场”①。

《博埃附加宣言》中，太平洋岛国视气候变化为地区安全的首要最大威胁，而澳大利亚则缺乏减排政策，在气候变化问题上让岛国颇失所望。太平洋岛国对中国的基础设施建设及卫生事业援助极为欢迎，并对中国的气候政策表示赞赏。针对澳大利亚相关人士的观点，瓦努阿图《每日邮报》认为，“澳大利亚政府还是放下手里投向中国的石头，从自己的错误里吸取教训。并且在我们的头顶上议论我们的缺点，这样做的结果不会为澳大利亚赢得朋友”②。萨摩亚总理图伊拉埃帕则认为澳大利亚相关人士的观点“质疑了太平洋岛国领导人的诚信、智力和判断力”，“这些资金对岛国的发展起到很好的推动作用”③。

---

① Dame Meg Taylor, “Keynote Address by Dame Meg Taylor, Secretary General ‘The China Alternative: Changing Regional Order in the Pacific Islands’,” 8 February 2019, https://www.forumsec.org/keynote-address-by-dame-meg-taylor-secretary-general-the-china-alternative-changing-regional-order-in-the-pacific-islands/.

② Dan McGarry, “Postcard from the ‘Road To Nowhere’,” 11 Jan. 2018, http://dailypost.vu/news/postcard-from-the-road-to-nowhere/article_b269f52c-0a35-5196-8598-bdd9ef4e2c11.html.

③ “Chinese Aid Comments Insulting, Says Tuilaepa,” 15 January 2018, https://www.rnz.co.nz/international/pacific-news/348141/chinese-aid-comments-insulting-says-tuilaepa.

不过，随着太平洋岛国地区域内外势力竞争与博弈日益激烈，外交环境日益复杂，各国之间分歧渐多，用一个声音说话也越发困难。如斐济与太平洋岛国论坛之间的争吵时有发生，斐济总理姆拜尼马拉马已多年未参加太平洋岛国论坛，并对澳新在论坛内的地位比较排斥，同时组织了太平洋岛国发展论坛与之抗衡。西巴布亚问题也对太平洋岛国开放的地区主义形成挑战。2018 年西巴布亚问题有所升温，西巴布亚武装人员于 12 月 2 日袭击了印尼位于西巴布亚省的一处工地，当场杀死至少 16 名工人。印尼多个城市于 12 月 1 日举行“西巴布亚共和国诞生”57 周年聚会，警方逮捕 500 余人。第 49 届太平洋岛国论坛专门将其列入联合宣言之中，“论坛各国领导人赞同论坛国家与印度尼西亚就西巴布亚的选举和人权问题进行建设性接触，并以开放和建设性的方式继续对话”。瓦努阿图政府在 2018 年 4 月任命开国总理沃尔特·里尼之女劳拉·里尼为西巴布亚问题特使。2018 年 8 月 7 日至 10 日，太平洋岛国论坛官员委员会与论坛外长会议在萨摩亚阿皮亚举行，瓦努阿图外长拉尔夫·雷根瓦努将预备提交给 2019 年联合国大会的西巴布亚决议草案《前殖民地荷属新几内亚（西新几内亚）巴布亚人民自决权的实现》提交论坛会议审议，呼吁将西巴布亚列入联合国的去殖民化名单。部分岛国表示赞成，而澳大利亚、巴布亚新几内亚和斐济对决议草案持反对态度。

五　结语

展望 2019 年太平洋岛国，多国政局充满变数，将迎来大选。已经尘埃落定的国家有所罗门群岛与巴布亚新几内亚。2019 年 4 月 24 日，所罗门群岛第十一届议会投票选举新一届总理。进步民主联盟政府候选人、“我们的党”（Our Party）领袖索加瓦雷获得 50 名议员中的 34 票支持，击败对手大联盟候选人、民主党领袖马修·威尔，第四次出任所罗门群岛总理。由于总督搁置所罗门群岛最高法院推迟进行总统选举的动议，但选举如期进行，大联盟的 15 名议员在选举中弃权退出以示抗议。索加瓦雷的当选引发一定规模的骚乱，如库库姆太平洋赌场酒店遭到示威者的洗劫。2019 年 5 月 29

日，巴新总理彼得·奥尼尔因其所领导的党派在议会失去多数而宣布辞职，30日，巴新前财政部长詹姆斯·马拉佩被议会推选为新一任总理。除两国以外，图瓦卢、基里巴斯、密克罗尼西亚联邦、瑙鲁和马绍尔群岛均将迎来大选。另外，新喀里多尼亚在2022年之前仍有机会举行公投，独立派与反独立派近期的表现也值得关注。

尽管2018年太平洋岛国的经济增长缓慢，但是2019年该地区的经济增长估计有所回升。巴新已从2018年地震走出，其石油和天然气恢复生产，经济复苏明显。2019年4月，巴新政府又与道达尔、埃克森美孚公司等签署总投资130亿美元的液化天然气项目协议，巴新能源生产将进入一个快速发展期。域内外多个国家基础设施建设资金的进入将拉动太平洋岛国的经济发展。旅游业与渔业等持续走强也将促进各国的经济增长，但气候变化及自然灾害则带来不确定因素。

外交方面，中国的“一带一路”倡议在太平洋岛国已开始生根发芽，但随着合作的深入开展，面临的风险和挑战也增多。面临中国在此地区的影响力持续走强，新老势力在该地区分化组合，竞争明显增强。正如太平洋岛国论坛秘书长梅格·泰勒坦承，“中国在太平洋岛国地区的存在也意味着其他参与者正在重新确定它们的优先任务，并加强在太平洋岛国地区的参与。我们还看到一些新伙伴的出现以及长期离开这一区域的伙伴国的返回”①。

社会问题方面，太平洋岛国面临的形势依旧十分严峻，非传染性疾病问题、青年失业问题、性别问题、贫困问题、城市化问题等仍有待于域内外各国、国际社会、区域组织等进行协调解决。

① Dame Meg Taylor, “Keynote Address by Dame Meg Taylor, Secretary General ‘The China Alternative: Changing Regional Order in the Pacific Islands’,” 8 February 2019, https://www.forumsec.org/keynote-address-by-dame-meg-taylor-secretary-general-the-china-alternative-changing-regional-order-in-the-pacific-islands/.

B.11
2018年中国与太平洋岛国合作进展与展望

徐秀军　牛　丽*

摘　要： 在“21世纪海上丝绸之路”框架下，中国遵循和平合作、开放包容、互学互鉴、互利共赢的丝路精神和共商共建共享原则，不断推动同太平洋岛国合作取得新的进展。截至2018年，中国与8个建交的太平洋岛国全部签署“一带一路”合作备忘录，在经贸、投资、农业、旅游、基础设施、人文交流等领域合作逐步深入，对太平洋岛国经济社会的可持续性发展发挥了重要推动作用，并为未来合作奠定了坚实基础。

关键词： 一带一路　太平洋岛国　区域合作　五通发展

中国与太平洋岛国资源禀赋各异、经济互补性较强，彼此合作潜力和空间很大。根据国家发展改革委、外交部、商务部于2015年3月发布的《推动共建丝绸之路经济带和21世纪海上丝绸之路的愿景与行动》，“21世纪海上丝绸之路”的重点方向是“从中国沿海港口过南海到印度洋，延伸至欧洲；从中国沿海港口过南海到南太平洋”①。这为中国与太平洋岛国合作提

---

* 徐秀军，中国社会科学院世界经济与政治研究所国际政治经济学研究室主任。牛丽，北京外国语大学太平洋研究中心执行主任、海颐智库执行主任。

① 其中，南太平洋地区既包括澳大利亚和新西兰，还包括巴布亚新几内亚、斐济、基里巴斯、库克群岛、马绍尔群岛、密克罗尼西亚、瑙鲁、纽埃、帕劳、萨摩亚、所罗门群岛、汤加、图瓦卢、瓦努阿图14个独立的太平洋岛国。

供了新的平台。在“21 世纪海上丝绸之路”倡议框架下，2018 年中国和太平洋岛国以政策沟通、设施联通、贸易畅通、资金融通、民心相通的“五通发展”为主要内容展开深入合作，并取得新的重要进展。

一 政策沟通日益深入

政策沟通是“一带一路”建设的重要保障。在“一带一路”建设框架下，中国与太平洋岛国构建了多层次政府间宏观政策沟通交流机制，不断深化利益融合，促进政治互信，达成合作新共识。通过对接经济发展战略，双方共同制定合作规划，为务实合作提供了有力的政策支持。

（一）多边首脑会晤

2018 年 11 月 16 日，在对巴布亚新几内亚进行国事访问期间，国家主席习近平同 8 个建交太平洋岛国领导人及政府代表①举行了集体会晤，并就中国与太平洋岛国关系和务实合作交换了意见。为深化中国和太平洋岛国关系，习近平主席提出“坚持平等相处，深化政治互信；坚持互利合作，实现共同繁荣；坚持心心相印，增进人民友谊；坚持守望相助，维护公平正义”的四点建议。在务实合作上，中方提出如下举措：（1）2019 年下半年举办第三届中国—太平洋岛国经济发展合作论坛；（2）举办 2019 年中国—太平洋岛国旅游年系列活动；（3）支持岛国人才培养和能力建设，扩大汉语教学和人员往来，鼓励更多的中国地方省市同岛国开展交流合作；（4）支持太平洋岛国推进“蓝色太平洋”倡议，共同推动实施《巴黎协定》。

中方的建议和举措以及中国在可持续发展、应对气候变化等方面的领导作用得到太平洋岛国领导人的高度评价。在“一带一路”倡议框架下，太

① 参加会晤的太平洋岛国领导人和政府代表包括巴布亚新几内亚总理奥尼尔、密克罗尼西亚联邦总统克里斯琴、萨摩亚总理图伊拉埃帕、瓦努阿图总理萨尔瓦伊、库克群岛总理普纳、汤加首相波希瓦、纽埃总理塔拉吉等建交太平洋岛国领导人以及斐济政府代表、国防部长昆布安博拉。

平洋岛国愿加强同中国在贸易、投资、渔业、旅游、基础设施建设等领域的合作。通过友好的沟通与对话，中国与太平洋岛国领导人一致同意将双方关系提升为相互尊重、共同发展的全面战略伙伴关系，开创了合作新局面。站在新起点上，参加集体会晤的领导人全面回顾了中国与太平洋岛国的合作历史并对未来走向进行了规划和展望。

（二）双边高层访问

2018 年，中国与建交太平洋岛国高层互动频繁，促进了双方了解和信任，达成了一系列新的共识（见表 1）。其中，2018 年 11 月，习近平主席访问巴布亚新几内亚并在莫尔斯比港分别会见建交太平洋岛国领导人将中国与太平洋岛国关系发展推向新的水平。此次访问是习近平主席首次访问巴新，也是中国国家主席首次访问巴新。访问期间，习近平主席同巴新总理奥尼尔举行会谈，规划双边关系发展新蓝图，共同推进产能、经贸、基础设施建设、投融资、旅游、教育、卫生、渔业、气候变化等领域合作。会谈后，习近平主席和奥尼尔总理共同见证了多项双边合作文件签署。在莫尔斯比港，习近平主席还分别会见密克罗尼西亚联邦总统克罗尼西里斯琴、萨摩亚总理图伊拉埃帕、瓦努阿图总理萨尔瓦伊、库克群岛总理普纳、汤加首相波希瓦、纽埃总理塔拉吉和斐济政府代表、国防部长昆布安博拉，同他们就双边关系和深化各领域务实合作交换看法。

表 1　2018 年中国与太平洋岛国主要高层访问活动

对象国	日期	活动
巴布亚新几内亚	4 月 16 日	巴新外交与贸易部长帕托访华
	6 月 21 日	巴新总理奥尼尔率官员和企业家代表团访华，其间受到习近平主席和李克强总理接见
	7 月 15 ~ 18 日	中国外交部副部长郑泽光对巴新进行工作访问，其间会见巴新总督达达埃、总理奥尼尔、外交与贸易部长帕托等
	9 月 7 ~ 9 日	中央政治局委员、广东省委书记李希率团访问巴新，其间会见巴新总理奥尼尔、巴新议长波马特等
	11 月 15 日	国家主席习近平对巴新进行国事访问

续表

对象国	日期	活动
萨摩亚	2 月 9 日	萨税收和海关部长亨特赴华出席首届世界海关跨境电商大会
	9 月 19 日	萨总理图伊拉埃帕率企业家代表团访华,其间同李克强总理举行会谈
	10 月 31 日	萨农业渔业部长劳帕·纳塔尼努·姆阿一行赴华出席"全球农业南南合作高层论坛"
	11 月 5 日	萨公共企业部长帕赛尔率团赴华参加首届中国国际进口博览会
	11 月 16 日	习近平主席在莫尔斯比港会见萨摩亚总理图伊拉埃帕
斐济	7 月 12 ~ 14 日	中国外交部副部长郑泽光对斐济进行工作访问,其间分别会见斐济总统孔罗特、总理兼外长姆拜尼马拉马、总检察长兼经济部长海尤姆和外交部常秘奈法卢拉
	9 月 13 日	中央政治局委员、广东省委书记李希率团访斐,其间会见斐总统孔罗特
	10 月 30 日	国务委员兼外交部长王毅在苏瓦分别会见斐济总统孔罗特、总理兼外长姆拜尼马拉马
	11 月 16 日	习近平主席在莫尔斯比港会见斐济政府代表、国防部长昆布安博拉
汤加	3 月 1 日	汤加国王图普六世对华进行国事访问,其间会见李克强总理,同习近平主席举行会谈
	7 月 13 日	汤加王国教育和培训大臣佩尼西马尼·费费塔访华
	11 月 16 日	习近平主席在莫尔斯比港会见汤加首相波希瓦
	12 月 19 ~ 21 日	中联部副部长郭业洲率团访问汤加,其间分别会见汤加国王图普六世、议长法卡法努阿、副首相西卡等
瓦努阿图	5 月 9 日	瓦努阿图农牧渔林和生物安全部长马泰·赛瑞玛伊尔·纳瓦鲁访华
	11 月 12 日	瓦努阿图议会议长埃斯蒙·赛蒙、副议长丹尼尔·卡罗等访华
	11 月 16 日	习近平主席在莫尔斯比港会见瓦努阿图首相萨尔瓦伊
密克罗尼西亚	4 月 23 日	密克罗尼西亚国会议长西米纳访华,其间分别会见全国人大常委会委员长栗战书、全国政协主席汪洋
	9 月 25 日	密克罗尼西亚副总统尤斯沃·乔治率团访华
	11 月 16 日	习近平主席在莫尔斯比港会见密克罗尼西亚联邦总统克里斯琴
库克	11 月 16 日	习近平主席在莫尔斯比港会见库克群岛总理普纳
纽埃	7 月 11 日	中国—太平洋岛国论坛对话会特使杜起文率团访问纽埃,其间分别会见纽埃代总理塔拉吉及自然资源、农林渔业和环境部长达顿·塔格拉吉等
	11 月 16 日	习近平主席在莫尔斯比港会见纽埃总理塔拉吉

资料来源:根据中华人民共和国外交部网站和新华网资料整理。

（三）发展战略对接

在“一带一路”建设框架下，中国与太平洋岛国战略对接日益深入。2018 年是中国与太平洋岛国践行“一带一路”倡议取得丰硕成果的一年。2018 年 6 月 21 日，在李克强总理和巴新奥尼尔总理共同见证下，中国国家发展改革委副主任张勇与巴新计划部长马鲁签署《中华人民共和国政府与巴布亚新几内亚独立国政府关于共同推进丝绸之路经济带和 21 世纪海上丝绸之路建设的谅解备忘录》。其后，中国同纽埃、斐济、瓦努阿图、库克群岛、汤加、萨摩亚、密克罗尼西亚等建交的太平洋岛国全部签署了“一带一路”建设谅解备忘录，并由此开启了中国与太平洋岛国共建“21 世纪海上丝绸之路”的全面合作。在“共商共建共享”原则下，中国与太平洋岛国将加强政策沟通、设施联通、贸易畅通、资金融通、民心相通建设，实现共同发展。

二　设施联通进展顺利

基础设施互联互通是“一带一路”建设的优先领域。基础设施是经济发展与合作的基础。在“一带一路”建设框架下，中国与太平洋岛国共同努力提升陆路、水路、民航的通达水平，为当地经济发展、人文交流奠定了重要基础。

巴新是中国在太平洋地区最大的工程承包市场。2018 年，中国在巴新新签承包工程合同额为 6.93 亿美元，完成营业额 4.91 亿美元，中国在巴新的主要项目进展如下。（1）3 月，巴新库姆尔（Kumul）国内海底光缆项目开工。该项目造价 2.5 亿美元，由中国提供援外优惠贷款、华为公司承建。该网络将在莫尔斯比港、阿洛陶（Alotau）、波蓬德塔（Popondetta）、莱城（Lae）和马当（Madang）之间运行。（2）6 月，巴新机场快速路维修改造项目正式通车。（3）6 月，巴新国家电网一期项目——蒙特哈根—庞达—门迪—塔里 132KV 输变电工程开工。该项目包括建设 4 座输变电站以及 189

公里的输变电路，使用的是中国政府优惠出口买方信贷资金，由特变电工公司承建。(4) 10月，巴新 APEC 道路项目完工并通车。(5) 10月，由中国水电建设集团国际工程有限公司承建的巴新南高地省门迪机场升级改造项目开工。(6) 11月，中国援建的巴新“独立大道”移交启用。(7) 11月，可可兰德（Cocoland）糖厂项目签约。该项目总投资额为4.8亿美元，预计建成后日处理甘蔗2万吨，将为巴新带来6.5万个就业岗位。天津机电进出口公司为项目总承包（EPC，Engineering Procurement Construction）企业。①

中国在斐济的主要项目进展如下。(1) 1月，由中国政府援建的斐济斯丁森桥和瓦图瓦卡桥项目完工并顺利通车，实现了斯丁森大道、苏瓦港码头、市中心交通枢纽车站和大型市场的便捷连接，极大改善了当地交通运输条件。(2) 4月，斐济苏瓦市政厅礼堂改造项目开工。该项目建筑面积约4000平方米，包括门厅、多功能厅、餐厅、演艺厅、外立面和贵宾室等工程。(3) 6月，斐济南太平洋大学新建道路项目开工。该项目由中铁一局斐济公司承建，主要包括混凝土道路、排水渠、集水井、给水管道、电信管道及配套附属工程。(4) 9月，由广东省援建、南粤集团承建的斐济苏瓦市政厅礼堂改造项目完工并顺利交接。(5) 9月，由广州市建筑集团有限公司承建的中国援斐项目——斐济圣母兄弟高中运动场重建项目顺利完工，改善了当地教育体育设施。(6) 9月，中铁十四局中标斐济塔马武阿大桥项目。这是该公司在斐济承建的第三个项目，主要包括现有的塔马武阿—伊维阿大桥的靠海一侧设计和模块化钢梁桥建造等。(7) 9月，由中铁一局承建的总造价6789万斐济元（约合人民币2.16亿元）的斐济 FHL 大厦项目开工建设。②。

中国在萨摩亚的主要项目进展如下。(1) 3月，利用中国政府优惠贷款建设的萨摩亚阿皮亚法雷奥罗国际机场培训及应急指挥中心、维修站项目竣工。(2) 5月，利用中国政府援外优惠贷款建设的萨摩亚法雷奥罗国际机场

① 根据中华人民共和国驻巴布亚新几内亚大使馆经济商务参赞处网站资料整理。

② 根据中铁一局集团、广州市建筑集团、中国铁建、中铁十四局等建设企业网站资料整理。

升级改造二期工程项目竣工。该项目包括航站楼、能源中心、培训中心、消防站、3 座登机廊桥和停车场等工程，总建筑面积约 1.4 万平方米。（3）5 月，位于阿皮亚市的中萨友谊公园和文化艺术中心项目举行奠基仪式。该项目由中国广东惠州援建、深圳市北林苑景观及建筑规划设计院有限公司规划设计。（4）9 月，由中国援建的萨摩亚南太平洋运动会体育场馆修缮项目（新建部分）举行奠基仪式。该工程建筑面积为 5600 平方米，建成后可容纳 1600 名观众。①

中国在瓦努阿图的主要项目进展如下。（1）3 月，瓦努阿图总统府、财政部、外交部办公楼建设项目签约。（2）6 月，中国土木工程集团有限公司南太有限公司中标瓦努阿图塔纳岛伊马奇（Imaki）、克瓦塔帕朗（Kwataparen）、伊瑙拉（Ienaula）和洛伊朋（Lowiepeng）四所中学重建项目，施工内容包括新建四所学校内的教室、宿舍、实验室、图书馆等以及对现有教室、学生卫浴间和校内外道路等设施进行翻修。（3）9 月，中国援助瓦努阿图马拉坡学校扩建项目完工并移交，项目包括教室、图书馆、学生宿舍、风雨操场、教工公寓和行政楼等工程。（4）11 月，中国进出口银行和瓦努阿图财政部代表签署涉及瓦努阿图公路二期项目的相关文件。该项目包括塔纳岛和马勒库拉岛共 45 公里的道路及相关结构物修建。②

中国在其他太平洋岛国的主要项目如下。（1）8 月，中方援建的汤加皮洛莱乌湾社区发电机项目完工并启用。（2）9 月，库克群岛规模最大、最具现代化的学校项目开工。（3）11 月，中铁十四局集团海外工程分公司中标中方援密克罗尼西亚波纳佩州二级公路项目和波纳佩州卡哈玛危桥改造项目。③

三　贸易畅通势头良好

贸易畅通是“一带一路”建设的重点内容。在“一带一路”建设框架

① 根据中华人民共和国外交部以及上海建工集团等建设企业网站资料整理。

② 根据中华人民共和国驻瓦努阿图大使馆经济商务参赞处及中国铁建等建设企业网站资料整理。

③ 根据中铁十四局集团海外工程分公司等建设企业网站资料整理。

下，中国与太平洋岛国着力推进投资贸易便利化，消除投资和贸易壁垒。中国与太平洋岛国经济互补性强。中国向太平洋岛国主要出口机电产品、金属及其制品、车船、塑料与橡胶制品等，主要进口原木、渔产品、矿产、天然气等。2017 年，中国与太平洋岛国贸易额大幅增长。根据国际货币基金组织数据，2017 年，12 个太平洋岛国（不含库克群岛与纽埃）同中国货物贸易总额达 61.0308 亿美元，较上年增长 73.2%（见表 2）。其中，从中国进口货物总额为 47.7331 亿美元，较上年增长 94.8%；对中国出口货物总额为 13.2977 亿美元，较上年增长 23.8%。

表 2　2016～2018 年中国与太平洋岛国货物进出口额

单位：百万美元

	自中国进口			对中国出口			进出口		
	2016 年	2017 年	2018 年	2016 年	2017 年	2018 年	2016 年	2017 年	2018 年
斐济	355.15	380.46	462.47	47.58	47.52	64.97	402.73	427.98	527.45
基里巴斯	11.24	6.74	6.83	0.01	0.00	0.00	11.25	6.74	6.83
马绍尔群岛	1081.22	3269.65	2295.71	3.58	17.24	32.01	1084.80	3286.88	2327.73
密克罗尼西亚	11.94	31.68	23.97	0.37	11.00	21.57	12.31	42.68	45.54
瑙鲁	1.74	0.45	2.03	0.02	0.24	0.11	1.76	0.69	2.14
帕劳	29.39	25.06	19.92	0.01	0.00	0.00	29.40	25.06	19.92
巴布亚新几内亚	752.14	875.71	888.78	748.31	925.81	1254.12	1500.45	1801.51	2142.89
萨摩亚	49.23	32.26	34.94	0.80	0.51	0.49	50.03	32.77	35.43
所罗门群岛	115.75	111.85	134.08	273.32	325.83	353.43	389.07	437.68	487.52
汤加	17.56	14.68	12.46	0.00	0.10	0.02	17.56	14.78	12.48
图瓦卢	0.17	0.57	0.38	0.02	0.01	0.01	0.20	0.57	0.39
瓦努阿图	24.30	24.20	23.30	0.53	1.53	1.68	24.83	25.73	24.98
合计	2449.85	4773.31	3904.88	1074.54	1329.77	1728.41	3524.40	6103.08	5633.30

资料来源：IMF，DOT Database，April 2019。

2018 年，中国与太平洋岛国货物贸易额有所下降，但太平洋岛国向中国出口货物额仍保持较快增长，由此推动双方贸易向更加平衡的方向发展。IMF 的数据显示，2018 年，12 个太平洋岛国（不含库克群岛与纽埃）同中国货物贸易总额为 56.3330 亿美元，较上年下降 7.7%。其中，从中国进口货物总额为 39.0488

亿美元，较上年下降 18.2%；对中国出口货物总额为 17.2841 亿美元，较上年增长 30.0%。同期，12 国同中国的货物贸易逆差为 21.76 亿美元，较上年下降 36.8%。

四　资金融通稳步推进

资金融通是“一带一路”建设的重要支撑。在“一带一路”建设框架下，依托亚洲基础设施投资银行和丝路基金等机构平台，中国与太平洋岛国不断深化投融资合作。2018 年 5 月 2 日，亚投行理事会宣布批准巴布亚新几内亚成为该行成员。巴新是继斐济、瓦努阿图、萨摩亚、汤加、库克群岛之后第 6 个加入亚投行的太平洋岛国成员（见表 3）。巴新在完成其国内相关程序和缴足首笔资本金后正式参与亚投行建设和运营。巴新加入亚投行再次展现了太平洋岛国对“一带一路”框架下资金融通的浓厚兴趣和强烈需求，并对基于规则和高标准治理的多边合作促进基础设施发展充分认可和支持。

表 3　亚投行太平洋岛国成员情况

单位：百万美元，%

序号	国别	正式会员日期/批准加入日期	认缴份额		投票权	
			金额	比例	金额	比例
1	斐济	2017 年 12 月 11 日	12.50	0.0130	2059	0.1825
2	瓦努阿图	2018 年 3 月 6 日	0.50	0.0005	1939	0.1718
3	萨摩亚	2018 年 4 月 3 日	2.10	0.0022	1951	0.1729
4	汤加	2017 年 6 月 16 日	—	—	—	—
5	库克群岛	2017 年 12 月 19 日	—	—	—	—
6	巴布亚新几内亚	2018 年 5 月 2 日	—	—	—	—

注：截至 2019 年 4 月。
资料来源：亚投行。

在支付和结算方面，越来越多的太平洋岛国酒店和商场可使用银联卡或支付宝，大大便利了中国游客在当地消费。目前，中国进出口银行和国家开发银行等中国的政策性或开发性金融机构已将业务拓展到太平洋岛国地区，为该地区提供了优质、便利的融资渠道，缓解了当地经济社会发展过程中融资难的问题。

五　民心相通成果丰硕

民心相通是“一带一路”建设的社会根基。在“一带一路”建设框架下，中国与太平洋岛国在旅游、教育、卫生、文化、媒体等领域交流日益频繁，并为深化双多边合作奠定了坚实的民意基础。

（一）援助聚焦民生

中国对太平洋岛国的无偿援助涉及救灾应急、减贫、医疗卫生、教育培训等民生领域，解决了当地的紧急需求，促进了经济社会的可持续发展。2018 年，中国向斐济、汤加、萨摩亚、巴新、瓦努阿图等太平洋岛国主要无偿援助情况如下。

斐济：2 月，中方向斐济转交价值 10 万斐济元的紧急救灾款用于当地救灾，向斐济转交援助车辆；4 月，中方向斐济转交价值 4 万斐济元的“乔西”飓风救灾设备；5 月，中方向斐济三个地方社区青年发展项目捐赠物资；9 月，由河南省文化厅等中方机构援建的斐济图书馆中国图书阅览区揭幕，援助包括一批书架、阅览桌椅、电脑等设施和 6100 余册中英文图书、20000 余册电子图书；10 月，袁隆平农业高科技股份有限公司与斐济农业部在苏瓦签署中国援助斐济北岛农业发展项目（第二期）实施方案确认书；12 月，“2018 年援助斐济临床专业护理海外培训班”结业。

汤加：1 月，中方向汤加纽阿地区转交中方捐赠当地的卡车；2 月，中方向汤国家应急管理办公室捐赠 500 箱饮用水以保障受风灾影响的民众饮用水供应；5 月，中方向汤加议会转交遭受飓风灾害后购置的办公设备，向汤加政府转交捐赠的农用机械设备以用于灾后重建和恢复农业生产，中方援助汤加民航体系建设海外培训班在努库阿洛法开班；6 月，双方签署广东省东莞市人民政府向汤加政府捐赠医疗设备交接证书；8 月，双方签署广东省东莞市人民政府向汤加政府捐赠储水罐交接证书；10 月，中方向汤加四个社区转交用于民生项目的资助，向汤加政府转交中方为“汤加青年议会”活动提供的资助。

萨摩亚：2 月，中方向阿皮亚附近的阿菲艾村村民捐赠 50 台中国产收音机以帮助其实时了解飓风灾情，中国红十字总会向萨摩亚红十字会捐款，以用于遭受“吉塔”飓风后的人道主义救援；8 月，中方向维萨拉村村委会和小学捐赠一批桌椅以丰富当地文化教育活动；10 月，中方向萨摩亚阿菲艾村捐赠 20 台用于中国政府在该村举办缝纫技术培训的脚踏式缝纫机；11 月，中方向萨摩亚政府捐赠一批药品、医疗器械和物资；12 月，中方向乌波卢岛 20 个村庄的 20 个贫困家庭捐赠了水箱。

此外，5 月，中方向瓦努阿图转交援助的 146 个储水罐，以帮助解决当地居民饮水困难问题；7 月，中方向巴新捐赠价值 120 万余元人民币的第十六批（第二批微创外科）药械；8 月，中方向巴新移交捐赠医疗物资，中国武夷公司向巴新东高地省政府捐赠大型农用设备。

（二）搭建旅游合作新平台

自 2006 年中国与太平洋岛国陆续签署“中国公民旅游目的地”合作备忘录，并批准中国公民落地签，中国游客对太平洋岛国的旅游热度迅速增长。根据马蜂窝旅游网数据，2018 年巴新旅游热度涨幅达 95%，所罗门群岛旅游热度上涨 80%，萨摩亚和瓦努阿图等岛国的旅游热度涨幅也超过 50%。[①]

2018 年 11 月，习近平主席在巴新同建交太平洋岛国领导人会晤期间指出，希望双方办好 2019 年中国—太平洋岛国旅游年系列活动。2019 年 4 月 1 日，中国—太平洋岛国旅游年在萨摩亚开幕。中国文化和旅游部部长雒树

① 《2019 年中国将举办中国与太平洋岛国旅游年　玩转这些风景优美小众海岛》，投资中国网站，http：//www. hyqcw. com/lvyou/chujing/2018/1130/8301. html。

刚与出席活动的岛国领导人及政府代表举行了集体会见。浙江、广东、广西等地方文化和旅游部门及中国旅游集团、携程、广之旅等旅游企业与30多家岛国旅游企业进行业务洽谈。随着“中国—太平洋岛国旅游年”的正式开幕，中国文化和旅游部将与南太岛国及南太平洋旅游组织合作，开展旅游调研、旅游人力资源培训、在线旅游推广等一系列务实合作，进一步扩大双方人员往来。

（三）教育培训合作持续深化

为增进中国人民与太平洋岛国人民的相互了解和友谊，发展中国与太平洋岛国在各领域的交流与合作，中国政府设立奖学金，资助岛国优秀学生、教师、学者到中国的大学学习或开展研究。其中，太平洋岛国论坛项目向太平洋地区的岛屿国家学生提供的全额奖学金，旨在鼓励和资助这些国家的青年学生来华留学。中国政府海洋奖学金项目，旨在为发展中国家培养相关专业的高级人才，加强各国间的海洋合作与交流，促进区域海洋和谐发展。中国还向岛国派遣了援教团、医疗队、农业科技团，提供了奖学金和研修培训班名额。中国已有289所大学承担中国政府奖学金生的培养任务。学科门类覆盖理学、工学、农学、医学、经济学、法学、管理学、教育学、历史学、文学、哲学、艺术学等。

孔子学院是“一带一路”倡议促进民心相通的文化教育平台。通过对汉语和中国文化的学习，增进了太平洋岛国人民对中国语言和文化的了解，加强了中国与各太平洋岛国的教育文化交流合作，从而促进了中国与太平洋岛国间的友好关系。2012年，第一个南太平洋岛国孔子学院在斐济苏瓦南太平洋大学成立。截至2018年底，5个太平洋岛国建立了孔子学院或孔子学堂，其中巴新建立2所孔子学院、斐济和萨摩亚各建立1所孔子学院、瓦努阿图和库克群岛各建立1个孔子学堂。①

① 《全球孔子学院（课堂）分布》，孔子学院总部/国家汉办网站，http://www.hanban.org/report/2018.pdf。

六　合作前景展望

尽管中国与太平洋岛国合作还面临很多内部和外部制约性因素，但双方合作的意愿十分强烈，合作基础日益巩固。并且，随着“一带一路”框架下“五通”合作日益深入以及太平洋岛国经济形势总体向好，中国与太平洋岛国合作迎来了新的机遇。中国与太平洋岛国深化合作既为太平洋岛国地区经济增长提供了动力，同时太平洋岛国经济向好也进一步夯实了双方合作的基础。根据 IMF 预测数据，在纳入统计的 12 个太平洋岛国中，7 个国家的 2019 年经济增长率将较上年有所提高。中国同太平洋岛国之间的良性互动关系日益凸显。

“相知无远近，万里尚为邻。”中国与太平洋岛国虽远隔重洋，但“21 世纪海上丝绸之路”将两者利益相连、情谊相通。进入 2019 年，随着中国—太平洋岛国旅游年在萨摩亚开幕以及第二届“一带一路”国际合作高峰论坛在中国北京举行，双方合作平台不断拓展。2019 年下半年，双方共同举办第三届中国—太平洋岛国经济发展合作论坛，并全面推动双方合作迈上新的台阶。总之，在首脑外交的引领下，通过政府和民间交往以及各领域合作，中国与太平洋岛国间将开启全面深化的战略合作伙伴关系建设的新征程。正如 2018 年 11 月习近平主席访问巴布亚新几内亚时所说的，“让中国同太平洋岛国关系扬帆再启航”。

B.12
2018～2019年中国对太平洋岛国的医疗卫生援助

王学东　李少康*

摘　要： 基于对“一带一路”建设以及人类命运共同体的倡导，中国对太平洋岛国的援助也逐步增加，医疗援助方面也是如此。2018年至2019年7月，中国继续加大了对太平洋岛国的医疗卫生援助力度，与太平洋岛国签署多项医疗援助和医疗合作协议，免费为太平洋岛国派遣医疗队，无条件捐赠相应的医疗物资和各类医疗设备等，此外，中国海军和平方舟医疗船继续为南太平洋岛国提供免费的医疗卫生服务。

关键词： “一带一路”倡议　南太平洋岛国　医疗卫生援助

一　中国对太平洋岛国的医疗卫生援助的背景

2015年3月，经国务院授权，外交部联合商务部、国家发改委发布的《推动共建丝绸之路经济带和21世纪海上丝绸之路的愿景与行动》提出21世纪海上丝绸之路重点方向“延伸至欧洲；从中国沿海港口过南海

* 王学东，中山大学国际关系学院副教授，教育部国别和区域研究培育基地——中山大学大洋洲研究中心副主任。李少康，教育部国别和区域研究培育基地——中山大学大洋洲研究中心研究助理。

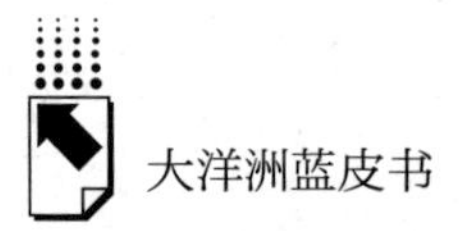

到南太平洋”。2017年6月国家发展和改革委员会、国家海洋局制定并发布《“一带一路”建设海上合作设想》，加强与21世纪海上丝绸之路沿线国战略对接，全方位推动各领域务实合作，造福沿线各国人民。根据21世纪海上丝绸之路的重点方向，“一带一路”提出了共建中国—大洋洲—南太平洋蓝色经济通道，南太平洋岛国的战略地位也因此变得更加重要。①

2018年11月15日至21日，习近平出席在巴布亚新几内亚首都莫尔斯比港举行的亚太经合组织第二十六次领导人非正式会议，对巴布亚新几内亚进行了国事访问，并同建交太平洋岛国领导人会晤。其间，习主席参加了位于巴新议会大厦前独立大道起点的中国援建道路启用仪式，并且为莫尔斯比港南部中国援建的中国巴新友谊学校揭牌。此外，习近平主席对于18年前自己担任福建省省长时推动实施福建援助巴新东高地省菌草、旱稻种植技术示范项目的往事娓娓道来，他认为：“人才是第一资源，我们援建布图卡学园就是为了帮助贵国培养人才，授人以鱼不如授人以渔。”这也阐明了中国援助的真诚用心。值得注意的是，无论是国事访问、同建交太平洋岛国领导人会晤，还是出席亚太经合组织领导人非正式会议，“一带一路”都是高频词。② “一带一路”倡议提出以来，不断走深走实，向世界各地延伸。太平洋岛国处于21世纪海上丝绸之路南线延长带，“丝路热”在岛国持续升温。2018年上半年，巴新加入亚投行，并成为首个同中国签署共建“一带一路”合作协议的太平洋岛国。不久密克罗尼西亚也和中国签署了共建“一带一路”合作协议。③国家主席习近平11月17日在巴布亚新几内亚首都莫尔斯比港出席亚太经合

---

① 《“一带一路”建设海上合作设想》，新华网，http://www.xinhuanet.com/politics/2017-06/20/c_1121176798.htm，访问时间：2019年7月11日。

② 《习近平主席对巴布亚新几内亚、文莱、菲律宾进行国事访问并同建交太平洋岛国领导人会晤纪实》，新华网，http://www.xinhuanet.com/politics/leaders/2018-11/22/c_1123754816.htm，访问时间：2019年7月11日。

③ 《习主席的巴新时间丨南太吹来中国风》，新华网，http://www.xinhuanet.com/world/2018-11/19/c_129996753.htm，访问时间：2019年7月11日。

组织工商领导人峰会并发表题为《同舟共济创造美好未来》的主旨演讲，习近平认为发达国家应该履行官方发展援助承诺，增加对广大发展中国家的支持，而共建“一带一路”是中国同世界共享机遇、共谋发展的阳光大道。① 正如巴布亚新几内亚驻香港名誉领事詹剑仑表示，巴新期待在共建“一带一路”倡议下走上高速增长的康庄大道。② 长期以来，中国对南太平洋岛国的大量援助以及帮助发展中国家的行动和承诺，也体现了一个大国的责任和担当。

2019 年 4 月 26 日国家主席习近平出席第二届“一带一路”国际合作高峰论坛开幕式时，发表了《齐心开创共建“一带一路”美好未来》的主旨演讲，强调共建“一带一路”为世界各国发展提供了新机遇，也为中国开放发展开辟了新天地。并且在各方共同努力下，首届“一带一路”国际合作高峰论坛的各项成果顺利落实，150 多个国家和国际组织同中国签署共建“一带一路”合作协议。从亚欧大陆到非洲、美洲、大洋洲，共建“一带一路”为世界经济增长开辟了新空间，为国际贸易和投资搭建了新平台，为完善全球经济治理拓展了新实践，为增进各国民生福祉做出了新贡献，成为共同的机遇之路、繁荣之路。③ 同时习近平主席强调，“为发展中国家营造更多发展机遇和空间，帮助他们摆脱贫困，实现可持续发展”④。倡议启动共建“一带一路”生态环保大数据服务平台，继续实施绿色丝路使者计划，并同有关国家一道，

① 《习近平主席在亚太经合组织工商领导人峰会上的主旨演讲（全文）》，新华网，http：//www. xinhuanet. com/politics/leaders/2018 －11/17/c_ 1123728402. htm，访问时间：2019 年 7 月 11 日。

② 《同舟共济 推动世界经济行稳致远——习近平主席在亚太经合组织工商领导人峰会上的主旨演讲引发各界热烈反响》，新华网，http：//www. xinhuanet. com/world/2018 －11/18/c_ 1123729396. htm，访问时间：2019 年 7 月 11 日。

③ 《习近平出席第二届“一带一路”国际合作高峰论坛开幕式并发表主旨演讲》，新华网，http：//www. xinhuanet. com/politics/leaders/2019 －04/26/c_ 1124420373. htm，访问时间：2019 年 7 月 11 日。

④ 《习近平在第二届“一带一路”国际合作高峰论坛开幕式上的主旨演讲（全文）》，新华网，http：//www. xinhuanet. com/politics/leaders/2019 －04/26/c_ 1124420187. htm，访问时间：2019 年 7 月 11 日。

实施“一带一路”应对气候变化南南合作计划，深化农业、卫生、减灾、水资源等领域合作，同联合国在发展领域加强合作，努力缩小发展差距。

因此，随着中国—大洋洲—南太平洋蓝色经济通道的提出，中国也越来越重视对于南太平洋岛国的援助，在此背景下，中国对于南太平洋岛国的援助大幅度增加。对一些南太平洋岛国的援助甚至可以与传统捐助国分配的数额相媲美。①

二 中国对太平洋岛国的医疗卫生援助概况

在休戚与共的全球背景下，关乎所有人健康权、生存权的健康卫生问题上升为世界性的重大议题。近年来中国积极参与全球卫生治理，倡导人类命运共同体的新型外交理念，在“一带一路”倡议下，大力推动“健康丝绸之路”建设。其中，中国在南太平洋地区医疗卫生援助的资金投入在过去十年中增长显著，甚至可以与传统捐助国相媲美。②

据统计，2006 年至 2019 年 3 月，中国对南太平洋岛国医疗援助总金额为 4.4069 亿美元，其中并不包含没有经过金额统计的中国派遣到南太平洋岛国的医疗援助队以及给予的相关物资设备等。2006 年至 2016 年 6 月，中国对南太平洋岛国的医疗援助金额大约是 2.3970 亿美元；③ 2017 年已知的中国对南太平洋岛国的医疗援助金额约为 98.7 万美元。④

---

① Philipa Brant, “Chinese Aid in the South Pacific: Linked to Resources?” *Asian Studies Review*, 31 May 2013 , p. 160.

② Philipa Brant, “Chinese Aid in the South Pacific: Linked to Resources?” *Asian Studies Review*, 31 May 2013, p. 160.

③ Philippa Brant, “Chinese Aid in the Pacific,” Lowy Institute, https://chineseaidmap.lowyinstitute.org/，访问时间：2019 年 7 月 11 日。

④ Philippa Brant, “Chinese Aid in the Pacific,” Lowy Institute, https://pacificaidmap.lowyinstitute.org/，访问时间：2019 年 7 月 11 日。关于 2017 年中国对南太平洋的医疗卫生援助金额仅仅是对萨摩亚的援助额，对于其他国家的援助金额暂时缺少。

2019 年 2 月 21 日，中国政府向巴新莫尔斯比港总医院捐赠逾 2 亿美元药品与医疗设备。① 详细的医疗援助信息见表 1。

表 1　2006～2019 年中国对太平洋岛国医疗援助情况

单位：百万美元

年份	援助项目	援助金额	接受援助国
2006	—	—	—
2007	捐赠 CT 扫描仪	1.19	萨摩亚
2008	塔布岛乡村社区保健中心、瓦瓦乌岛王子医院改扩建	2.95	汤加
	陶洛马军事医院扩建	1.28	巴布亚新几内亚
2009	Sampun 乡村诊所	0.4	巴布亚新几内亚
	中国医疗队和医疗设备	0.66	密克罗尼西亚
2010	国家医疗中心和卫生部总部	59.96	萨摩亚
2011	—	—	—
2012	—	—	—
2013	纳务瓦医院	5.97	斐济
2014	登革热捐赠	0.05	
2015	医疗设备物资	0.711	汤加
	X 射线重型机	1.41	
	纳务瓦医院技术合作项目	0.726	斐济
2016	新恩加省医院项目；中、澳、巴新三方疟疾控制发展合作试点项目	163.34	巴布亚新几内亚
	中国医疗队	0.528	汤加
2017	医疗器材捐赠	0.987	萨摩亚
2018	—	—	—

① "Chinese Govt Gives over K2m Worth of Medicine POMGH-Post Courier," https://postcourier.com.pg/chinese-govt-gives-k2m-worth-medicine-pomgh/，访问时间：2019 年 7 月 11 日。本报告缺少对太平洋其他岛国的医疗援助金额。

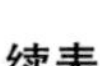

年份	援助项目	援助金额	接受援助国
2019	捐赠莫尔斯比港总医院药品与医疗设备	200	巴布亚新几内亚
总计	—	440.69	—

注：2019 年数据截至 2019 年 3 月。

资料来源：Philippa Brant，"Chinese Aid in the Pacific，" Lowy Institute，https：//chineseaidmap. lowyinstitute. org/，访问时间：2019 年 7 月 11 日。Chinese Govt Gives over K2m Worth of Medicine POMGH-Post Courier，https：//postcourier. com. pg/chinese - govt - gives - k2m - worth - medicine - pomgh/，访问时间：2019 年 7 月 11 日；PACIFIC AID MAP，https：//pacificaidmap. lowyinstitute. org/，访问时间：2019 年 7 月 11 日。

除了以上中国对太平洋岛国医疗援助的具体金额之外，2017 ~ 2019 年中国对太平洋岛国的医疗援助还包括医疗队派遣以及医疗机构的援建等。例如，2017 年 2 月 8 日，中国与瓦努阿图举行了援瓦维拉港和桑托岛医疗技术合作项目下药品和医疗器材交接仪式，中国除了向维拉港和桑托岛派驻两支医疗队定期赴外岛巡诊外，还提供了相应的药品和器械，建交 35 年来，中国连续向瓦派遣医疗队，为瓦民众提供了优质的医疗服务。① 2017 年 6 月，由广东建工对外建设有限公司承建，中国进出口银行优惠买方信贷支持建设的恩加省医院项目开工，该医院建成后将彻底改变恩加人民看病难问题，大幅改善恩加省及其周边省份的医疗卫生条件。② 同年 9 月，广东省惠州市向萨卫生部和国家医院捐赠价值 300 万塔拉（约 115.4 万美元）的医疗器材，并且接收 4 名萨国家医院的医生前往惠州接受 4 个月的专业培训，学习使用惠州市捐赠的医疗器材。③

① 《中国援瓦医疗技术合作项目药品及医疗设备对外移交》，中华人民共和国驻瓦努阿图共和国大使馆网站，http：//vu. chineseembassy. org/chn/zwgx/t1437118. htm，访问时间：2019 年 7 月 11 日。

② 《驻巴布亚新几内亚大使薛冰出席恩加省医院项目开工仪式》，中华人民共和国驻巴布亚新几内亚独立国大使馆网站，http：//pg. china-embassy. org/chn/zbgx/t1471302. htm，访问时间：2019 年 7 月 11 日。

③ 《太平洋岛国研究通讯》，太平洋岛国研究智库平台，http：//www. rcpic. cn/f/information/study/list？type = 2，访问时间：2019 年 7 月 11 日。

2018 年 2 月，中国驻巴布亚新几内亚大使薛冰同巴新方代表、莫尔斯比港总医院行政总监古普塔签署第九期中国援助巴新医疗队议定书，并代表中方向莫尔斯比港总医院捐赠医用物资。[①] 从2002 年起，应巴新政府请求，中国开始向巴新派遣医疗队，由重庆市卫生部门承办，截至 2018 年 11 月，已经派遣了 9 批医疗队，共 90 名队员，为巴新人民提供了 10 万多人次的医疗服务，给当地医务人员开展了 1000 多次卫生培训，并向当地医院捐赠了短缺的医疗器械和药品。[②] 同年 8 月，深圳市疾控中心副主任马汉武和巴新卫生部秘书长卡斯在莫尔斯比港为深圳—巴新抗疟中心正式揭牌。[③] 2018 年 12 月 3 日至 20 日，中国在斐济首都苏瓦殖民地战争纪念医院举办了“2018 年援助斐济临床专业护理海外培训班”，培训具有很强的针对性、专业性和适用性，此次斐方组织全国各地 50 余名医护人员参加，并希望中国政府明年能继续举办类似的培训。[④] 2018 年 2 月，山东省卫生计生委开展 2018～2019 年援汤加医疗队员选拔工作。根据中汤两国政府间协议和国家卫生计生委安排，2018～2020 年，由山东省承派中国援汤加医疗队，每期医疗队在国外工作半年，共四期，每期选派 5 名队员，专业分别为麻醉科、超声科、急诊科、检验科、眼科。[⑤] 2018 年 5 月 18 日，中国驻萨摩亚独立国大使王雪峰与萨卫生部长图伊塔马签署中萨两国《关于派遣中国医疗队赴萨摩亚工作的议定书》，中国政府向萨摩亚派遣第 15 期来自吉林省的中国医疗队。本期医疗队工作时间为两年，同时每

① 《驻巴布亚新几内亚大使薛冰出席援助巴新医疗队议定书签字仪式》，中华人民共和国驻巴布亚新几内亚独立国大使馆网站，http：//pg. china-embassy. org/chn/zbgx/t1532408. htm，访问时间：2019 年 7 月 11 日。

② 《太平洋岛国研究通讯》，太平洋岛国研究智库平台，http：//www. rcpic. cn/f/information/study/list？type =2，访问时间：2019 年 7 月 11 日。

③ 《太平洋岛国研究通讯》，太平洋岛国研究智库平台，http：//www. rcpic. cn/f/information/study/list？type =2，访问时间：2019 年 7 月 11 日。

④ 《“2018 年援助斐济临床专业护理海外培训班”圆满结业》，中华人民共和国驻斐济共和国大使馆经济商务参赞处网站，http：//fj. mofcom. gov. cn/article/jmxw/201812/20181202819866. shtml，访问时间：2019 年 7 月 11 日。

⑤ 《太平洋岛国研究通讯》，太平洋岛国研究智库平台，http：//www. rcpic. cn/f/information/study/list？type =2，访问时间：2019 年 7 月 11 日。

年向萨卫生部和医院捐赠一批药品、器械和物资。[①] 此外，2018 年 7 月 11 日至 8 月 20 日，执行“和谐使命——2018”任务的中国海军和平方舟医院船先后对巴布亚新几内亚、瓦努阿图、斐济和汤加进行了友好访问并为当地民众提供人道主义医疗服务。其间，和平方舟医院船在巴布亚新几内亚累计为 6209 人次提供了免费诊疗，在瓦努阿图免费诊疗 4696 人次，在斐济免费诊疗 6577 人次，在汤加免费诊疗 5532 人次。[②] 2018 年 11 月 14 日，在对巴布亚新几内亚独立国进行国事访问前夕，国家主席习近平在巴布亚新几内亚《信使邮报》《国民报》发表题为《让中国同太平洋岛国关系扬帆再启航》的署名文章表示，“中国医疗队 16 年如一日为巴新民众提供人道主义医疗服务”，“中国海军‘和平方舟’医院船访问巴新、斐济、汤加、瓦努阿图，为 2 万多名岛国民众提供了人道主义诊疗服务”。[③]

2019 年 2 月 21 日，中国政府感谢莫尔斯比港总医院在过去一年中给予中国医疗队的长期支持，作为长期合作伙伴，中国将在未来帮助建立泌尿外科中心。[④] 中国已累计向巴新派遣 9 批医疗队，并向巴新捐赠了大量的医疗器材和物资，为巴新医疗卫生事业发展和人民健康水平提高做出了贡献。中巴新疟疾防治中心的建立有效改善了当地防治疟疾的能力，帮助巴新人民摆脱疟疾困扰，并且培养了一支本土疟疾防治队伍。中国海军和平方舟医院船再度到访巴新，为当地民众提供人道主义医疗服务，赢得广泛赞誉。[⑤] 2019 年 1 月，《萨摩亚观察家报》以《第一批中国医疗队医生满载美好回忆即将

---

① 《太平洋岛国研究通讯》，太平洋岛国研究智库平台，http://www.rcpic.cn/f/information/study/list? type =2，访问时间：2019 年 7 月 11 日。

② 《太平洋岛国研究通讯》，太平洋岛国研究智库平台，http://www.rcpic.cn/f/information/study/list? type =2，访问时间：2019 年 7 月 11 日。

③ 《习近平在巴布亚新几内亚媒体发表署名文章》，新华网，http://www.xinhuanet.com/politics/leaders/2018 -11/14/c_ 1123711991.htm，访问时间：2019 年 7 月 11 日。

④ 《太平洋岛国研究通讯》，太平洋岛国研究智库平台，http://www.rcpic.cn/f/information/study/list? type =2，访问时间：2019 年 7 月 11 日。

⑤ 《驻巴布亚新几内亚使馆临时代办姚明出席援助巴新医疗物资捐赠仪式》，中华人民共和国驻巴布亚新几内亚独立国大使馆网站，http://pg.china-embassy.org/chn/zbgx/t1639934.htm，访问时间：2019 年 7 月 11 日。

启程回国》为题又一次对中国援萨医疗队进行图文并茂的专题报道。其中脑外科医生洪新雨大夫在有限的医疗条件下，于2018年12月为一位遭遇车祸的萨摩亚男孩成功进行了开颅手术，挽救了男孩的生命。① 从上文可以看出，2017年以来中国继续加大了对太平洋岛国的医疗援助力度，为太平洋岛国的医疗卫生事业做出了巨大的贡献。

三　中国对太平洋岛国的医疗卫生援助方式

中国对太平洋岛国乃至其他地区的医疗卫生援助主要分为四大形式：医疗卫生成套项目、援外医疗、药品设备以及卫生人力合作。其中，医疗卫生成套项目和援外医疗占比超过九成，分别为70.58%和20.49%（见图1）。作为新兴援助国，中国对太平洋岛国的医援形式也呈现一些较为显著的特点。

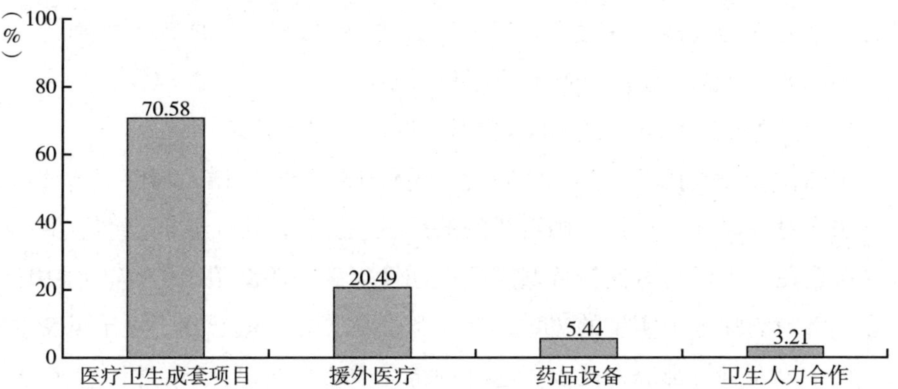

图1　中国对外卫生发展援助经费投入情况

资料来源：《政策简报第36期：中国医疗卫生成套项目援助：从工程援建向功能援助转变》，http：//cps.nhfpc.gov.cn/ghsp/zcjb/201802/7cc4117366b24b9eb8cc154e72ab4fe0.shtml，访问时间：2019年7月18日。

① 《〈萨摩亚观察家报〉积极报道中国援萨医疗队事迹》，中华人民共和国驻萨摩亚独立国大使馆网站，http：//ws.chineseembassy.org/chn/zsgx/t1629270.htm，访问时间：2019年7月11日。

首先，采用“交钥匙”的援建方式。

援建医疗卫生机构是中国对太平洋岛国医疗卫生援助最主要的形式。中国积累了多年国内基础设施建设的成功经验，能独立承担包括医疗机构在内的大型基础设施的整体施工流程，并在建成后以“交钥匙”的形式交付受援方使用。[①] 换言之，一旦项目交付对方，中国援助即宣告结束，中国政府无须对后续运营负责，这在双方政府之间的换文协议上也有明确的说明。

其次，医疗队援助职责兼具“综合性”。

医疗队作为中国对外医疗援助的重要形式，获得了受援国的广泛赞誉，被称为健康与友谊的使者。医疗队派遣之所以在中国援外医疗中有如此重要的地位，主要基于三个原因：第一，中国人口基数大，卫生人力相较日本等国有优势，每年派出的援外人员规模在世界上都名列前茅；第二，它是一项政治任务，不但能够增强中国与包括太平洋岛国在内的发展中国家的合作，而且是推行公共卫生外交的有效形式，富有长期性及战略意义；第三，它还具有良好的社会效益，不仅提升了中国的“软实力”，还展现了中国负责任大国的风范，为维护世界和平做出了巨大贡献。

最后，重视现代与传统医学援助相结合。

中国在传播现代医学技术的同时，还善于结合本国博大精深的传统中医学疗法在对象国开展独具中国特色的医疗卫生援助。由于常年温暖湿润，风湿性疾病在太平洋岛国比较普遍。这类慢性疾病用西医很难治疗，而中医专家在斐济、汤加等国实施的拔罐、针灸和推拿等方法就起到了立竿见影的效果。很多政府官员都非常热衷于这种神奇的中式疗法，并口口相传，产生了良好的民间传播效应。

四　中国对太平洋岛国的医疗卫生援助效果

援助效果问题无论是在中国还是在西方国家的援助中，都一直是备受关

① 王云屏、金南、樊晓丹：《中国对外援助医疗卫生机构的历史、现状与发展趋势》，《中国卫生政策研究》2017 年第 8 期，第 64 页。

注的问题。另外，援助效果问题是和援助活动的实施同时产生的，世界各援助国也非常重视援助过程和结果的评估工作。

中国对太平洋岛国的医疗卫生成果主要体现在“卫生人力资源”、“卫生服务提供”、“医疗产品、疫苗和技术”和“医疗融资”四个方面，并获得了高度赞誉。[①] 而在“卫生信息系统”和“领导和治理”方面的贡献则相对欠缺。作为中国主要的技术援助形式，医疗队派遣、医疗技术和服务研修以及提供奖学金支持对方医学生来华学习和实习等“卫生人力资源”援助活动取得了突出成果。中国为提高当地卫生服务水平也做出了努力，如2018年12月3日至20日，来自湖南儿童医院的专家在斐济首都苏瓦殖民地战争纪念医院开展了“2018年援助斐济临床专业护理海外培训班”。此次培训是中国政府在斐济举办的首个卫生健康领域的双边海外培训班，加强了中斐两国医疗卫生领域的交流合作。斐济殖民地战争纪念医院院长卢克·纳塞德拉博士在致辞中感谢中国政府为斐济量身组织安排的此次培训，称赞培训具有很强的针对性、专业性和适用性。此次斐方组织全国各地50余名医护人员参加，培训中，中国医护人员精心准备教材、耐心传授临床护理知识，尤其是新生儿疑难杂症的临床救护知识，指导斐济基层医护人员通过教学用模型进行实际操作，使斐方基层医护人员学到很多有用的知识和技能，对提高斐济临床专业护理水平有很好的促进作用，斐济希望中国政府明年能继续举办类似的培训。[②]

此外，相较于日本，中国对太平洋岛国的医疗物资援助投入更多，及时缓解了岛国缺医少药的问题。而且，中国为岛国的“医疗融资”提供了新的渠道。2006年之后，中国对该地区80%的援助采取了优惠贷款的形式。

---

① UNDP, “China's South-South Cooperation with Pacific Island Countries in the Context of the 2030 Agenda for Sustainable Development-Series Report: Health and Health Service Delivery,” Beijing: United Nations Development Programme in China, 2017, p. 10.

② 《“2018年援助斐济临床专业护理海外培训班”圆满结业》，中华人民共和国驻斐济共和国大使馆经济商务参赞处网站，http://fj.mofcom.gov.cn/article/jmxw/201812/20181202819866.shtml，访问时间：2019年7月11日。

目前，萨摩亚医疗中心一、二期工程（2010～2014 年）和巴新的新恩加省医院（2016～2019 年）就是通过中国优惠贷款援建的大型医疗卫生机构成套项目。

尽管如此，中国对太平洋岛国的医援还存在诸多不足。突出的问题是关于“领导和治理”以及“卫生信息系统”方面的援助几近空白。而“时空错位”的援外医疗政策以及“民间外交官”身份意识的缺乏直接导致人员“派遣难”。另外，以“交钥匙”方式援建的医疗机构项目也容易引起一系列后续运作问题。而欠缺推广“公共卫生外交”、打造“中国品牌”的意识也大大削弱了援助成效。另外，相较于西方成熟的援助评估体系，中国的评估方式还远没有上升到科学化、系统化的程度，评估体系的缺失造成严重的资源浪费和援助人员工作懈怠。

以上不足均是表层的制约因素，从更深层次追溯，则表现为中国对医疗卫生领域援助的重视不够，缺乏相关法律支持和战略指导。自 2009 年联大会议第一次使用“全球卫生外交”概念以来，西方国家先后制定健康医疗战略，出台相关政策指南和方针指导国际卫生合作。相比之下，中国的卫生外交重要性没有被提到战略高度，对外医疗卫生援助政策依然遵照“八项原则”，缺少细分领域的明确目标指向和战略规划，很多相关主体在参与包括卫生领域的外交活动时容易陷入被动。这些因素都严重制约了中国与太平洋岛国之间的外交成效。

五　结语

随着中国“一带一路”倡议的升级和深入开展，尤其是中国—大洋洲—南太平洋蓝色经济通道作为“21 世纪海上丝绸之路”的重点方向之一，南太平洋的战略地位越来越重要。2018 年 11 月中国国家主席习近平首次对巴布亚新几内亚进行国事访问，支持巴布亚新几内亚举办 APEC 会议，并参观了中国在巴布亚新几内亚的相关援助项目，这都释放了中国对于南太平洋地区更加重视的信号。而鉴于该地区较为落后的状况，想更好地在南太平洋地区实施“一带一路”，就有必要加大对于太平洋岛国的援助力度，而医疗卫生援助作为一种惠及普遍民众的“民心工程”在中国对太平洋岛国援助的过程中也开始更加受到重视，中国政府也在之前的基础上加大了对太平洋岛国的医疗卫生援助力度。2019 年 2 月中国仅在巴布亚新几内亚的医疗援助金额就几乎与之前数年的援助金额总和相当，这也直接说明了中国加强南太平洋岛国医疗卫生援助与“一带一路”深入展开之间的相关性。此外，中国对太平洋岛国的医疗卫生援助给当地老百姓带来了实实在在的好处，中国的一系列医疗援助有力地缓解了当地紧张落后的医疗卫生状况。

中国对太平洋岛国多年的医疗卫生援助无论是对受援国还是对于全球卫生问题的解决贡献是巨大的，这也有力地反驳了澳大利亚等国家一些人员提出的中国在太平洋岛国地区的“一带一路债务陷阱论”。恰恰与“一带一路债务陷阱论”相反，“一带一路”在南太平洋地区的开展为当地经济社会发展做出实实在在的贡献，证明了“一带一路”是共同的机遇之路、繁荣之路；中国对南太平洋地区的医疗卫生援助为当地人民带来了更多的福祉，再次重申了“人类命运共同体”的意义。

总之，随着“一带一路”建设在南太平洋地区的深入实施，以及“健康丝绸之路”的开展，中国对于南太平洋地区的医疗卫生援助必然会与日俱增，为当地的医疗卫生事业做出更大的贡献，也必将有力地推动人类命运共同体的建设。

B.13

“一带一路”建设在巴布亚新几内亚的机遇和挑战

沈予加　大卫·莫里斯*

摘　要： 中国将继续积极推进“一带一路”建设，加强同世界各国的交流合作，让中国的发展造福人类。中国与巴布亚新几内亚于1976年建交，2018年6月签订“一带一路”建设合作备忘录，合作交往日益频繁。中国巴新关系正在向好、向密快速发展。如今，巴新已成为中国在太平洋岛国地区最大的投资目的地、进出口贸易额最大的国家。巴新正积极响应“一带一路”倡议，本报告将着重分析巴新成为推进“一带一路”倡议建设新亮点的基础和原因，以及分析中国巴新两国在“一带一路”倡议建设中的机遇和挑战。

关键词： “一带一路”倡议　巴布亚新几内亚　海洋战略

一　问题的提出

2014年11月，习近平访问斐济并发表讲话指出，中国对发展同太平洋

* 沈予加，中山大学国际关系学院副研究员，教育部国别和区域研究培育基地——中山大学大洋洲研究中心副研究员，主要研究领域为中澳关系、澳大利亚对外政策和国内政治、太平洋岛国等。大卫·莫里斯，前任太平洋岛国论坛驻华贸易代表，太平洋岛国论坛首席代表，布达佩斯考文纽斯大学（Corvinus University of Budapest）博士。

岛国关系的重视只会加强、不会削弱，投入只会增加、不会减少。2017 年 6 月国家发改委联合国家海洋局发布《“一带一路”建设海上合作设想》，提出要重点建设三条蓝色经济通道，其中包括中国—大洋洲—南太平洋蓝色经济通道。南太平洋地区也是 21 世纪海上丝绸之路南线的延伸，太平洋岛国是南太平洋地区的重要组成部分，太平洋岛国对我国对外政策具有重要意义和经济意义，首先，它是连接太平洋和印度洋的重要海上运输通道；南太平洋也是中国从南美洲进口能源的重要海上通道，随着中国从南美不断扩大进口能源，南太平洋海上战略通道将成为中国未来重要的能源运输通道。其次，大多数岛国虽然国土面积小，但是拥有丰富的渔业资源和林业资源。太平洋岛国是亚太一体化的重要组成部分，中国与太平洋岛国的合作日渐加强，在经济、政治、文化、教育等领域都取得明显进展。太平洋岛国在中国外交布局中的地位正日益凸显。目前，中国在南太平洋地区拥有有史以来最大规模的外交使团，取得卓越的成果。“一带一路”倡议在太平洋岛国地区获得热烈反响，巴布亚新几内亚（简称“巴新”）、斐济、瓦努阿图等国都表示愿意参与“一带一路”倡议，2018 年 6 月，《中华人民共和国政府与巴布亚新几内亚独立国政府关于共同推进丝绸之路经济带和 21 世纪海上丝绸之路的备忘录》签署，巴新成为首个同中国签订“一带一路”倡议备忘录的太平洋岛国。

中国同巴新的友好合作关系对中国巴新的发展具有重大意义，也对中国在南太平洋地区的发展具有深远意义。2018 年 11 月亚太经合组织领导人非正式会议在巴新的召开也标志着巴新参与多边经济合作的能力。本报告将着重分析巴新对中国南太政策的重要性，及在现有基础上进一步深化双方关系可能面临的挑战。

中国巴新关系已有良好的基础。中国与巴新于 1976 年建交，40 多年来，两国关系以相互尊重为基石，合作交往日益频繁。如今，巴新已成为中国在南太平洋地区最大的投资目的地，巴新正积极响应“一带一路”倡议。此外，巴新总理对中国频频示好，2018 年 6 月，《中华人民共和国政府与巴布亚新几内亚独立国政府关于共同推进丝绸之路经济带和 21 世纪海上丝绸之路的备忘录》的签署使中国所倡导的“21世纪海上丝绸之路”在南太出现了新的机遇与看点。

近年来，中国巴新两国的经贸合作愈加频繁，互动良好。2017年11月，巴新总理奥尼尔应邀出席广州《财富》全球论坛开幕式并致辞；2018年6月，《中华人民共和国政府与巴布亚新几内亚独立国政府关于共同推进丝绸之路经济带和21世纪海上丝绸之路的备忘录》签署；2018年11月，习近平主席出席在巴新举办的亚太经合组织领导人非正式会议，中国巴新关系正在向好、向密地快速发展。作为中国在南太平洋外交的重要伙伴，巴新能否成为推进“一带一路”建设的新亮点？中国巴新关系不断深化过程中将有哪机遇和挑战？

近年来，国内学术界对中国与太平洋岛国关系日益重视，研究成果对中国了解太平洋岛国具有重要意义，文献主要可以分为两类。一类是对双边关系进行全方位研究，详尽介绍中国与太平洋岛国的关系，并对其进行战略解读。[①] 另一类是从微观方面着手，以具体问题为导向，从不同的维度阐明中国与太平洋岛国的发展情况。具言之，这些方面主要包括中国与太平洋岛国的经济合作情况[②]、中国对太平洋岛国的援助情况[③]、华人华侨在中国与太平洋岛

---

① 陈菲：《中国与太平洋岛国合作的现状、挑战及对策》，《社会主义研究》2011年第5期，第123～126页；宋秀琚、叶圣萱：《“一带一路”倡议与中国—太平洋岛国合作》，《当代世界》2016年第8期，第69～72页；王玮、韩锋、陈须隆、金灿荣：《中国外交全球战略新布局——习近平主席出访太平洋岛国的重大意义》，《太平洋学报》2015年第1期，第1～10页；徐秀军：《中国的南太平洋周边外交：进展、机遇与挑战》，《太平洋学报》2016年第10期，第30～38页；徐秀军：《中国发展南太平洋地区关系的外交战略》，《太平洋学报》2014年第11期，第16～25页；岳小颖：《竞争者还是合作者？——太平洋群岛地缘政治格局中的中国》，《理论月刊》2014年第2期，第108～112页。

② 刘建峰、王桂玉：《中国与太平洋岛国旅游合作研究》，《太平洋学报》2014年第11期，第47～54页；梁甲瑞：《中国—大洋洲—南太平洋蓝色经济通道构建：基础、困境及构想》，《中国软科学》2018年第3期，第1～9页。

③ 康晓：《多维视角下中国对南太平洋岛国气候援助》，《太平洋学报》2017年第9期，第24～35页；吕桂霞、张登华：《太平洋岛国地区气候变化现状及各方的应对》，《学海》2017年第6期，第59～62页；秦升：《超越“竞争性援助”：“21世纪海上丝绸之路”建设与太平洋岛国经济发展的新思考》，《太平洋学报》2017年第9期，第47～56页。

国双边关系中的作用①以及大国在南太地区的争夺对中国的影响与中国的应对②。此类文章仅对双边关系中的一个方面做出剖析，难以发挥系统性的战略指导作用。太平洋岛国地区包含 14 个国家、8 个领地，覆盖广袤的太平洋海域，各个国家政治、经济、文化情况迥异，随着太平洋岛国地区在我国的对外政策中的重要性的上升，我国对太平洋岛国的研究应该更加精细化、精准化，对巴新的研究也应独立地从政治、经济、社会文化等多个维度着眼。

巴新是太平洋岛国地区第一大国家，也是大洋洲第二大国家，中国巴新关系对中国的南太政策具有重要战略意义，是相关研究关注的重点。目前，中国对巴新的研究要么处于中国与太平洋岛国研究的大框架下，要么仅对中国与巴新的经济关系进行叙述③，对中国与巴新全面的双边关系研究不足，尤其是《中华人民共和国政府与巴布亚新几内亚独立国政府关于共同推进丝绸之路经济带和 21 世纪海上丝绸之路的备忘录》签署以后，中国巴新关系迈入新的阶段，两国也将面临新机遇和新挑战。

---

① 费晟：《南太平洋岛国华人社会的发展：历史与现实的认知》，《太平洋学报》2014 年第 11 期，第 55～62 页；李德芳：《中国对太平洋岛国的文化外交：目标、路径及效用评析》，《太平洋学报》2017 年第 9 期，第 57～69 页；张秋生：《加强大洋洲、南太平洋地区华侨华人问题研究的新思考》，《东南亚纵横》2012 年第 9 期，第 34～37 页。

② 梁甲瑞：《海上战略通道视角下中印在南太平洋地区的海洋战略博弈》，《南亚研究季刊》2017 年第 1 期，第 25～32、108、111 页；梁甲瑞：《日本南太地区战略调整及对中国的影响》，《国际关系研究》2015 年第 5 期，第 108～126、157 页；梁甲瑞：《中美南太平洋地区的“软平衡”态势及前景》，《世界经济与政治论坛》2017 年第 2 期，第 91～109 页；梁甲瑞、陈德正：《中国在南太的海洋战略原则》，《开放导报》2016 年第 2 期，第 11～13 页；梁甲瑞、高文胜：《中美南太平洋地区的博弈态势、动因及手段》，《太平洋学报》2017 年第 6 期，第 17～32 页；宋秀琚、叶圣萱：《浅析“亚太再平衡”战略下美国与南太岛国关系的新发展》，《太平洋学报》2016 年第 1 期，第 50～62 页；宋秀琚、叶圣萱：《日本－南太岛国关系发展及中国的应对》，《国际观察》2016 年第 3 期，第 144～157 页。

③ 高潮：《南太平洋上的明珠——巴布亚新几内亚》，《中国对外贸易》2006 年第 1 期，第 80～83 页；李曦：《巴布亚新几内亚基础设施建设现状及中国企业的参与方略》，《福建建筑》2017 年第 5 期，第 118～121 页。

二 中国巴新关系深化的基础和原因

中国巴新关系在过去五年取得了跨越式发展，这是中国巴新政府立足于两国国情，在互利共赢、相互尊重的原则下的南南合作的典范。中国巴新关系能够实现跨越式发展有其特殊的历史背景和原因。

第一，中国改革开放四十年来取得的经济成就举世瞩目。亚太地区的经济结构也随之出现转变，发展中国家的经贸合作正在成为世界经济发展的主流。中国日益成为太平洋岛国重要的进口和出口贸易市场，中国巴新两国的贸易额也逐年上涨，2017 年太平洋 16 个岛国对中国的出口总额达到 35 亿美元，巴新的对华出口额更是占总额的 57%，高达 20 亿美元。自 20 世纪 90 年代以来，巴新对中国的出口额逐年上涨，2002 年中国取代日本成为巴新在亚洲的第一大出口市场。巴新是大洋洲面积第二大国家，自独立以来，长期与澳新形成较为稳定的经贸关系，但巴新的对外宣传一直较为落后，而且由于长期依靠资源出口，巴新呈现“荷兰病”的一些特征：汇率较高，除矿业以外的其他产业发展较为滞后，在国际竞争中缺乏优势，再加之治安情况较差，对外资吸引力较弱。根据国际货币基金组织（IMF）的数据，巴新 2017 年国内生产总值增长 2. 2%，低于 2016 年的 2. 4%，更远低于巴新政府几年前的预测——预计增长 21%。由于经济放缓以及政府赤字扩大，预计到 2021 年，巴新政府债务与国内生产总值的比例将从目前的 30% 上升至 40%。因此，巴新在吸引外资方面一直面临挑战，而“一带一路”建设将帮助巴新成为中资投资的新目标。

第二，随着中国综合国力的增强，海洋对我国的战略意义也逐渐上升。2017 年 6 月，国家发改委联合国家海洋局发布《“一带一路”建设海上合作设想》，提出要重点建设三条蓝色经济通道，其中包括中国—大洋洲—南太平洋蓝色经济通道。太平洋岛国地区在中国的对外政策中的意义逐渐上升，南太平洋也是中国从南美洲进口能源的重要海上通道，由于南美洲的原油价格低于中东，随着中国从南美不断进口能源，南太平洋海上战略通道将成为中国未来重要的能源运输通道。从地理位置看，南太平洋地区扼守南美洲至亚洲的太平洋运输线。

第三，巴新的政治稳定为中国巴新关系的良性发展提供了良好的政治环境。巴新总理奥尼尔上台以前，巴新国内虽并无战乱但政治不稳定，巴新总理更迭频繁，自1976年独立以后，巴新总理更迭达12次，平均每任总理的任期不超过3年。巴新实施议会民主制度，议会中的多数党的党魁成为总理，1976～2011年，共有6个党派先后在议会中取得超过半数的席位。[①] 此外，巴新中央政府对地方的控制较弱，民选官员都疲于应付选举，较难专心政务。2011年，奥尼尔上台，在国内政治上，他进行改革，将此前三年一次的议会议员选举改为五年一次，使议员有更长的任期，官员可以专注于政务而非选举；在对外政策上，他颠覆了原有的外交传统，公开反对澳大利亚对巴新的干涉，实行独立自主的外交政策，积极开展同中国、印度、马来西亚等国的合作，他热衷国际事务，排斥单边主义，在他的主导下，巴新举办南太平洋岛国运动会，巴新成为唯一参与亚太经合组织的太平洋岛国，并于2018年11月举办亚太经济合作组织领导人峰会。巴新也是太平洋岛国论坛、东盟论坛的成员。因此，巴新政府对中国在巴新的投资以及对“一带一路”倡议持欢迎态度。巴新总理奥尼尔曾高调表示，“一带一路”倡议将帮助巴新与整个亚太地区相连接，巴新政府和人民将铭记中国政府以及中国铁建此前对巴新的帮助。巴新政府官员也普遍对中国在巴新的投资十分欢迎，希望能够搭上“一带一路”倡议的顺风车。他在接受中国《经济日报》采访时表示，巴新非常欢迎“一带一路”倡议延伸到南太国家，希望借此机会大力促进经济发展，特别是继续完善农村人口教育、医疗卫生、道路交通等基础设施建设。[②] 2017年11月，巴新政府已同中国政府签订“一带一路”倡议多个项目的合作备忘录。2018年6月，中国巴新两国签订“一带一路”倡议合作备忘录。

应当看到，中国巴新关系的深化和快速发展有其独特的历史背景因素，

① PNG Governemnt，http：//www. pm. gov. pg/about/.

② 《巴布亚新几内亚总理：欢迎“一带一路”倡议延伸到南太平洋国家》，《经济日报》2018年4月2日。

但根本原因还是在于两国现实利益的契合，中国巴新双方的友好合作为两国的发展提供了现实助益，是两国关系快速发展的深刻原因。一方面，中国开始重视海洋战略，南太平洋地区的重要性不言而喻，太平洋岛国地区在我国外交中具有特殊地位，良好的中国巴新关系具有示范效应，有利于推动中国同其他太平洋岛国的关系。另一方面，巴新通过加强与中国的合作，可以降低对澳大利亚的依赖程度，推进外来投资对巴新基础设施和公共设施的建设，加速巴新产业结构的调整和升级，使巴新综合国力提升。澳大利亚遵循西方援助的传统模式，以治理带动发展，但是澳大利亚的援助在巴新的成效甚微，而中国提供的援助多以基础建设为主，是以发展带动治理，新的模式能为巴新的发展注入活力。

三　中国巴新“一带一路”建设的基础和机遇

随着中国经济的飞速发展，中国巴新两国经贸关系也飞速发展。2002 年以后，中国加大了对南太岛国的援助力度，在大量援助项目实施的过程中，中资企业陆续进入巴新市场，中国铁建、中国港湾等公司承建了大量巴新的基础设施。中资企业的进入为巴新市场带入了资金和技术，同时，在援助项目的扶持下，许多中资企业也在巴新建立了稳固的基础，并且能够逐渐参与到市场竞争中。

第一，经贸方面，巴新与中国在产业结构上具有较强的互补性，两国经贸合作具有很大潜力，巴新处于工业化的初级阶段，国内产业结构还不完整，中国对巴新直接投资方面的上升空间较大。巴新被誉为“南太明珠”，拥有丰富的矿产资源，2015 年和 2016 年矿产行业收入达 171 亿基纳和 102 亿基纳（约合 50 亿美元和 30 亿美元左右），探明的铜矿和金矿的储量在全球也占有一席之地。① 但是，丰富的矿业资源给巴新的经济发展造成了一定

① Greg Anderson, *Mining and Petroleum Investment Profile*, Papua New Guinea Chamber of Mines and Petroleum, 2017, p. 3.

的负面影响。巴新经济的一大主要问题是产业结构单一，历年来，巴新的矿业出口收入占其出口总收入的 34%。由于巴新对矿业和大宗商品市场的依赖，矿业出口导致其外汇汇率畸高，其他产业在全球的竞争中处于劣势；第三产业发展相对滞后，就业率低，民众受教育程度较低，治安状况一直较难改善。由于经济结构单一，巴新经济抗风险能力弱，一旦全球大宗商品价格下滑，巴新经济就面临较大的下行压力。

巴新其他行业对外资的吸引力较弱，美澳新企业进入巴新其他行业的直接投资非常少，原因归结于巴新自独立以后，治安状况较差，安保费用是企业在当地运营的必要支出，再加上巴新基础设施十分落后，主要城市之间没有公路连通，境内山多、河流纵横，公路的建造和维护成本十分高昂。从首都莫尔斯比港到其他大城市，例如莱城、拉包尔，主要依靠航空飞行，货物运输亦主要通过航运。巴新政府在独立以后也存在后殖民国家的特点，政府治理能力较弱，中央政府对地方政府的控制能力差，巴新错综复杂的营商环境导致巴新吸引西方国家外资的能力一直较弱。

因此，巴新的政商精英都急切希望通过积极参与“一带一路”建设，努力推进经济结构的多元化，吸引外资，提高经济的抗风险能力，加入“一带一路”建设将有利于巴新，显然已在相当大程度上成为巴新政商两界的共识。《中华人民共和国政府与巴布亚新几内亚独立国政府关于共同推进丝绸之路经济带和 21 世纪海上丝绸之路的备忘录》签署使中国企业进入巴新的领域更加多元，不再局限于矿业和建筑行业。中国同巴新在农业、渔业、林业和旅游业方面有巨大的合作潜能。

第二，在“一带一路”倡议推进的贸易畅通中，中国巴新两国的经贸合作潜力巨大。巴新急切希望打开中国市场。首先，中国日益扩大的中产阶层将为巴新的经济作物提供广阔的市场。巴新的优质农产品，例如咖啡豆、可可和棕榈油等，缺的只是市场。这些产品的传统市场是欧洲，但随着中国对这些产品需求量增大，巴新也希望能打开中国市场。由于巴新尚未经历工业化，环境污染程度低，大量肥沃的土地能达到世界顶级的有机食品的土壤要求，巴新也正在寻找能够消化这些农产品的高端市场。对食品健康需求水平越来越高、市场潜力巨大的中国，无疑可以成为巴新的合作伙伴。除此以外，巴新拥有丰富的自然资源，可为中国的发展提供动力，巴新的渔业和林业资源非常丰富，巴新是中国原木木材最大的进口来源国，其金枪鱼的产量占全球每年捕捞量的10% ~14%。同时，巴新也拥有极其丰富的旅游资源，中国是巴新旅游业急切需要打开的市场。2018 年 7 月，巴新航空有望开通上海到莫尔斯比港的直飞航班，在这以前，中国直飞巴新的航班只能从中国香港出发。此外，巴新许多商界人士也对中国的电子商务市场十分感兴趣，他们多次参加中国的电商博览会。在“一带一路”倡议之下，中国同参与国大力推动贸易和投资便利化，不断改善营商环境。

第三，基础设施建设是“一带一路”建设中“互联互通”的重要内容，中国的“一带一路”倡议为巴新的“互联互通”提供助力。中国与巴新“一带一路”倡议合作的第一亮点就体现在基础设施建设合作方面，目前莫尔斯比港到巴新的其他主要城市都依靠航空联系，没有公路连接。南太国家政府因本地和外来投资不足而不得不在基础设施建设领域给予更高比例的投入。根据亚洲开发银行的数据，2004 年马绍尔群岛政府投入交通和市政设施等基础设施的开支占国内生产总值的 70% ~80%，2006 年该比例亦高达 64%。[①] 在巨大的资金缺口面前，由于对外部经济依赖性强、交易投资成本高，加之自身竞争力不足，获得国际长期贷款和投资的难度大，许多太平洋岛国只能更大程度地依赖政府间的优惠贷款和援助资金。

在《中华人民共和国政府与巴布亚新几内亚独立国政府关于共同推进丝绸之路经济带和21 世纪海上丝绸之路的备忘录》签署以前，中国通过无偿援助和低息贷款等援助形式为巴新建设基础设施。长期以来，“海陆空”的“与世隔绝”是制约巴新发展的重要因素。巴新境内公路非常少，2009 年发布的《巴新发展战略计划 2010 –2030》提出，在 2050 年提高公路里程

① Report, “The Challenge Faced by Small National Economies,” Committee on Economic Affairs and Development, Council of Europe, 25 October 2011.

到25000公里。公路对巴新的发展极其重要，首先，巴新的主要人口都聚集在高地地区，南部高地省是巴新人口最多的省，也是交通最不发达的地区，同巴新拥有相似面积的四川省，全省拥有农村公路里程达到26.3万公里。①交通运输是发展的重要助力。其次，公路的匮乏导致农产品的运输效率降低，巴新的农业主要是自给自足的小农经济，农产品的种植主要依靠人工，因此农业效率较低，再加之交通落后，农产品的运输成本高，农民的积极性也受到打击，巴新的土地虽然肥沃，利用率却较低。2013年巴新发布的《国家交通战略》（National Transport Strategy，NTS）旨在能够将95%的可耕地被公路里程覆盖。公路的修建对巴新的农业发展及民生的改善极其重要。货物和人员运输基本依靠海运和空运，有59%的人口依靠海运出行，设施完备的现代化货运和交通港口基本没有。在航空运输方面，巴新境内机场设施落后，除了莱城和莫尔斯比港的机场外，其他机场的设施十分简陋，笔者在巴新调研时发现，拉包尔机场的跑道还未建成水泥路面，当遭遇降水天气时，飞机会因为跑道泥泞而无法起降。

因此，巴新的许多高官表示，在“一带一路”倡议下，中国的资金、技术和人才都将推进巴新的互联互通建设。中国中铁与巴新政府签订了多个大型基础设施合作项目的合同，合作资金达到40亿美元，而中国铁建正在帮助巴新建立国家公路系统，中国铁建、中国港湾都在承建巴新的基础设施工程。

正是由于加入“一带一路”倡议可以减少制约巴新经济发展的因素，巴新政府积极推进，笔者在与巴新许多政商精英交流时，他们多次提到“向北看”战略。此前，巴新的战略一直是“向南看”，也就是将其国家战略定位在与澳大利亚、新西兰的交往上。但是，随着亚洲经济的蓬勃发展，尤其是亚洲经济的发动机——中国的快速发展，巴新的精英也意识到，北面的亚洲地区是其经济发展的新机遇。这说明，中国巴新关系进一步发展、让巴新成为助力“一带一路”建设的新亮点，在巴新国内有着深厚的经济基础和舆论基础。

---

① http：//www.chinahighway.com/news/2012/717083.php.

四　当前中国与巴新"一带一路"建设面临的挑战

中国与巴新的关系不断深化，"一带一路"倡议在此前的基础上积极向前推进，中国巴新关系也处于历史最佳时期，"一带一路"倡议在巴新获得积极响应，中国在巴新的影响力正在空前上升。中国巴新"一带一路"建设面临的域外和域内挑战也不能忽视。

（一）域外因素的挑战

从域外因素来讲，南太岛国地区是澳大利亚、新西兰和美国的传统"势力范围"，澳大利亚在密克罗尼西亚地区、巴新和所罗门群岛区域都有极大的影响力；新西兰对库克群岛、萨摩亚等国家的援助很多。毋庸讳言，澳大利亚、新西兰在南太平洋地区尤其是巴新拥有较大的影响力。澳大利亚曾经是巴新的殖民宗主国，1976 年巴新独立以后，澳大利亚政府通过对巴新的援助以及两国在政治、军事、经济和社会等方面的合作在巴新社会保持较大的影响力。澳大利亚在巴新拥有最大的外交使团，笔者在巴新调研时发现，有许多澳大利亚白人在巴新的政府部门中担任重要职位，他们甚至放弃澳大利亚国籍加入巴新国籍，许多澳裔在巴新生活的时间超过他们在澳大利亚本土生活的时间。而这一部分澳大利亚政治家和商人也是把澳大利亚的管理理念和价值观传播到巴新的重要媒介。此外，两国在军事和国防领域的合作十分紧密，不少巴新国防部高层精英曾经在澳大利亚、新西兰接受教育。

澳大利亚重视巴新也基于现实利益和民族情感两大原因。第一，巴新的战略位置对于澳大利亚十分重要。长期以来，澳大利亚战略界认为巴新是澳大利亚的北部战略屏障。相较于其他太平洋岛国，巴新对澳大利亚的地缘战略意义最大。太平洋战争时期，澳大利亚军队连同巴新当地人借助巴新山地地形将日本军队阻击在其域外。澳大利亚对巴新的援助最多，也是其影响力最大的原因，因此，中国在巴新的影响力日益上升成为澳大利亚较为“敏感”的原因。

第二，历史上巴新曾是澳大利亚的托管国，澳大利亚人民对巴新是有特殊情感的，尤其是许多在巴新战斗过的澳大利亚老兵，对巴新这块土地和巴新人民充满感情。有不少澳大利亚士兵在太平洋战争时期在巴新同巴新人一起抵抗日本的侵略。巴新最吸引澳大利亚游客的景点就是科科达小径（Kokoda Trek），对于许多澳大利亚人来说，这是一条其国民认同塑造的重要山路。笔者在澳大利亚学习期间，科科达小径是澳大利亚许多高校和私立高中的重要爱国主义教育场所，例如，墨尔本大学的圣三一学院每年会组织学生前往科科达小径，这条路是澳大利亚正面反抗日本侵略的重要象征，是澳大利亚国民塑造的具有象征意义的地点，每年到巴新旅游的澳大利亚游客主要是为了重走科科达小径。

中国在南太地区日益上升的“存在感”正在让澳、新两国感到“威胁”。目前中国对巴新的存量直接投资达到25 亿美元，依然远远少于澳大利亚的200 亿美元。澳大利亚的国防和外交相关人士都十分担心中国在巴新日益增加的基础设施投资。[①] 在巴新积极响应“一带一路”倡议的同时，澳大利亚的学界和政界都表示担忧。澳大利亚在巴新的现实利益以及“情感”因素导致澳大利亚对中国在该地区上升的影响力十分警惕，这使中国在推进“一带一路”过程中时常受到其他国家的质疑和责难。

（二）域内因素的挑战

“一带一路”的建设需要参与国的合作，巴新市场经济条件不成熟，政治、经济、社会风险持续偏高，西方国家在对待巴新的投资问题上都较为谨慎，这也是中资企业能够顺利进入巴新市场的机遇窗口，但是各方面带来的挑战不容忽视。

政治方面，由于巴新政府对基层的控制力较弱，巴新中央政府与地方政

① Eric Tolzek, “Australia Uneasy over Chinese Influence in PNG Amid Increasing Infrastructure Investment,” http://www.abc.net.au/news/2017 - 02 - 12/australia - uneasy - over - chinese - investment - and - influence - in - png/8263384.

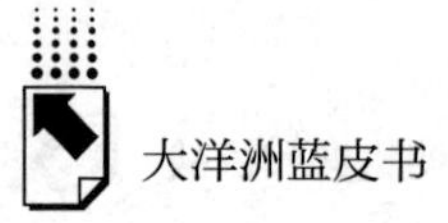

府、巴新执政党与反对党、土地主与普通村民等相互间本来就存在激烈的矛盾，“一带一路”倡议下建立的项目不能成为各政治利益攸关方夺利的手段和打击异己的工具。巴新实施英联邦的议会民主制度，但是由于国家较小，其选举多通过直选方式进行，因此，政治的不稳定性较大，面临选举换届导致政局不稳的问题。如果政府换届，新任政府的对外政策有可能出现逆转。此外，巴新的公共治理也是一大问题，巴新存有腐败问题，该国在国际非政府组织“透明国际”的政府清廉度排第135位（共180个国家和地区）。每到政府议员换届之际，部分民选官员都会向其管辖范围内的企业索取大量“活动资金”，以期在大选中获胜。

经济方面，由于经济放缓以及政府赤字扩大，标准普尔于2019年4月将巴新的信用评级从B+下调至B，并预计到2021年，巴新政府债务占国内生产总值的比例将从目前的30%上升至40%。

除了宏观经济的挑战外，中资企业在巴新开展基础设施建设面临许多具体困难。由于产业结构不完整，因此当地物资奇缺，大量的建筑原材料和基建设备需要从海外进口。例如，巴新的建材（如钢筋之类）以及建筑设备根本无法从当地采购，当地提供的建材一是数量少，二是质量不达标。而且，巴新的土地大多由私人拥有（私人拥有土地量占巴新土地总量的90%），基础设施建设涉及复杂的土地权利（Land Rights）问题。因此，往往需要当地政府、中资企业和当地土地主（Land Owner）三方协调，巴新政府执政能力较弱，能为中方企业提供的帮助有限。例如，中资企业所承建的大部分公路、港口和机场等基础设施，都需要经过私人土地，中资企业经常会遇到涉及土地问题的纠纷，在矛盾激化时，土地主甚至会设置路障，动用武力解决问题，而当地政府提供的帮助非常有限，因此，施工人员的安全受到威胁，施工进度受到影响。

社会方面，在中国巴新关系不断深入过程中，“中国印象”的建构也是两国关系进一步发展面临的挑战。虽然巴新政府对中国的投资持欢迎态度，但是中国巴新的经贸合作以及“一带一路”倡议下的多种合作离不开巴新国内民众的认同。由于两国民间交流较少，巴新当地民众对中国的了解十分有限，巴新民众的“中国印象”正在建构过程中。巴新本地居民对中国缺乏了解，对“一带一路”倡议毫无概念，这是对中国投资项目最现实的威胁。

巴新普通民众了解中国的方式主要是两种，最为直观的是在华人经营的公司、工厂、饭店或是杂货店打工，在华人饭店打工的巴新年轻人慢慢会了解中国的饮食和餐桌文化。但不可否认的是，部分华侨在巴新的经营理念带有“唯利”色彩，在对劳工的培训和薪酬方面颇有欠缺，因此，导致部分巴新老百姓对中国人的印象较差，小规模的排华事件偶有发生。在巴新生活、工作的华人是中国的名片；华人在巴新的行为，也是对“中国印象”的再塑造。另一种了解方式是通过脸谱（Facebook）等社交媒体推送的中国方面的新闻，或是其他西方媒体的相关报道。巴新的年轻人通过智能手机中的新闻软件或社交软件，间接了解中国。由于许多西方主流媒体惯于站在自己的角度居高临下地评论中国，这个渠道上关于中国的负面报道比较多。目前来看，中国在巴新普通民众中的影响力主要是随着中国在巴新的投资增加而增强的，因此，中国势必也会面临因投资增长过快造成当地政府和民众警觉、防范的问题，就像中国在澳大利亚、欧洲等地遇到的问题一样。

五　结语

中国政府对外政策中对南太地区的重视程度虽然在逐年提高，中国与巴新目前的关系发展迅速，但是“一带一路”倡议的推进离不开中国和参与国的共同努力，而巴新同其他参与国相比有以下不足。第一，虽然巴新的政治局势稳定，但来自美国和澳大利亚等的干涉压力逐渐增大，巴新同中国在地缘上较远，再加之顾及澳、新等国在该区域的影响力，中国在巴新的外交战略支点始终有所掣肘。第二，目前，中国与巴新尚未找到“旗舰项目”，这类项目如中国与巴基斯坦的“中巴经济走廊”。中资企业虽然有“一带一路”倡议的助力，但是在短时间内在巴新面临的困难和挑战依然存在。基于两国的根本利益契合，两国的关系将在未来进一步深化，巴新将成为中国在南太地区重要的政治和经济合作伙伴。

专 题 篇

Special Reports

B.14

2018 ~2019年日本对大洋洲外交

郭 锐 许 多*

摘 要： 伴随近年来大洋洲在亚太乃至印太地区战略地位的提升，其在日本外交布局中的排序有所提升，并成为日本实现“正常国家”战略的重要一环。2018 年，日本基于地缘政治、地缘经济、地缘安全等方面的考虑，在政策层面完成了对大洋洲外交的再定位。日本针对大洋洲战略伙伴国及太平洋岛国的外交政策，在以往的基础上也不断提出新举措，既体现浓厚的地缘安全特色，也呈现合作议题丰富化、合作方式多样化的新趋向。

关键词： 日本 大洋洲外交 政策再定位

* 郭锐，吉林大学行政学院国际政治系主任，教授，博士生导师。许多，吉林大学行政学院国际政治系硕士研究生。

2018 年，日本外交在坚持以日美同盟为基轴的基础上，自主性进一步提升，日本的外交表现也异常活跃。地缘政治上，日本视印太战略为实现其战略自主性的窗口，以利己需求积极拉拢域内国家。地缘经济上，日本引领促成全面与进步跨太平洋伙伴关系协定（CPTPP），积极发挥政府开发援助（ODA）的作用，意在重构地区自由贸易规则和秩序。地缘安全上，日本着力构建日美澳印海上同盟，致力于打造菱形安全结构。在此背景下，大洋洲在亚太乃至印太地区中的独特地位凸显出来，在日本外交布局及“正常国家”战略中的地缘价值有所显现。2018 年，日本在印太框架下完成对大洋洲外交的再定位，日本对大洋洲外交也呈现新趋向。

一　日本对大洋洲外交的再定位

日本对大洋洲外交内含地缘政治、地缘经济、地缘安全等多方面考虑，是配合其地区政策和全球战略的重要一环。日本与大洋洲国家积极发展伙伴关系，有助于其与域外国家在各领域谋求更全面的合作，实现自身政治经济安全资源的拓展。由此，大洋洲成为日本在印太框架下发挥战略自主性、谋求政治大国地位的支柱性地区。在此背景下，2018 年日本对大洋洲外交完成了再定位。

（一）策应印太战略的重要方向

伴随印太战略视野范围的扩大，如今“印太”概念成为日本在政治外交、防务安全、基础设施建设等方面打造具有共同利益及共同价值观的重要区域，由此日本将广袤的大洋洲、太平洋岛国囊括在内。大洋洲国家与日本同属海洋国家，拥有诸多共同特性和诉求，日本日益将大洋洲国家视为策应印太战略的重要方向。2018 年，日本同澳大利亚积极开展以海洋安全合作为主的安全机制建设，防卫合作范围进一步扩大，两国确立发展准同盟关系，以确保澳大利亚在策应印太战略中可以持续稳定地发挥作用。大洋洲岛国经济相对落后，对外来投资和基础设施建设有着巨大的现实需求。2018

年，日美在印太地区开展合作，向马绍尔群岛、密克罗尼西亚等提供资金和技术支持，着力发挥印太战略的地缘经济功能，意在引领印太地区经济秩序建设。

（二）构筑日美澳印海上同盟节点

日本因海洋国家特质及对中国影响力上升的警惕，高度重视海上通道安全，并以此为中心确定安保战略。近年来日本的海洋外交十分活跃，意在构建海洋国家联盟和“民主安全菱形”。在“美国优先”原则下，日本既担负着盟友责任，也有意增强自身的战略自主性。由此，大洋洲成为构建日美澳印海上同盟、增强四国在南太平洋和东印度洋军事活动能力的节点性地区。尤其是在以日美同盟为基轴拉拢防务政策上具有趋同性的澳大利亚，以原有双边合作促动四边安全同盟，这对日本来说有着特别的地缘战略意义。2018 年 6 月，美国国防部长马蒂斯在香格里拉对话上称，印太战略包括加强海上力量建设、强化与盟友和伙伴国军事协作、提高与伙伴国关系的法治透明度、增进在军事和经济领域的信任四个方面，并强调美日澳印拥有共同的印太构想，即建立一个对国际法、自由航行、飞越自由等普遍尊重且自由、开放、包容的地区。① 这使大洋洲国家在印太战略中的地缘支点作用凸显出来，日本意在抓住这一机遇促成对己有利的“双菱形”安全同盟结构。

（三）打造升级扩大版“雁阵”模式

多年来，日本以产业转移为核心，积极拉动“亚洲四小龙”和其他东盟国家，由此形成紧密的国际产业分工体系。太平洋岛国具有丰富的海洋、林木、矿产、旅游等资源，但其经济发展相对落后且工业产品等完全依赖进口。2018 年，日本根据大洋洲国家尤其是太平洋岛国的经济

① “Japan-Australia-India-U. S. Consultations,” https：//www. mofa. go. jp/press/release/press1e_000099. html，访问时间：2019 年 3 月 15 日。

发展特点，着力将其纳入日本主导下的国际产业体系，旨在发挥地区间互补优势和实现相互助力。日本将大洋洲国家视为有潜力的出口市场以及矿产、渔业等自然资源的进口来源地，其强调与大洋洲国家的经贸往来应服务于日本外向型经济发展的规划要求。此外，日本借助ODA、海外投资和基础设施建设等，不断加大对太平洋岛国的投资力度。日本在进一步为产业转移做铺垫的同时，通过提高太平洋岛国的出口和生产能力，促进该地区经济社会发展，以“日本作为”引领地区一体化进程，借此打造升级扩大版“雁阵”模式，在跨区域经济合作中继续发挥日本的领头作用。

二 日本对大洋洲外交的新举措

2018年，日本因应印太战略下对大洋洲外交功能的再定位，相应地更新和扩充了相关政策，并有针对性地提出一些新举措，使其大洋洲外交进一步强化并融合了同美印间战略协调的地缘因素。

（一）突出澳新战略伙伴国家的作用

澳大利亚和新西兰作为发达国家，在大洋洲享有很高的话语权，在国际舞台上的政治参与度也高于域内国家。澳新较早与日本结为伙伴关系，如今发展为战略伙伴关系，这对日本在亚太地区扩大影响力具有重要意义。在印太战略下，日本与澳新在政治、经济、外交、安全、社会等领域的合作关系日趋紧密，日澳新在太平洋事务中的三边互动得到加强。

1. 重点：安全领域合作

日本为强化自卫队作战能力、实现国家安保战略，将澳大利亚视为维护地区安全秩序的有力伙伴，而签署《日澳安全合作联合宣言》堪为两国防务合作的里程碑。《2018版防卫白皮书》称澳方为“特别战略合作伙伴”，表明日澳有意将“准同盟”和“军事伙伴”关系再升级。2018年日澳在安全领域交流频繁，海洋安全机制方面的合作更趋强化，其着眼点是遏制中国海上力量的崛起，在“美国优先”原则下防止美国缺位，维护美国主导的现有地区秩序。此外，日本借机加强机动部队部署，扩大防卫范围，为摆脱战后体制做好铺垫。

2018 年 1 月，日澳启动《军事到访协议》谈判，旨在明确两国在双方领土内从事临时军事活动（联合军演和救灾任务）的军事人员的法律地位。① 该协议签署后，将成为日本自卫队同澳军在对方国家进行联合军演的法律依据，既为日澳安全合作制度化铺平了道路，也是日本突破和平宪法限制的一次尝试。此外，日澳在 2018 年“2 +2 会议”中再次强调将基于共同的战略利益和共有价值，深化特别战略伙伴关系②，包括加强两国防务部门在训练、能力建设、国防装备和技术等领域的合作。

日本利用澳新对太平洋地区的高度关注及参与该地区事务的强烈意愿，积极拉拢两国共同遏制中国崛起。2018 年日澳“2 +2 会议”联合声明及当年 10 月日本外相河野太郎访新期间谈及朝核问题和南海问题，日本同澳新领导人会谈中频繁表达对中国东海、南海局势的关切，既反映了日本同大洋洲战略伙伴在安全领域的双边合作更趋紧密和完善，也表明其通过强化各层次交往以实现安全合作常态化和制度化的意志。

2. 支柱：经济领域合作

经济领域合作是落实日本对澳新外交的重要支撑。2018 年，日本与澳新经济伙伴关系有所加强，其在全球经济合作中步调一致，相互依赖程度加深。日本同澳新同属 CPTPP 的主要国家。澳《2017 年贸易组成》报告显示，日本以 714 亿澳元的双向商品贸易额（占总额的 11.6%），成为其第二大贸易伙伴和第二大出口市场。③ 日本是新西兰第五大贸易伙伴，2017 年日

① Grant Wyeth, “Will Australia and Japan Finally Conclude a Visiting Forces Agreement?” https://thediplomat.com/2018/01/will-australia-and-japan-finally-conclude-a-visiting-forces-agreement/，访问时间：2019 年 4 月 10 日。

② “Eighth Japan-Australia Foreign and Defence Ministerial Consultations（‘2 +2’），” https://www.mofa.go.jp/a_o/ocn/au/page3e_000949.html，访问时间：2019 年 4 月 10 日。

③ “Composition of Trade Australia 2017-18，” https://dfat.gov.au/about-us/publications/Documents/cot-2017-18.pdf，访问时间：2019 年 4 月 10 日。

新双边贸易额为 82 亿新元，新方进出口额为 41 亿新元。①

2015 年《日澳经济伙伴协定》生效后，日澳贸易壁垒减少，双方贸易投资关系和经济互补性增强，经济领域合作成为提升日澳关系的重要支柱。2018 年日澳以推进多边贸易框架为重点，着力落实自由贸易，双方经济领域合作更趋制度化。在日澳牵引下，CPTTP 全面签署，两国意在引领亚太经济一体化进程，重塑该地区经济规则。2018 年 7 月，日澳举行首次部长级经济对话。这为两国高级别经济领域合作提供了定期对话机制，以补充双方年度领导人会议和高级别防务安全合作。2018 年，日澳能源领域合作取得进展，日本在澳大利亚投资的 Ichthys 液化天然气项目首次进行了天然气生产和液化天然气运输。2015～2018 年澳大利亚与日本商品贸易额见图 1。

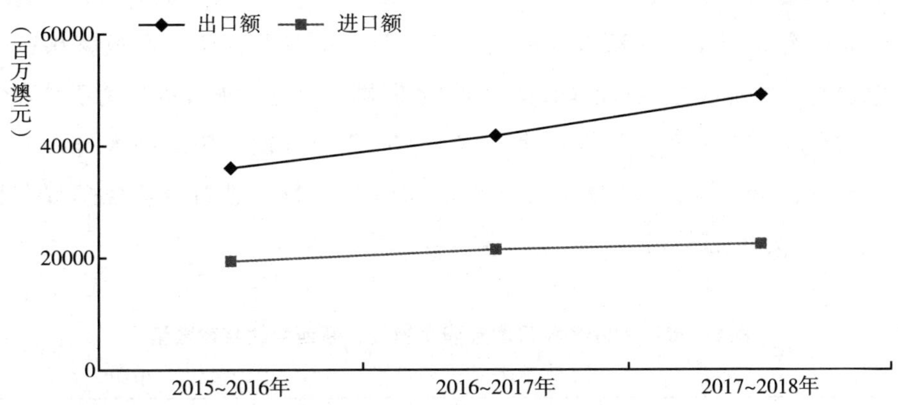

图 1　2015～2018 年澳大利亚与日本商品贸易额

资料来源："Fact Sheets for Countries, Economies and Regions," https://dfat.gov.au/trade/resources/Pages/trade-and-economic-fact-sheets-for-countries-economies-and-regions.aspx，访问时间：2019 年 4 月 10 日。

当前，澳大利亚借助东盟和 APEC 框架促进经济合作面临一定的困难，其转而借助印太战略以提升同美日关系来促动多边经济合作。其实，日澳有

① 《新西兰国家概况（最近更新时间：2019 年 3 月）》，中华人民共和国外交部网站，https://www.fmprc.gov.cn/web/gjhdq_676201/gj_676203/dyz_681240/1206_681940/1206x0_681942/，访问时间：2019 年 3 月 25 日。

寻求与共同盟友美国联手发展多边经济合作，使美国持续关注和发力印太地区，对冲“一带一路”倡议的共同企图。为此，日美澳三国的政府部门、金融机构、私人企业等签订谅解备忘录，联手构建合作框架，共同投资印太地区的技术、能源、基础设施建设等项目。值得注意的是，2018 年，日澳新三国将合作投射到南太平洋岛国援助项目上，意在同中国争夺影响力。当年 10 月，日本外相河野太郎在惠灵顿与新西兰副总理兼外交部长温斯顿·彼得斯会谈时称，鉴于南太平洋岛国对日新具有战略意义，两国将积极合作以为该地区基础设施建设和海洋安全提供援助。11 月，澳大利亚宣布为南太平洋岛国的能源、运输、水务和电信项目提供 20 亿澳元的赠款或长期贷款，以配合日澳在该地区的经济合作。

3. 基础：社会领域往来

2018 年，日本与澳新人文科技领域交流不断加强，旅游和教育领域成为双边服务贸易的主流。澳新统计局的数据显示，近年来日本赴澳新游客数量持续上涨。2018 年，日本赴澳游客为 46.92 万人次，按短期入境人数计算，日本是澳大利亚第六大入境市场。2018 年，日本赴新游客规模首次突破 10 万人次（见表 1）。

表 1　2014～2018 年日本赴澳大利亚、新西兰的游客数量

单位：人次

	2014 年	2015 年	2016 年	2017 年	2018 年
赴澳大利亚	333800	342000	417900	434700	469200
赴新西兰	77024	84016	94752	100976	101424

资料来源：“Overseas Arrivals and Departures, Australia,” http://www.ausstats.abs.gov.au/ausstats/ABS@archive.nsf/0/B39E50142644E8FDCA2583A50010286A/$File/340105.xls，访问时间：2019 年 4 月 10 日。“International Visitor Arrivals to New Zealand,” https://www.stats.govt.nz/assets/Uploads/International-visitor-arrivals-to-New-Zealand/International-visitor-arrivals-to-New-Zealand-July-2018/Download-data/international-visitor-arrivals-to-new-zealand-july-2018.xlsx，访问时间：2019 年 4 月 10 日。

此外，日澳新三国青年交流也取得一定进展。2014 年日本加入澳大利亚政府组织的青年交流项目——新科伦坡计划，2018 年共有 3100 名澳大利亚学生通过该项目赴日学习。同时，日本通过 JENESYS 2018 项目为澳新大学生提供为期 9 天的赴日游学机会，并予以全额资助。据统计，2018 年日本赴澳留学生数量为 70651 人[①]。2018 年，日澳两国政府积极支持和扩大民间及机构间联系，如澳日基金会（AJF）就通过对外交重点项目提供赠款来加深两国伙伴关系。

（二）加强与南太平洋对话国的制度合作

太平洋岛国地理位置优越且自然资源丰富，其在印太战略下对日本的地缘战略价值更加凸显。这些岛国拥有范围广阔的专属经济区，其分布在日本海上核心航线的周边。经济上，太平洋岛国是日本在国际合作、渔业矿产资源供应等领域的重要合作伙伴；政治上，它们是日本在大洋洲推行海洋战略、拓展外交空间、发挥影响力的重要区域。2018 年，日本通过国际会议、ODA 项目、高层互访等多种形式，进一步加强了与南太平洋岛国的关系。

1. 对话方式以太平洋岛国首脑峰会框架为主

1997 年以来，日本每三年举行一次太平洋岛国首脑峰会。这是日本同太平洋岛国发展伙伴关系，解决岛国发展面临的经济、气候、自然灾害等问题，促进区域合作的重要机制。一方面，有助于太平洋岛国实现政治稳定、融入国际市场、争取国际气候治理等议题中的话语权；另一方面，有利于日本在该地区增强影响力及巩固优势地位，争取亚太地区的主导权，为谋求政治大国地位做铺垫。

2018 年 5 月，日本与澳大利亚、新西兰以及 16 个太平洋岛国和地区[②]在福岛举行了第八届太平洋岛国首脑峰会，做出太平洋岛国包括扩大相互协

① “International Student Data 2018,” https://internationaleducation.gov.au/research/International-Student-Data/Pages/InternationalStudentData2018.aspx#Pivot_ Table，访问时间：2019 年 4 月 10 日。

② 即库克群岛、密克罗尼西亚、斐济、法属波利尼西亚、基里巴斯、马绍尔群岛、瑙鲁、新喀里多尼亚、纽埃、帕劳、巴布亚新几内亚、萨摩亚、所罗门群岛、汤加、图瓦卢和瓦努阿图。

作范围在内的新承诺。此次会议的议题涉及五个方面。第一，加强成员间伙伴关系。通过加强包括高层互访在内的对话接触，继续深化日本与论坛成员间关系。第二，倡导以法治为基础的海洋秩序，寻求海洋资源的可持续性。太平洋岛国领导人欢迎日本通过“自由开放的印太战略”促进该区域的合作与发展，包括促进海洋法治和航行自由、加强互联互通实现经济繁荣、维护和平与稳定（如在海事安全和减少灾害风险上加强合作）。日本将向太平洋岛国派遣海上保安厅官员，为其培训海上执法人员，加强其海上安全和执法能力建设。同时，日本政府和日本基金会派出执法船，以确保太平洋岛国有能力应对非法捕鱼和搜救行动。安倍政权承诺，在今后三年派遣500人赴太平洋岛国协助其确保海洋秩序和促进本地区海洋资源的可持续性。第三，实现可持续发展。与会国家领导人重申推动落实《萨摩亚途径》《巴黎协定》以应对气候变化，确保渔业可持续发展。日本承诺全面支持应对气候变化挑战，将继续向绿色气候基金捐款及向受灾地区提供人道主义援助。第四，加强“太平洋公民”间交流。主要包括：日本同斐济、巴布亚新几内亚等国家实现飞机通航，推行多次入境签证等措施以鼓励日本与太平洋岛国间人员往来，在上述国家大学开设日语课程，通过赴日在职培训、技能训练等加强对太平洋岛国人力资源的开发。第五，加强国际领域合作。首次提及朝核问题，强调在应对核裁军、防核扩散、常规武器非法交易、恐怖主义和其他跨国有组织犯罪、暴力极端主义、网络安全等跨国安全挑战方面深化合作。

日本已履行在第七届太平洋岛国首脑峰会上的承诺，向太平洋岛国提供了550多亿日元（约4.53亿美元）的援助，完成近4000人次的交流。今后三年，日本承诺将继续实施高质量的发展援助计划，完成与太平洋岛国5000人次的人才培养和人文交流计划。

2. 彰显政府开发援助政策的牵引作用

对外援助作为日本外交政策的重要组成部分，其主要形式是政府开发援助（ODA）。近年来，伴随安倍政权安保政策的变化，在“积极和平主义”的引导下，其ODA政策也进行了相应调整。日本政府2019年

ODA 预算为 5566 亿日元，其中外务省预算为 4376 亿日元，较上年增加 32 亿日元[①]。日本外务省 ODA 预算旨在“强化日本外交能力，实现日本国家利益，推动建立自由开放的国际秩序”[②]，其针对大洋洲国家尤其是太平洋岛国的援助重点体现在三个方面：一是强化海洋执法能力及加强区域间互联互通，既包括港口、铁路等硬件方面，也包括制度、标准、技术等软件方面；二是应对全球性公共问题；三是推动高质量的基础设施建设和扩大技术合作，调动多主体共同参与发展援助。可以看出，ODA 政策作为日本常态化使用的外交手段，配合印太战略实施的指向性愈发明确。

日本是大洋洲国家尤其是太平洋岛国的主要援助方，其援助方式包括提供技术项目、贷款援助、无偿援助等。这些援助是日本向大洋洲国家输出政治影响、争取该地区国家对日支持的有效手段，同时也可借此达到削弱中国在该地区优势地位、实现对华制衡的战略目的。近年来，日本对大洋洲国家的定向援助不断增加，对大洋洲国家 ODA 净支出大幅增加（见表 2）。日本外务省将发挥 ODA 作用以推进印太战略明确写入 2017 年新版《开发合作白皮书》，强调以多种援助方式和途径“确保海上交通安全及在完善法制方面支持发展中国家，为全球经济发展做出贡献”[③]，包括以 ODA 政策促进日本与太平洋岛国在海上安全、海洋环境保护、海上执法等领域的合作。2017 财年日本外务省 ODA 执行机构——日本国际合作署（JICA）对太平洋岛国项目的投资额达 1648.1 亿日元，在各领域向太平洋岛国提供了广泛、具体、精准的援助项目，主要包括：海洋合作、环境治理、灾害风险管理与应对气候变化、能源供应和人力资源开发（见表 3）。

① 「一般会計 ODA 当初予算の推移（政府全体）」、日本外務省網站、https：//www. mofa. go. jp/mofaj/gaiko/oda/shiryo/yosan. html、访问时间：2019 年 3 月 27 日。

② 「一般会計 ODA 当初予算の推移（政府全体）」、日本外務省網站、https：//www. mofa. go. jp/mofaj/gaiko/oda/shiryo/yosan. html、访问时间：2019 年 3 月 27 日。

③ “White Paper on Development Cooperation 2017〈Main Points〉，” https：//www. mofa. go. jp/files/000414121. pdf，访问时间：2019 年 3 月 27 日。

表 2　2014～2017 年日本对发展中国家及大洋洲地区 ODA 净支出情况

单位：百万美元

地区	2014 年	2015 年	2016 年	2017 年
发展中国家	6128. 6	6165. 8	7048. 4	8080. 3
大洋洲	108. 9	111. 6	163. 0	230. 6
库克群岛	0. 3	1. 2	0. 2	0. 5
斐济	6. 8	8. 1	9. 7	18. 5
马绍尔群岛	6. 0	5. 5	3. 9	4. 7
瑙鲁	1. 4	2. 7	2. 2	0. 4
纽埃	0. 1	0. 1	0. 2	0. 1
帕劳	7. 0	3. 5	10. 5	13. 0
巴布亚新几内亚	9. 3	3. 7	44. 4	21. 2
萨摩亚	14. 6	11. 7	16. 6	28. 6
所罗门群岛	11. 1	16. 8	19. 1	12. 7
托克劳群岛	0. 0	—	—	0. 0
图瓦卢	17. 1	9. 3	12. 9	22. 9
瓦努阿图	6. 7	13. 2	1. 9	1. 5
瓦利斯群岛和富图纳群岛	9. 6	18. 4	27. 8	30. 0

资料来源：“Geographical Distribution of Financial Flows to Developing Countries 2019,” https://read. oecd-ilibrary. org/development/geographical - distribution - of - financial - flows - to - developing - countries - 2019_ fin_ flows_ dev - 2019 - en - fr#page52，访问时间：2019 年 4 月 10 日。

表 3　2017 财年日本国际合作署对太平洋岛国的投资项目

领域	具体措施
海洋合作	改善瓦努阿图和所罗门群岛的沿海资源管理能力；援助汤加、萨摩亚和瓦努阿图的港口建设；向斐济派遣顾问，提供船只、港口设施的操作维修技术援助
环境治理	与太平洋区域环境规划署（SPREP）秘书处合作，支持在区域和国家两级建立可持续废物管理机构；援助巴布亚新几内亚建设污水处理厂
灾害风险管理与应对气候变化	为斐济气象部门人员提供职业培训；建立太平洋气候变化中心
能源供应	增强可再生能源、稳定电力系统、柴油发电项目的双边援助与区域技术合作
人力资源开发	为太平洋岛国政府官员提供赴日学习及在日本政府部门实习的项目

资料来源：“JICA Programs in Southeast Asia and the Pacific （Fiscal 2017），” https://www. jica. go. jp/english/publications/reports/annual/2018/c8h0vm0000dxws0g-att/2018_ 04. pdf，访问时间：2019 年 4 月 10 日。

3. 加强和深化高层互动往来

从2014年安倍访问太平洋岛国、时隔29年后日本首相再次到访该地区开始，日本同太平洋岛国高层互动明显增多，并朝着制度化、常态化方向发展。除定期举行日本和太平洋岛国首脑峰会与外长会议外，还包括日本天皇夫妇以悼念为目的访问帕劳、安倍晋三首相访问巴布亚新几内亚、太平洋岛国领导人访问日本等重要活动。这些互动对促进双边政治关系发展、深化各领域合作具有重要意义，也为日本借助印太战略向大洋洲尤其是太平洋岛国拓展影响力提供了契机。

2018年5月，太平洋岛国领导人赴日本参加太平洋岛国首脑峰会，安倍晋三同到访的各国领导人举行了会谈。当年11月APEC会议期间，安倍晋三再次同巴布亚新几内亚总理进行了会晤。以2018年双边高层互动为契机，日本积极向太平洋岛国推销印太战略，其在承诺继续提供无偿援助的同时，表示将围绕"自由开放的印太战略"推进双边合作。值得注意的是，2018年日本同大洋洲国家高层会谈议题从以该地区问题为主向国际热点问题扩展，不仅包括太平洋战争阵亡者遗骨收集、日本渔船稳定作业等问题，还首次把朝核问题列为主要议题，意在凸显国际热点问题处理中的日本作为和扩大对朝鲜的国际包围圈。

（三）加大与美印间的战略协调力度

当下，"印太"概念已贯穿日本外交，共同推进印太战略也被纳入日本同大洋洲地区海洋伙伴联盟的合作框架之中。安倍政权在坚持以日美同盟为基轴以及加强与印太战略支点国家联动的同时，对大洋洲外交日益显现配合美印行动的战略协调性，即在打造和加强民主国家共有价值观念的基础上，推动多边安全联动，配合美印与大洋洲国家开展多样化合作。

1. 打造共有价值观念

"价值观外交"一直贯穿安倍政权的对外政策，其首次组阁就提出"价值观外交"，倡导"自由与繁荣之弧""民主安全菱形"，重视"自由开放的印太战略"，日本外交的价值观色彩更趋浓厚。日本官方所指的价值观外交，即在对外政策上重视和加强与具有民主主义、自由、人权、法治及市场经济等基本价值的国家展开合作，构筑开放和富有创造力的亚洲，为世界和平与稳定做出贡献。[①] 在外交实践中，价值观外交成为按照意识形态和政治制度制定外交政策，以影响他国国民价值观的外交手段。日本在《国家安保战略》中把韩国、澳大利亚、东盟国家、印度等视为与其共享普遍价值观的国家，意在寻求和拓展与上述国家的合作关系。

在印太战略下，日本一如既往地以打造共有理念为中心，大力推进日美澳印的价值观联盟并使之扩展到更多国家，以价值观外交为纽带将其在意识形态上的国家力量和影响力输向大洋洲国家。安倍政权试图以此种方式构建日本同大洋洲国家的共有观念，塑造其海洋国家的集体身份认同，意在拉拢该地区国家形成全球性海洋伙伴联盟，特别是将澳新视为强有力的同盟对象。日本标榜的以航行自由、海洋法治等价值观念来塑造本地区秩序，维护地区繁荣与稳定的主张，体现了其鲜明的利己观。日本以打造共有价值观的方式与美印加强战略协调，一方面，意在印太战略下强化大洋洲国家发展印太伙伴关系的观念共识；另一方面，以排他性的“共有价值观”为手段，构建意识形态包围圈以遏制中国崛起，谋求自身利益扩展。

2. 推动日美澳印安全联动

日本在加强日美澳战略对话、日美印部长级对话、日澳印副外长级对话等多边机制的基础上，积极推动日美澳印四国外长会谈，意在形成四国首脑会谈机制，以便更高层次地推动自由贸易和防卫合作。日美澳印安全对话（QUAD）自2017年重启后热度不降，其核心议题是以“印太”为合作的地理范畴，从安全与经济领域双管齐下，在强调保障印太海域航行和飞越自由的同时，加强本地区基础设施合作，最终建立一个基于规则的、自由开放的地区秩序[②]。日本试图以丰富化的对话合作机制，加强日美澳印四国间的战

① 尹晓亮：《日本价值观外交及积极和平主义的应对》，《国别和区域研究》2017年第4期，第108～115页。

② 张洁：《美日印澳“四边对话”与亚太地区秩序的重构》，《国际问题研究》2018年第5期，第59～73页。

略协调，实现安全联动，也更好地助力既有的双边和三边合作。

在此背景下，日本以巩固和深化日澳安全关系为抓手，不断促进日美澳印不同组合的多边安全联动。2018 年 10 月，日澳举行“2 +2 会议”并强调深化双边和日澳美三边海上安全合作，特别是加强在海上执法、人道主义援助、救灾领域的能力建设。一方面，加强日澳双边防务合作，包括联合演习、联合行动和能力建设，加强各兵种交流和战略访问；另一方面，加强日澳美三边合作，尤其是在武器装备、防务科技等领域的合作。2018 年日澳美三方在印太地区参与军演的频率升高、规模扩大、联动性增强，正契合了上述意图。2018 年 2 月，日澳美举行“对抗北方”军演，集结 850 名日澳官兵和 2000 名美军官兵，出动近百架军机。当年 7 月，日澳美举行“环太平洋”军演，并演练击沉等针对性科目。此外，日本以现有的日美、美印、日澳美等联合军演机制为基础不断促进四方安全联动，将吸收澳大利亚作为大型联合军演的常规方，以便达成日美澳印间的信息共享、相互协调、共同行动的战略目的。同时，按照日本所想，把澳大利亚打造为印太战略的“安全南锚”，这一点深得澳大利亚的认同和赞许，使澳方在地缘安全和防务发展上加大投入力度。①

3. 配合美国同大洋洲国家开展多样化合作

大洋洲国家对日美同盟及其亚太基轴作用的发挥具有重要价值，尤其是太平洋岛国处于美国所构建的“第三岛链”的南端节点，这里存在不少的美军基地。加之近年来中国对该地区投资和援助力度加大，于是，大洋洲国家成为美日对华竞争的重要地区。通过同大洋洲国家建立常态化对话机制、进行经济援助、签订渔业协定等多种方式，在“美国优先”原则下，日美采取美国策动、日本实施的行动办法，在大洋洲展开投资，在基础设施建设等领域进行多样化合作。同时，日本积极配合美国同澳新一道加强与太平洋岛国的战略协调，进一步强化日美在南太平洋地区的战略存在，防止该地区出现力量真空。

① 2018 年初，澳大利亚政府宣布成为全球十大武器出口国之一的目标。在《2016 年国防白皮书》中，澳方提出 2021 年国防开支达到 1950 亿澳元（约合 1400 亿美元）。

2018年美国对印太地区投资力度进一步加大，当年7月底，国务卿蓬佩奥称美国将推进一项总额达1.13亿美元的新计划，以支持印太地区数字经济、能源和基础设施等领域发展。由此，日本配合美国在大洋洲地区展开紧密合作的步伐加快。2018年APEC会议期间，日澳新加入美国主导的对巴布亚新几内亚援助计划，宣布将联合投入17亿美元帮助该国建设电力和网络系统，使其在2030年解决大部分地区电力短缺问题。这只是日美在印太战略下针对大洋洲国家进行第三国合作的一个缩影而已，两国尤其热衷于对太平洋岛国开展基础设施建设、海洋安全、海洋资源保护、公共卫生等方面的具体项目合作（见表4）。2018年，日美此种合作的主体从政府部门向私人企业拓展。当年4月，谷歌公司宣布启动日本—关岛—澳大利亚光纤海底电缆系统项目，预计其于2019年正式投入使用，这将方便亚洲和澳大利亚用户更好地体验谷歌服务。

表4　日美对太平洋岛国的部分合作项目

国家	合作项目
马绍尔群岛	就非法捕鱼提供技术援助课程，提供专家
密克罗尼西亚	利用日方援助和美方契约型基金购置重型机械，共同出资在雅浦州建设女性中心和健康中心，提供渔业培训
帕劳	提高该国对经济专属区的认识水平，提供渔业培训

资料来源："Towards Free and Open Indo-Pacific," https://www.mofa.go.jp/files/000407643.pdf，访问时间：2019年4月7日。

三　日本对大洋洲外交的新趋向

2018年，日本对大洋洲外交既有对以往政策的延续和强化，又呈现积极配合印太战略以及因应日本战略自主性提高做出升级性调整的新趋向，这主要体现在三个方面。

其一，凸显日美澳印四边战略互动。现阶段日本对大洋洲外交日益彰显日美澳印战略互动的政策基调，其地缘安全意味更趋浓厚。日本意在以双边、多边合作落实印太战略，推动日澳双边、日美澳印多边合作则是重中之重，其中尤以海洋安全合作为核心。自日美澳印对话机制重启后，四国不断加强同盟友与伙伴国间的合作，并伴随南太平洋地区战略地位的上升，积极寻求以四边对话为中心扩大合作伙伴范围。日本以“法治及自由航行”为切入点，聚焦地区安全，积极推动防务互动、共同训练、联合军演等更广阔范围的合作，拉拢有意参与印太地区事务的新西兰以及在海上安保能力不足、军力薄弱且急需安全援助的太平洋岛国，意在加快构建日美澳印主导下的太平洋安全伙伴关系网，以印太战略下海上同盟体系遏制中国崛起并重塑地区安全秩序。

其二，合作议题丰富化且更具长远性。近年来，日本与大洋洲国家的合作议题范围伴随着国际形势的变化而不断扩大，朝核问题等地缘热点问题也被纳入其中。针对大洋洲国家尤其是太平洋岛国经济发展的特有状况，日本在教育、渔业培训、人力资源开发等方面提供了精准丰富的合作方案，同时在生态安全、公共卫生等非传统安全领域有着长远性的战略考虑。比如，在《联合国千禧年发展目标》（MDGs）和太平洋岛国首脑峰会框架下，日本同成员国积极开展合作，优先帮助太平洋岛国应对自然灾害、气候变化、可持续发展等生存与发展问题，得到大洋洲国家的一致认可和赞誉。

其三，合作方式多样化且更有针对性。实现与大洋洲国家合作方式的多样化，是日本对大洋洲外交布局的重要抓手。这既包括以太平洋岛国首脑峰会框架为主的区域合作机制，还涉及构建新型双边合作模式。在这一过程中，日本综合运用多种援助手段和方式的思路非常清晰，包括提供无偿资金援助、有偿资金援助和专业技术援助等。同时，援助主体更加多元化，ODA援助部门与私营部门相结合，使日本对太平洋国家援助总额不断攀升。合作方式更为多样化，包括向太平洋岛国派遣专家、提供专业设备、开展专业人员培训等。合作针对性更强、更具长远性，日本通过紧抓重点领域合作，注重提升与大洋洲国家在基础设施、社会人文、制度安排等方面的连通性。在硬件方面，包括对港口、铁路、公路、能源、通信等基础设施的投资和援助。在软件方面，以各类文化项目加强日本与大洋洲国家在教育及人文领域的互动，通过与澳大利亚、新西兰签订EPA和FTA等促进地区间制度连接，并以多样化的合作方式加强日本与大洋洲国家的伙伴关系建设。

B.15
2018～2019年韩国对大洋洲外交

郭 锐 赵俊杰*

摘 要： 文在寅政府在重视传统“四强外交”的基础上，致力于使韩国外交真正面向全球。在此背景下，对大洋洲外交成为2018年韩国外交的重点方向之一。韩国通过政治外交、经济外交、文化外交等方式加强与大洋洲国家的往来，进一步促进了双方关系发展，但也存在重视程度不够、经贸发展缓慢、人文交流不足等问题。为此，韩国发力调整对大洋洲外交，旨在突出重点，全面深化同大洋洲国家的关系，使其成为推动韩国经济社会发展、提升国家影响力、增强国际议程设置能力的关键地区。

关键词： 新型关系 特殊友谊 新南方政策 中等强国合作体

与当前韩国外交在“新北方政策”和“新南方政策”的指引下不断调整相伴随，加强和深化同大洋洲国家关系成为韩国外交面向全球的重要战略举措。2018年，韩国外交对大洋洲国家的倾注力进一步增强，双方高层互动增多，政治、经济、安全、人文关系继续取得进展，对大洋洲外交日益成为韩国实现外交多元化、走向全球的重要支点。

---

* 郭锐，吉林大学行政学院国际政治系主任，教授，博士生导师。赵俊杰，吉林大学行政学院国际政治系硕博直读研究生。

一　韩国与大洋洲国家的政治外交关系发展

2018 年，韩国借力亚太经合组织（APEC）会议、二十国集团（G20）峰会、中等强国合作体（MIKTA）、韩国—太平洋岛国高官会等多种场合，进一步加强与大洋洲国家高层互动，致力于巩固和发展双方政治外交关系。

（一）韩澳政治外交关系发展及成果

作为大洋洲地区的主导国，澳大利亚一直是韩国外交的关注重点，双边关系发展速度加快。因相似的国家定位、同为美国盟友的性质和经济上的高度互补性，韩澳双边关系发展具有得天独厚的条件，并视彼此为重要战略合作伙伴。早在 2013 年 7 月，韩澳即举行首次“2＋2”会谈，澳大利亚成为除美国外首个与韩国建立“2＋2”部长级对话机制的国家，足见韩澳对发展双方关系的重视程度。

2018 年，韩澳政治外交关系进一步发展。虽然当年韩澳未直接进行首脑互访，但借助多边外交场合，两国领导人和高级别官员频繁会晤。2018 年 11 月 17 日，文在寅总统在巴布亚新几内亚出席 APEC 领导人非正式会议时，与澳大利亚新任总理莫里森进行会谈。双方围绕朝鲜半岛局势、地区和国际事务、经贸及国防工业合作等展开讨论。文在寅总统首先感谢澳方对韩朝领导人峰会的支持立场，充分肯定了中等强国合作体在维护国际和平与稳定、促进全球发展与繁荣上的重要作用，表达了把部长级会议提升为首脑峰会的意愿。此外，两国领导人就“新南方政策”和“印太战略”对接问题交换了看法。[①] 韩澳领导人会晤为两国接下来的合作指明了方向，为韩澳关系进一步发展奠定了基础。

---

① “Results of Korea-Australia Summit,” 17 November 2018, The Republic of Korea Cheong WaDaeWebsite, http://english1.president.go.kr/BriefingSpeeches/Briefings/361.

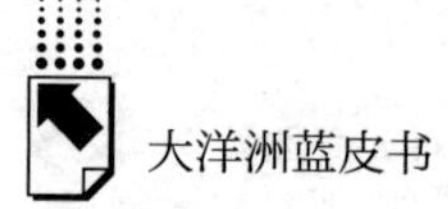

中等强国合作体是2013年联合国大会期间，由墨西哥、印度尼西亚、韩国、土耳其和澳大利亚五国，基于独特的文化、地理环境和相似的社会经济和价值观而发起创立的非正式伙伴关系。该合作体由五国外长主导，旨在创建新的伙伴关系和彼此合作以应对全球及地区挑战。MIKTA是韩澳加强合作、协调立场、共同应对地区和国际挑战的重要平台。2018年5月22日，韩国外交部第一副部长趙顯率团参加在布宜诺斯艾利斯举行的第12届MIKTA会议。与会方回顾了MIKTA成立5年来合作领域不断扩大的事实及取得的成就，一致同意提高对全球事务的贡献度和强化共同体成员间的实质性合作。趙顯通报了2018年韩朝峰会情况，表示韩国将在国际社会的合作与支持下继续推动南北关系改善，其他与会方表示将继续支持韩国开创朝鲜半岛和平稳定局面。① 在MIKTA框架下，韩澳就国际和地区事务展开更多磋商，这对双方关系稳定发展具有重要意义。

2018年7月18日，第五次韩澳战略对话在堪培拉举行，双方就政治和经济事务、人文交流、民主、人权和法制等议题交换了看法，两国表示将在MIKTA、东盟地区论坛、APEC会议、G20峰会等全球舞台上更加紧密合作，双方将为“新南方政策”和“印太战略”对接创造条件及加强协调。② 这表明韩澳已经把国家发展战略对接提上议事日程，由此推动双方关系发展再上新台阶。

（二）韩国与新西兰特殊友谊深化

2018年12月2日，文在寅总统访问新西兰，成为近九年来访新的首

① 12th MIKTA Foreign Ministers' Meeting Takes Place, 22 May 2018, Ministry of Foreign Affairs Republic of Korea, http://www.mofa.go.kr/eng/brd/m_5676/view.do?seq=319854&srchFr=&srchTo=&srchWord=&srchTp=&multi_itm_seq=0&itm_seq_1=0&itm_seq_2=0&company_cd=&company_nm=&page=55&titleNm=.

② 5th ROK-Australia Strategic Dialogue Takes Place, 18 July 2018, Ministry of Foreign Affairs Republic of Korea, http://www.mofa.go.kr/eng/brd/m_5676/view.do?seq=319964&srchFr=&srchTo=&srchWord=5th%20ROKAustralia%20Strategic%20Dialogue%20Takes%20Place&srchTp=0&multi_itm_seq=0&itm_seq_1=0&itm_seq_2=0&company_cd=&company_nm=&page=1&titleNm=.

位韩国总统。其在与新西兰总理阿德恩会谈时，两国领导人强调韩新都推崇以人为中心和包容增长的价值观，表示要在“新南方政策”和“太平洋重置”间协调立场，加强合作。① 文在寅总统访新是韩国推行多元外交的重要一步，对韩新关系发展具有重要意义，也为韩国推动大洋洲外交树立了榜样。

2018 年 8 月 3 日，在新加坡举行东盟与相关国家外长会议期间，韩国外交部长康京和与新西兰副总理兼外交部长温斯顿·彼得斯进行会谈，双方讨论了朝鲜半岛事务和韩新共同关切问题，并表示要进一步促进高层交往，为双边合作提供动力和在 WTO 及其他国际舞台上更加紧密地合作。② 在2018 年早些时候，康京和曾与彼得斯通电话，就韩朝峰会成果、即将举行的美朝峰会和深化韩新澳合作方式交换了看法，双方表示要进一步推动韩新各领域关系发展，加强友好合作。此外，韩国在首尔举办了第 20 届韩新政策咨询会，旨在加强和深化双方特殊友谊关系。

（三）韩国与太平洋岛国高官会及成果

虽然太平洋岛国与韩国地理位置相距较远，但其因丰富的自然资源和独特的国际地位，成为韩国外交不可或缺的一个部分。目前，韩国与太平洋岛国的外交往来，主要通过韩国—太平洋岛国高官会、韩国—太平洋岛国外长会议等多边机制推动和展开。

2018 年 10 月 23 日，第五届韩国—太平洋岛国高官会在首尔举行，14

① “Korea, NZ to Boost Cooperation in Sci-tech, Defense, Antarctic Research,” 4 December 2018, The Republic of Korea Cheong WaDaeWebsite, http://english1.president.go.kr/President/News/503.

② “Foreign Minister Meets Bilaterally with Her New Zealand Counterpart on August 3 on Sidelines of ASEAN-Related Foreign Ministers’ Meetings,” 3 August 2018, Ministry of Foreign Affairs Republic of Korea, http://www.mofa.go.kr/eng/brd/m_5676/view.do?seq=320004&srchFr=&srchTo=&srchWord=Foreign%20Minister%20Meets%20Bilaterally%20with%20her%20New%20Zealand%20Counterpart&srchTp=0&multi_itm_seq=0&itm_seq_1=0&itm_seq_2=0&company_cd=&company_nm=&page=1&titleNm=.

个太平洋岛国的高级代表出席会议。本次会议的主要议程包括：增强应对气候变化的能力、加强渔业领域合作、寻找实现可持续发展的方式，以及讨论朝鲜半岛局势。2018 年恰逢韩国—太平洋岛国合作基金成立十周年，韩国与太平洋岛国计划在贸易、旅游、能源和其他领域寻求合作，以促进双边贸易、投资和人文交流的进一步发展。2018 年 APEC 领导人非正式会议期间，文在寅总统对巴布亚新几内亚进行了国事访问，成为建交以来首位对巴新进行访问的韩国总统。文在寅总统与巴新总理彼得·奥尼尔会谈时表示，韩国致力于与太平洋岛国的关键国家——巴布亚新几内亚在贸易、投资、基础设施建设、渔业等领域加强合作。文在寅强调，韩国高度重视与包括巴新在内的太平洋洲岛国的合作，希望韩国与太平洋岛国的交流和合作可以稳步向前推进。两国领导人一致同意，共同努力提升太平洋岛国应对全球气候变化的能力，在增强国际社会应对气候变化意识方面发挥合作引领作用，并借力于全球绿色增长研究所和绿色气候基金等国际组织深化双边合作。①

总体来看，2018 年韩国对大洋洲外交稳步推进，并有所进展。不论是与澳、新的双边首脑外交，还是与太平洋岛国的多边外交，韩国与大洋洲国家就自身合理关切和国际及地区事务都进行了广泛和充分的协商，并达成重要共识。尽管如此，韩国对大洋洲外交仍存在政策方面重视不够等问题。文在寅总统上台后提出“新南方政策”，并把东盟国家和南亚地区的印度视为重点对象，澳、新等大洋洲国家不在其重点考虑范围。韩国外交部官方网站在设置地区国别板块时，未对大洋洲国家进行单独划分，这与对中东、拉丁美洲和加勒比国家的独立板块设置形成了鲜明对比。可见，在政策方面和具体外交工作上，韩国对大洋洲国家的重视程度仍然有待提高。

① “The President Meets with Prime Minister of Papua New Guinea,” 17 November 2018, Ministry of Foreign Affairs Republic of Korea , http://english1. president. go. kr/BriefingSpeeches/Briefings/360.

二 韩国与大洋洲国家的经贸往来和人文交流

韩国与大洋洲国家经济发展具有较强的互补性，加强同大洋洲国家经贸往来是确保韩国经济持续发展的重要组成部分。韩国经济对国际市场的依赖性极高，世界经济发展动向、国际金融市场稳定与否以及主要大国经济政策运行都会对韩国经济社会发展产生重要影响，这使其格外关注全球经济、金融和贸易发展动向。[①] 2018 年，世界经济形势不容乐观，受全球贸易保护主义兴起和美国挑动贸易摩擦的冲击，韩国经济发展面临严峻考验。在此背景下，韩国与大洋洲国家的经贸往来和人文交流有所波动，并呈现差异化发展局面。其中，韩澳贸易额有所下降，韩新贸易额稳定增长，韩国与太平洋岛国贸易额保持总体稳定。

（一）韩澳经贸发展有所放缓

澳大利亚是韩国在亚太地区的重要贸易伙伴，韩澳之间贸易互补性较强。韩国国内资源短缺，其经济增长依靠向外出口汽车、石油制成品和电子产品等，经济外向性显著。而澳大利亚国内资源丰富，能源和农产品在其出口产品中占有不小的比重。韩国主要向澳方出口精炼石油、客运车辆、设备及零部件和电信设备，其从澳方主要进口煤炭、铁矿石、原油、农产品等。据韩国海关统计，2018 年韩澳贸易额为 303. 29064 亿美元，较 2017 年减少近 90 亿美元（见图 1、图 2）。受贸易保护主义兴起、汽车产业发展放缓、国际半导体市场需求不振等负面影响，2018 年韩国对澳进口保持低速增长态势，其对澳方出口额大幅降低。2014 年 12 月 2 日，韩澳自由贸易协定（KAFTA）正式生效，2015 年两国贸易实现平稳过渡后，2016 年迎来双边贸易的高峰。2018 年世界经济形势低迷以及韩

① 张慧智：《中美竞争格局下的中韩、美韩关系走向与韩国的选择》，《东北亚论坛》2019 年第 2 期，第 10 页。

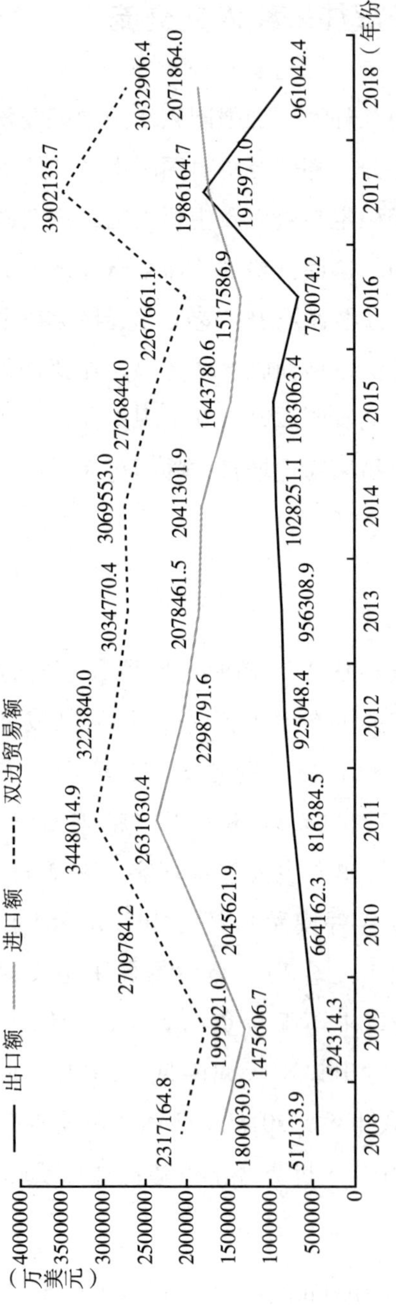

图1　2008～2018年韩国与澳大利亚贸易额

资料来源：Korea Customs Service，http://www.customs.go.kr/kcshome/trade/TradeCountryView.do? layoutMenuNo = 21031&year = 2019&nation = Australia&nationCd = AU。

国自身经济发展乏力，使韩澳贸易额增长放缓。在此背景下，韩国发力调整对澳经贸政策，旨在优化对澳出口结构，由此拉动韩澳经贸发展再上新台阶。

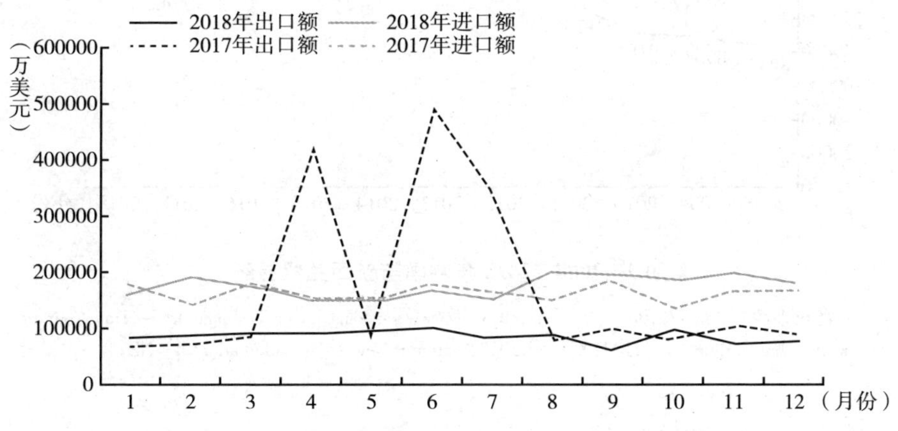

图2　2018 年和 2017 年韩澳进出口额对比

资料来源：Korea Customs Service，http：//www. customs. go. kr/kcshome/trade/TradeCountry List. do？layoutMenuNo =21031。

（二）韩新经贸往来进一步加强

新西兰作为大洋洲地区的发达经济体，是韩国的重要经贸伙伴。2015 年 3 月 23 日，韩新正式签订自由贸易协定（FTA），新西兰成为韩国的第 14 个 FTA 伙伴国。据韩国海关统计，2018 年双边贸易额首次突破 30 亿美元大关，为历年之最。2018 年 2 月，文在寅总统经济顾问和韩国企划财政部副部长会见新西兰财政部长格兰特·罗伯逊时，双方重申视对方为重要经济合作伙伴的一贯立场，两国表示要进一步深化在能源、汽车、机器配件、农牧产品等方面的合作，推动韩新经贸关系实现全面发展。2008 ~2018 年韩国与新西兰的进出口额见图 3，2018 年和 2017 年韩新进出口额对比见图 4。

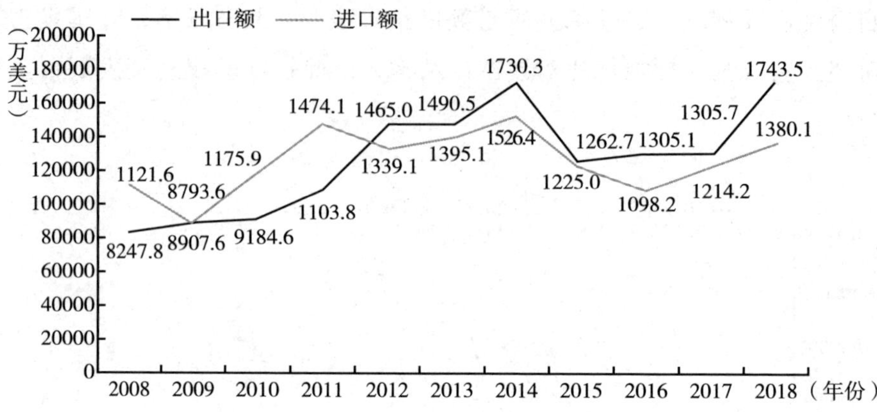

图3　2008～2018年韩国与新西兰贸易额

资料来源：Korea Customs Service，http：//www. customs. go. kr/kcshome/trade/TradeCountry View. do？layoutMenuNo = 21031&year = 2019&nation = New + Zealand&nationCd = NZ。

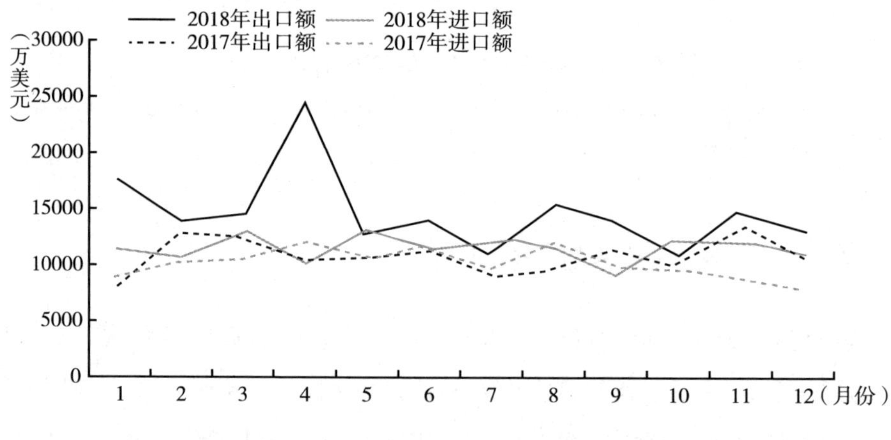

图4　2018年和2017年韩新进出口额对比

资料来源：Korea Customs Service，http：//www. customs. go. kr/kcshome/trade/TradeCountry List. do？layoutMenuNo = 21031。

（三）韩国对太平洋岛国经济外交全面展开

太平洋岛国虽然经济体量不大，但其所拥有的专属经济区面积总和接近地球表面积的8%和海洋面积的10%，蕴藏着韩国工业发展急需的原材料和能源。① 2018 年，韩国与太平洋岛国在能源、林业、渔业等领域展开全方位合作，其成为太平洋岛国的重要贸易伙伴。2018 年第五届韩国—太平洋岛国高官会期间，双方表示要进一步加强在海洋矿产、渔业资源等方面的紧密合作，韩方表示将提供新的合作项目以促进太平洋岛国的可持续发展。其中，斐济、马绍尔群岛、巴布亚新几内亚、所罗门群岛、瓦努阿图是韩国全面铺开合作的重点对象，其同上述国家的双边贸易在与太平洋岛国贸易中占据重要地位。韩方还表示，将进一步加强与其他太平洋岛国的经贸往来，以改善这些国家的经济发展状况。2017～2018 年韩国与太平洋岛国贸易情况见表 1。

表 1　2017～2018 年韩国与太平洋岛国贸易情况

单位：美元

国家	2018 年		2017 年	
	出口额	进口额	出口额	进口额
库克群岛	42000	810000	74000	2009000
密克罗尼西亚	14967000	2821000	51017000	1083000
斐济	235217000	5024000	211837000	5138000
基里巴斯	12979000	3813000	11254000	3733000
马绍尔群岛	2040685000	148045000	6866560000	27618000
瑙鲁	34604000	3144000	144000	4734000
新喀里多尼亚	141397000	342479000	91065000	287637000
纽埃	0	66000	6000	50000
帕劳	15514000	122000	9748000	210000
巴布亚新几内亚	53398000	319035000	41856000	195472000
萨摩亚	35669000	1818000	31770000	272000
所罗门群岛	23101000	9751000	20934000	9728000
汤加	249000	1986000	327000	3540000
图瓦卢	194000	7000	4785000	3000
瓦努阿图	5766000	13310000	7086000	8746000

资料来源：Korea Customs Service，http：//www. customs. go. kr/kcshome/trade/TradeCountry List. do? layoutMenuNo = 21031。

① 林香红、周通：《太平洋小海岛国家的蓝色经济》，《海洋经济》2013 年第 4 期，第 62 页。

太平洋岛国大多是欠发达国家，至今许多国家仍未解决贫困问题。联合国贸易和发展会议在2018年11月22日发布的《2018年最不发达国家报告：创业促进结构转型》中把图瓦卢、基里巴斯、所罗门群岛、瓦努阿图列为世界最不发达国家。① 贫困是很多太平洋岛国面临的最直接问题，这使其成为当今世界接受外来援助最多的地区之一。韩国作为发达经济体，对外援助是其经济发展及实现外交目标的重要一环。经济合作与发展组织（OECD）发布的数据显示，2017年韩国对大洋洲国家的援助金额为1170万美元（见表2）。其中，一方面集中于马绍尔群岛、基里巴斯等这些不发达的国家，另一方面集中于斐济、巴布亚新几内亚这些在太平洋岛国中具有举足轻重作用的国家。总体来看，韩国对大洋洲国家的援助总量不大，甚至对一些国家的援助金额可以忽略不计。不过，韩国日益认识到加大对太平洋岛国的援助力度，有助于太平洋岛国对韩国保持亲近感，确保其在联合国等国际场合对韩国立场采取理解和支持态度，以及确保韩国在南太平洋地区的资源供给和运输安全。

表2　韩国对太平洋岛国援助情况

单位：百万美元

	2011年	2012年	2013年	2014年	2015年	2016年	2017年
大洋洲(总额)	4.2	3.4	3.9	6.5	8.8	8.9	11.7
库克群岛	0.1	0.0	0.1	0.0	0.2	0.0	0.0
密克罗尼西亚	0.0	0.2	0.0	0.1	0.1	0.3	0.7
斐济	0.8	0.9	0.6	0.8	1.4	1.9	3.7
基里巴斯	0.6	0.5	0.0	0.6	0.3	0.8	0.5
马绍尔群岛	0.1	—	0.2	0.3	0.0	0.2	0.3
瑙鲁	0.0	0.1	0.0	—	—	0.4	0.1
纽埃	0.1	—	0.1	—	0.1	0.0	0.0
帕劳	0.1	0.1	0.1	—	0.1	0.2	0.0

① *The Least Developed Countries Report 2018*: *Entrepreneurship for structural transformation*: *Beyond Business as Usual*, United Nations Conference on Trade and Development Website, https://unctad.org/en/PublicationsLibrary/ldcr2018_en.pdf.

续表

	2011 年	2012 年	2013 年	2014 年	2015 年	2016 年	2017 年
巴布亚新几内亚	0.7	0.0	0.8	2.0	1.8	1.1	0.3
萨摩亚	0.2	0.0	0.3	0.5	0.1	0.1	0.1
所罗门	0.3	0.6	0.8	1.5	2.8	2.4	4.5
汤加	0.5	0.2	0.3	0.1	0.2	0.2	0.1
图瓦卢	0.2	0.1	0.1	0.1	0.1	0.2	0.1
瓦努阿图	0.1	0.1	0.0	0.0	0.5	0.0	0.2

资料来源：OECD Library，https：//read. oecd-ilibrary. org/development/geographical－distribution－of－financial－flows－to－developing－countries－2018_ fin_ flows_ dev－2018－en－fr。

2018 年韩国与大洋洲国家经贸往来受世界经济形势低迷和韩国自身经济结构的影响而增速放缓，尤其是韩对澳出口大幅减少。此外，韩国对大洋洲国家投资也未能实现稳步增长。韩国公布的数据显示，2018 年第二季度韩国对外投资总额为 130 亿美元，同比增长 33.3%。与 2017 年第二季度相比，其对大洋洲国家的投资额不增反降，只是略高于对中东和非洲的投资额（见图 5）。

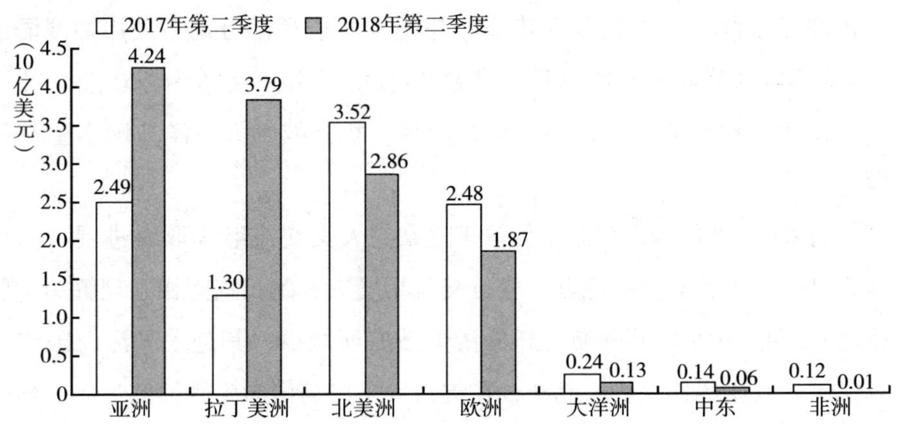

图 5　韩国对外投资额

资料来源：Ministry of Economy and Finance，http：//english. moef. go. kr/pc/selectTbPressCenterDtl. do？boardCd＝N0001&seq＝4544。

国之交在民相亲，民相亲在心相通。人文交流是韩国推进和深化与大洋洲国家友好关系的重要方面，教育合作、文化交流、旅游交往在其中发挥着重要作用。澳大利亚统计局的数据显示，2018 年韩赴澳短期旅行人数为 28.8 万人，同比减少 4.7%。新西兰国家统计局的数据同样显示，2018 年韩赴新旅游人数减少 9.1%，为 5456 人。在太平洋岛国中，以旅游资源丰富著称的斐济为例，2018 年韩赴斐旅游人数相比 2017 年增长 5.5%，达 8856 人。韩是澳国际留学生第三大来源国，2017 年韩在澳学习人数达 3 万人。澳大利亚推出“新科伦坡计划”，全额资助本国学生赴韩学习。在韩—澳基金的支持下，2018 年两国在科技创新、媒体交流、理解商业文化、艺术展示等领域的合作项目稳步推进，进一步促进了双方人文交流。韩是新国际留学生第四大来源国，约有 7280 名韩国学生在新高校学习。韩新早在 1997 年就签订《科学技术合作协议》，而韩新战略研究伙伴基金则聚焦高新技术、环境研究、卫生医疗等领域，旨在增强两国协作关系，并提高对彼此研究能力的认识水平。此外，韩国对太平洋岛国展开了积极主动的公共外交，其内容包括推广韩国语、传播韩国文化和互派留学生等，较为典型的是所罗门群岛部分高中使用韩国语进行日常教学①以及韩国电视节目在斐济常态化播出并受到热烈欢迎。韩国国际合作署（KOICA）还提供奖学金项目，积极鼓励太平洋岛国学生赴韩留学。

总的来说，2018 年韩国与大洋洲国家的人文交流继续取得进展，但存在形式单一、发展缓慢的特点。旅游交流是增进彼此民众间相互理解的重要途径之一，但 2018 年韩赴澳、新旅游人数有所减少，其赴太平洋岛国旅游人数仅保持低速增长态势。此外，在支持太平洋岛国学生赴韩留学上，韩国政府的政策力度仍有待加大。

---

① 韩国首尔大学人文信息研究所和联合国全球契约韩国协会联手，自 2012 年 10 月 1 日起在所罗门群岛的瓜达康纳尔岛州（Guadalcanal）和马莱塔岛州（Malaita）利用韩文在当地进行教育活动。

三　韩国对大洋洲外交的总体展望

伴随大国间地缘竞争态势的加强和深化，以及种族主义、民族主义在地区内部的兴起，多边主义在一个时期将受到双边主义和地区主义的侵蚀。① 在此背景下，韩国出于自身利益的现实考虑，旨在强化同大洋洲国家的关系发展，逐步实现韩国外交多元化的战略目标，由此提升其在地区和国际事务中的话语权与影响力。这与大洋洲主要国家——澳、新以及太平洋岛国的政策诉求相一致，可以预见，未来一个时期，韩国对大洋洲的外交将更趋活跃。

（一）韩澳关系全面深化和加强

同属中等强国的韩澳两国具有相似的价值观、广泛的共同利益和高度互补的经济发展模式，彼此互为重要的战略伙伴。韩是澳第四大贸易伙伴，韩澳经贸发展伴随两国自贸区建设，将进入新阶段。未来一个时期，韩澳战略伙伴关系将保持总体稳定，双方在地区和国际事务上会展开更多合作，尤其是在推动朝鲜半岛无核化方面。2019 年韩澳第 4 届“2 +2”部长级会谈在澳举办，双方在会谈中进一步明确合作重点和就地区及国际事务深度交换看法，韩澳关系也将因此得到巩固。澳大利亚是最重要的大洋洲国家，韩澳关系的加强和深化无疑有助于韩国与大洋洲其他国家间关系发展并起到表率作用。

韩国有意把澳大利亚列为“新南方政策”的重点国家，并与澳方倡议的“印太战略”相对接，致力于在印太地区展开全方位合作。此外，借助 APEC、G20、MIKTA 等多边机制，韩澳间高级别官员会谈将更加频繁，合适的时间推动双方首脑互访是题中之意。在经贸合作方面，韩国旨在增加对澳投资，有意于开拓澳大利亚市场，充分利用韩澳 FTA 协定给两国经济发展创造新的机遇，以减少全球贸易保护主义兴起所带来的负面影响，推动韩

① *2019 IFANS FORECAST*, p. 9, South Korea Institute of Foreign Affairs and National Security Website, http://www.ifans.go.kr/knda/ifans/eng/pblct/PblctView.do.

澳双边贸易再创新高。在人文交流方面，韩澳友好城市将进一步发展，韩方有意继续增加在澳留学生数量，同时鼓励韩国公民赴澳旅游，更好地发挥韩澳基金在促进两国文化、学术和商业往来等方面的积极作用。总体来说，韩澳均有意在大国竞争加强的新背景下深挖中等国家及其相互合作的巨大潜能，全方位提升韩澳战略伙伴关系以符合双方的国家战略和利益诉求，这将在韩澳接下来的一系列外交互动中体现出来。

（二）韩新关系稳步发展

文在寅总统在2018年历史性地访问新西兰，为两国关系的下一步发展指明了方向。未来一个时期，韩新合作的重要领域将聚焦在科技、国防工业和对南极洲的勘探与开发上。新西兰外交部在“2018～2022年发展战略目标”中，明确把参与塑造亚太地区结构作为其外交工作的一项重点内容。韩国试图抓住这一机遇期以进一步深化韩新合作，借力于联合国、东亚峰会、APEC会议、ASEAN等多边框架与新方展开互惠互利合作，为亚太地区的稳定和经济融合式发展做出贡献。此外，韩国有意扩大对新投资规模和加快落实韩新FTA协定中的商品关税减免政策，推动区域全面经济伙伴关系谈判取得进展，为韩新经贸关系发展注入新动力。

目前，约有4万名韩国人在新常年居住，韩是新国际留学生第四大来源国。2009年韩新签订《教育合作协议》，同意把两国间教育合作提升到政策高度。2019年适逢该协议签订10周年，回顾两国间教育合作，从姊妹学校的发展、教育机构的机制性关系到教育政策对话，均取得了丰硕的成果。未来一个时期，韩新教育合作会呈现蓬勃发展的态势，并在深化韩新关系中发挥重要作用。

（三）韩国与太平洋岛国关系将迈向综合发展阶段

在地缘政治格局加速变革、大国战略博弈有所强化、全球气候变化等非传统安全问题日益凸显的大背景下，太平洋岛国在国际社会中的战略地位随之逐步提升。在新形势下，韩国与太平洋岛国的对外政策均有所调整，前者积极推行“新南方政策”，后者则奉行“向北看”战略，积极发展同亚洲各国的关系。

未来一个时期，积极发展对太平洋岛国关系，将是韩国实现外交多元化的重要步骤之一，其对太平洋岛国外交也会快步走向综合发展新阶段，即在扩大经贸往来和经济援助的同时，不断构建双方交往的新形式，丰富新内容和形成新特点。韩国会继续借力多边外交舞台，通过做大做强韩国—太平洋岛国外长会议、韩国—太平洋岛国高官会等，进一步扩大双方合作领域，更好地寻求彼此在国际舞台上的相互支持。其一，大力推动韩国与太平洋岛国的经贸合作走向深入，扩大其对太平洋岛国的投资和进出口规模，充分利用太平洋岛国丰富的自然资源为韩国经济社会发展注入新活力。其二，优先推动韩国大型企业“走进去”，鼓励它们在太平洋岛国投资建厂，帮助太平洋岛国早日摆脱贫困，同时妥善解决韩国产能过剩问题。其三，努力发挥韩国公共外交的优势，其重点是继续在太平洋岛国推广韩国语、传播韩国流行文化、与太平洋岛国互派留学生、支持韩国大型财团资助太平洋岛国学生完成学业和丰富相互间民间外交活动等。其四，气候变化事关太平洋岛国的生存与发展，这是韩国与太平洋岛国深化合作的一个重要领域。韩国会继续在国际重大场合支持太平洋岛国应对全球气候变化问题及其谈判的立场，并为其提供资金和技术支持。

B.16
南太平洋视角下的"印太"战略：政策进展与互动机制

秦　升*

摘　要： 本报告对美日澳印在"印太"框架下的南太平洋政策进行了梳理，分析了四国选择太平洋岛国作为战略发力点的原因，并对未来"印太"战略在南太平洋地区的推进进行展望。从地理空间看，太平洋、东南亚和印度洋是印太弧的三个重要组成部分，在从"亚太"向"印太"的视域转换过程中，太平洋岛国的战略地位获得了巨大的提升。由于在印度洋和东南亚地区所遭遇到的困境以及美日澳三国在南太平洋地区的天然优势，"印太"战略在太平洋岛国的政策密集度远高于其他地区。面对未来南太平洋地区的大国竞争，太平洋岛国需要根据自身的发展诉求做出判断和选择。

关键词： "印太"战略　太平洋岛国　战略升级　"一带一路"倡议

"印太"作为描述地缘政治的概念在21世纪初就由不同国家在不同场合提出，澳大利亚和日本是较早在官方文件中阐述"印太"的国家，但"印太"的提法并没有引起国际社会的普遍关注。直到2017年特朗普政府

---

* 秦升，中国社会科学院亚太与全球战略研究院，中国社会科学院澳大利亚、新西兰与南太平洋研究中心助理研究员。

发布《美国国家安全战略报告》，“印太”经过美国的包装和宣传突然开始成为国际社会以及舆论的焦点，美国的“印太”理念在2019年国防部发布的《印太战略报告》中得到进一步阐述。美国的超级大国身份使其新国际战略引起各国的高度重视，也正因为“印太”概念获得了美国的官方“认证”，日本、澳大利亚和印度开始更加积极地围绕“印太”进行外交布局。

毫无疑问，从“亚太”向“印太”的概念变化突出了印度洋在地缘政治中的重要性，相比而言，地理范畴上作为“印太”必然组成部分的南太平洋地区的战略地位的演变同样值得关注。除了澳大利亚本身就是南太平洋地区的传统大国外，美国、日本和印度如何定位南太平洋在“印太”体系中的角色显得尤为重要。2018～2019年，美日澳印对南太平洋地区投入的战略资源超越了历史上的任何时期。值得注意的是，特朗普政府推动“印太”战略的主要目标就是制衡中国，期望通过联合日本、印度和澳大利亚形成一个遏制中国崛起的战略壁垒，特别是对冲中国的“一带一路”倡议。中国已经与8个太平洋岛国签署了“一带一路”合作协议，随着双边全面战略伙伴关系的建立，中国与太平洋岛国的关系发展进入崭新的阶段。对于正在谋求提升国际影响力和拓展经济发展空间的太平洋岛国而言，面对大国在南太平洋地区的战略竞争，机遇与挑战并存。美日澳印的战略目标和太平洋岛国的发展诉求是否一致将决定“印太”战略在南太平洋地区的演变方向。

一　太平洋岛国在“印太”战略中的地位：升级还是降级？

（一）“亚太”视域下的太平洋岛国

在“印太”兴起之前，“亚太”是一个在地理上、经济上和地缘政治上被频繁使用的概念，对比太平洋岛国在两个体系下的角色变化有助于我们更好地理解太平洋岛国在“印太”战略下的地位。从纯粹的地理空间来看，“亚太”包括东亚、东南亚等太平洋西岸的亚洲地区以及大洋洲和太平洋上

的岛屿国家。太平洋岛国主要位于南太平洋地区，陆地面积狭小，海域面积巨大，由美拉尼西亚、密克罗尼西亚和波利尼西亚三个部分组成，占据了从美洲西海岸到东亚之间的绝大部分海洋空间。根据《联合国海洋法公约》的规定，太平洋岛国总计拥有海洋专属经济区面积达1729.6万平方公里，总和接近于地球表面积的8%和海洋面积的10%，是“亚太”地理上的重要组成部分。

从概念的缘起来看，“亚太”的经济意义更加重要。1989年11月，澳、美、日、韩、新西兰、加拿大及东盟6国在澳大利亚首都堪培拉召开亚太经济合作组织首届部长级会议，这是“亚太”首次正式出现在国际组织的名称当中，随后的会议不断丰富“亚太”的内涵和发展方向，其主要目标是通过贸易和投资自由化、贸易和投资便利化和经济技术合作实现亚太地区的繁荣发展。

澳大利亚在推动“亚太”概念落地的过程中发挥了决定性的作用。澳大利亚长期以来希望既保持与美国的盟友关系，又能深度嵌入东亚经济蓬勃发展的进程中，“亚太”无疑为在地理上居中的澳大利亚塑造了一个两全其美的战略空间。太平洋岛国虽然也处于“亚太”的中心位置，但是澳大利亚和新西兰在南太平洋地区的绝对影响力和控制力使“亚太”概念无法服务太平洋岛国。此外，由于太平洋岛国经济发展水平参差不齐，部分国家至今仍被列为最不发达国家，经济影响力与其他区域内国家相比显得微不足道。也因此，尽管太平洋岛国有着地理空间上的巨大优势，但在强调经济意义的亚太经济合作组织中并未受到过多关注。14个具有独立主权的太平洋岛国当中，只有巴布亚新几内亚为亚太经合组织的正式成员，其他太平洋岛国则通过“太平洋岛国论坛”以观察员身份参加APEC会议和部长级会议。

中国的崛起至少在两方面引发了可能的地区权力变化，首先，中国和东亚国家经济联系愈加紧密，尤其是和美国的军事盟友之间形成了经贸上的相互依赖，美国日益担心其与盟友的关系受到中国的影响。其次，尽管中国在军事投射能力的建设上谨小慎微，但中国武器装备的不断升级以及中国走向深蓝的军事抱负也令美国忧心忡忡。奥巴马执政期间提出的"亚太再平衡"战略正是出于上述担心所做出的重大抉择。"亚太再平衡"不仅包括经济议题，如推动自由贸易的跨太平洋伙伴关系协定（TPP），还包括增加太平洋地区军舰部署以及举办"美国—东盟防务论坛"等在内的军事议题，使本来只具有经济内涵的"亚太"具有了更多的地缘政治意义。在"亚太再平衡"战略下，希拉里于2012年8月出席在库克群岛举办的第24届太平洋岛国论坛会后对话会，但此次历史性的会晤并没有实质性的政策跟进。太平洋岛国在"亚太"视域下基本上处于边缘化的地带，这里既有其自身国力弱小、经济落后的原因，也有其缺乏战略价值、无法在大国博弈中产生影响的原因。

（二）"印太"视域下的太平洋岛国

2017年11月APEC峰会期间，美日澳印四国领导人的首次集体会晤"不约而同"地将"印太"作为外交重点，倡议建立"自由、开放、繁荣、包容的印度洋—太平洋地区"。这种早期的、宽泛的表述不仅没有充分阐释各国的"印太"理念，对太平洋岛国的地位和作用也没有过多说明。从2017年到2019年的两年多时间里，美日澳印连续发布的官方报告使各方的"印太"战略不断清晰，尽管四国的侧重点各不相同，但是太平洋岛国在"印太"体系中的定位日益明确，特别是美国和澳大利亚已经将太平洋岛国视为"印太"不可分割的战略要素。

美国于2017年发布的《国家安全战略报告》、2018年通过的《亚洲再保证倡议法案》以及2019年发布的《印太战略报告》，从理论到政策全面阐述了美国的"印太"战略思想。美国认为，由于日本、澳大利亚和印度拥有同美国相同的民主制度，这四个国家将成为构筑"自由开放的印太战略"的主要力量；美国将在政治上强化与该地区的联盟关系和伙伴关系，以公平和法制为前提深化与该地区其他成员的新伙伴关系；美国将在经济上维护自由开放的海上通道，保障印太地区的贸易畅通，坚持透明的基础设施投资；美国将在印太地区维持足够的军事力量，确保在未来的军事对抗中赢得胜利。

对于太平洋岛国，美国首次将太平洋群岛（Pacific Islands）作为“印太”战略的重要组成部分提出，“我们将激活对太平洋群岛的接触以维护印太地区的自由和开放，保持航道畅通，提升我们作为岛国安全伙伴的地位……我们承诺将通过不断确认和不断更新伙伴关系保持对太平洋群岛的持续接触”①。激活（Revitalizing）是美国太平洋岛国战略的关键词，它既承认了美国以往在战略上对太平洋岛国的忽视，也强调了今后加大接触太平洋岛国的决心。《印太战略报告》还详细阐述了美国接触岛国的原因、路径和目标。美国认为，与太平洋群岛的联系可以追溯至第二次世界大战期间，这段历史是美国重视发展与岛国关系的重要原因。此外，美国与太平洋岛国之间在维护海洋安全、打击非法捕捞和毒品走私、应对气候变化和自然灾害领域有着共同的目标。

美国在印太战略下与太平洋岛国的接触主要聚焦于以下三个方面。

其一，发挥地区大国澳大利亚和新西兰的联动作用，与美国一道对太平洋岛国施加影响力。澳大利亚和新西兰与太平洋岛国在政治、军事、外交、经济上存在全方位的联系，同时也是美国的紧密盟友，依靠澳新接触太平洋岛国能够在减少战略投入的同时最大化美国的战略利益。

其二，增强安全领域的合作，加大美国在南太平洋地区的巡航力度。首先，维持美国海岸警卫队与15个太平洋岛国的双边巡航，针对非法捕捞和其他违法行为开展执法行动。其次，与11个太平洋岛国签署巡航协定，允许美国海岸警卫队以及美国海军舰船在岛国专属经济区内代为宣示主权。

其三，强化与帕劳、密克罗尼西亚联邦以及马绍尔群岛三个自由联系国的关系。三个自由联系国与美国有着独特的历史渊源，是美国在南太平洋地区战略利益的重要体现，美国将通过继续提供财政支持和军事保护延续与三个自由联系国的特殊关系。2019年5月21日，特朗普在白宫同时会见帕

① Indo－Pacific Strategy Report，p. 40，https：//media. defense. gov/2019/May/31/2002139210/－1/－1/1/DOD_ INDO_ PACIFIC_ STRATEGY_ REPORT_ JUNE_ 2019. PDF，2019. 6. 1.

劳、密克罗尼西亚联邦以及马绍尔群岛的国家元首，这是美国总统有史以来第一次同时会见三个自由联系国的国家元首。会见结束后的联合声明指出，“美国、帕劳、马绍尔群岛和密克罗尼西亚联邦作为太平洋国家，共同重申了在自由、开放、繁荣的印太地区的共同利益”，这一声明再次体现了自由联系国对美国“印太”战略的特殊重要性。

澳大利亚是南太平洋地区的传统大国，长期以来强调自身与太平洋岛国的紧密联系和对岛国全面而深刻的影响力。2003 年的一份政府报告充分阐释了澳大利亚与太平洋岛国的关系与定位：“历史将澳大利亚和岛国以及岛国人民密切联系起来，在岛国独立之时，澳大利亚帮助这些国家塑造了经济基础、中央政府与地方政府之间的权力分配以及治理哲学。在某些情况下，我们利用自身的制度和思想来支持它们的宪法、立法机构、公共服务、法律体系以及治安力量。澳大利亚是该地区主要的进口和投资来源国，占据主导地位的捐助国以及安全防卫的核心伙伴。”① 由于美国、澳大利亚和新西兰之间的亲密盟友关系，美国非常支持澳大利亚和新西兰主导南太平洋地区事务，澳大利亚在经济、军事和外交上的巨大优势使其成为名副其实的太平洋副警长。

澳大利亚对南太平洋的绝对影响力在相当长的时间里没有受到过挑战，从 2013 年开始，除了在政府文件上仍然保持着对太平洋岛国的重视外，澳大利亚在战略投入上几乎陷入停滞的状态。以援助为例，2013 年阿博特政府进行机构改革，将本来独立的澳大利亚援助机构合并入外交通商部，在某种程度上降低了援助在澳大利亚外交中的地位。在经历了霍华德、陆克文和吉拉德政府期间的快速增长并达到顶峰之后，澳大利亚的援助金额从 2014 年开始大幅收缩，援助金额在阿博特和特恩布尔政府期间经历了高达 23.7% 的降幅。② 援助是澳大利亚对岛国施加影响的重要外交手段，在总体

① Parliament of Australia，“A Pacific Engaged：Australia's Relations with Papua New Guinea and the Island States of the Southwest Pacific，” Canberra：Commonwealth of Australia，August 2003，p. 151.

② Johnathan Pryke，“Submission to the Inquiry Into the Strategic Effectiveness and Outcoms of Australia's Aid Program in the Indo-Pacific，” 3 July 2018，https：//www. lowyinstitute. org/publications/submission – joint – standing – committee – foreign – affairs – defence – and – trade.

援助金额下降的大前提下，其对太平洋岛国的援助保持了较为平稳的态势，但是和中国对太平洋岛国的援助投入形成了巨大反差。面对中国影响力对南太平洋地区秩序的可能冲击，澳大利亚开始在理念上和行动上反思对太平洋岛国的外交政策。

2017 年，随着定调“印太”战略的《外交政策白皮书》发布，“进阶”(Step up) 成为澳大利亚南太平洋政策的关键词。澳大利亚外交部长佩恩明确指出，“太平洋‘进阶’不是澳大利亚的一个外交选项，而是一个必然选择”①，澳大利亚将为了与太平洋岛国的共同利益以更大的决心和参与度回应地区挑战。太平洋“进阶”主要包括四个方面的内容②。

1. 加强经济合作和地区经济融合

由于太平洋岛国普遍远离世界主要市场、土地资源稀缺、人口稀少，澳大利亚、新西兰和太平洋岛国的经济融合对南太平洋地区的经济繁荣至关重要。一方面，要尽快落实太平洋更紧密关系协定（PACER PLUS），为该地区的投资、贸易和商业往来提供一个可操作、透明的规则体系。另一方面，通过新的太平洋劳动体系（Pacific Labour Scheme）以及已有的季节工计划(Seasonal Worker Program) 为岛国工人提供就业机会以及雇主所需要的技能和认证，加强太平洋岛国和澳大利亚的雇员交流，激发本地区的经济活力。

2. 应对安全挑战

太平洋岛国在面对跨国犯罪、自然灾害和传染病等非传统安全威胁的时候，往往无法独自应对。澳大利亚将持续改善与岛国在防务、警察、情报、海关以及法律事务等多方面的合作和协调，通过太平洋安全计划（Pacific Maritime Security Program）为太平洋岛国提供巡航船只并为空中监视提供资助，共同打击非法、非报告、不按规定的捕捞以及人口、毒品和野生动物的走私。

---

① Marise Payne, “State of the Pacific Conference at Australia National University,” 10 September 2018, https://foreignminister. gov. au/speeches/Pages/2018/mp_ sp_ 180910. aspx.

② 2017 Foreign Policy White Paper, “Stepping up Our Engagement in the Pacific,” 23 November 2017, https://www. fpwhitepaper. gov. au/foreign – policy – white – paper/chapter – seven – shared – agenda – security – and – prosperity/stepping – our.

3. 加强人员交流、教育培训以及领导力建设

在新科伦坡计划（New Colombo Plan）的支持下，越来越多的澳大利亚人前往太平洋岛国，澳大利亚将持续在社区和人员交流方面加大投入力度。教育对太平洋岛国的经济发展意义重大，由于经济落后、人力资源短缺，南太平洋一直缺乏足够的专业教育人员以及相关的设施，澳大利亚将在教育和培训方面为岛国公民提供更多的学习机会。澳大利亚还致力于发挥智库、社会组织以及科研机构的作用，为岛国培养未来的领导人以应对现代政府面临治理的挑战。

4. 气候变化、发展韧性以及应对自然灾害

澳大利亚将为气候科学研究和数据收集提供为期 4 年的资助，资助金额总计 3 亿澳元，用以帮助太平洋岛国应对气候变化以及减少气候变化带来的负面影响。澳大利亚还将通过多边金融机构和绿色气候基金为太平洋岛国提供关键基础设施、提升岛国应对自然灾害的能力。

太平洋“进阶”是 2017 年《外交政策白皮书》中优先级别最高的外交政策之一[①]，标志着澳大利亚对南太平洋政策的反思和阶段性调整的到位。“进阶”一词也清晰地表明，以往对太平洋岛国的政策无法适应“印太”战略的目标要求，必须通过增加投入和新的措施才能保障澳大利亚在南太平洋地区的利益，太平洋“进阶”进一步凸显了太平洋岛国对澳大利亚“印太”战略的重要性。无论是美国的“激活”政策还是澳大利亚的“进阶”政策，印太视域下的太平洋岛国正处于被高度关注的阶段，其战略价值得以凸显，战略地位获得了前所未有的提升。

二 太平洋岛国成为“印太”战略的发力点

2018～2019 年，美日澳印对南太平洋地区的战略投入和战略承诺达到

① Department of Foreign Affairs and Trade, “Stepping-up Australia’s Pacific Engagement Fact Sheet,” 4 December 2018, https://dfat.gov.au/geo/pacific/engagement/Documents/stepping-up-australias-pacific-engagement.pdf.

了前所未有的程度。安全外交是“印太”战略的首要方向。2018 年 5 月，美国太平洋司令部更名为印太司令部，随后白宫国家安全委员会根据“印太”战略设立了一个全新的职位——大洋洲及印太安全主管，主要负责澳新南太地区的安全协调。2018 年 9 月，美国海军副部长托马斯·莫迪（Thomas Modly）访问瓦努阿图，成为美国近十年来访问瓦努阿图的最高级别军方官员，访问期间就军事合作议题与瓦方高级官员进行商讨，并强调与太平洋岛国的合作是为了保障太平洋地区的“自由航行、自由贸易和自由发展”。[①] 2018 年 11 月，澳大利亚总理莫里森宣布在太平洋岛国新增外交岗位以凸显该地区的重要性，并计划与巴布亚新几内亚共建位于马努斯岛的海军基地，加强两国的军事合作和海军部署。随后的 2018 年亚太经合组织领导人非正式会议期间，美国副总统彭斯表示，美国将参与马努斯岛的海军基地建设，“与澳大利亚和巴布亚新几内亚一道保护太平洋岛国的国家主权和海洋权利”。[②]

2018 年 5 月，第八届“日本—太平洋岛国峰会”首脑宣言史无前例地加入了朝鲜半岛无核化等敏感的安全议题，“各国领导人强调，必须寻求和平外交解决办法，以全面、可核查和不可逆的方式拆除朝鲜所有大规模杀伤性武器，包括生物和化学武器、弹道导弹以及其他相关设施”，宣言还强调基于法治的海洋秩序的重要性，对安倍晋三提出的“自由开放的印太战略”表示欢迎。[③] 日本通过首脑峰会获得了太平洋岛国对其“印太”战略的支持。

2019 年 3 月，白宫国家安全委员会亚洲事务高级主管马特·博明（Matt Pottinger）以及大洋洲及印太安全主管亚历山大·格雷（Alexander Gray）一同访问了瓦努阿图和所罗门群岛以及澳大利亚、新西兰和日本三个美国在太

---

① “Under SECNAV Visits Vanuatu for Partnership Building,” 26 September 2018，https：//www. navy. mil/submit/display. asp? story_ id = 107205.

② “US to Join Australia in Papua New Guinea Naval Base Plan,” 17 November 2018，https：//www. bbc. com/news/world – asia – 46247446.

③ “The 8th Pacific Islands Leaders Meeting (PALM8),” 25 May 2018，https：//www. mofa. go. jp/a_ o/ocn/page25e_ 000190. html.

平洋地区重要的军事盟友，[①]与各国谋划“印太”战略中的安全议题。[②]2019年4月，美国军方与密克罗尼西亚联邦政府商讨启动新的海军设施并就军事演习进行磋商，意在重启太平洋地区的部分战略基地。2019年5月，在特朗普历史性地会见帕劳、马绍尔群岛以及密克罗尼西亚联邦的首脑之后，四国的联合声明将地区安全置于美国与三个自由联系国关系发展的首要位置。[③]

对外援助是“印太”战略实施的又一重点。2018年7月，美国国务卿蓬佩奥在美国商会发表的演讲中表示，将对印太地区投资1.13亿美元，用于新技术、能源和基础设施建设。2018年10月，日本外相河野太郎在惠灵顿与新西兰副总理兼外长彼得斯、国防部长马克举行会谈，一致同意在高质量基础设施建设和海洋安全领域向岛国提供援助，帮助这些国家实现财务健全。2018年11月，美国副总统彭斯在APEC会议演讲中宣布美国将对印太地区提供600亿美元基础设施建设援助，并且强调经济合作的透明度和规则。

澳大利亚在2018年3月由时任外交部长毕晓普向外交、安全和贸易联合委员会申请《关于澳大利亚在印太地区援助项目的战略效果及其在维护地区利益上的角色》的质询，并征集针对该质询的讨论报告，最终收到了101份来自澳大利亚国内外智库、科研机构的报告。[④]由于澳大利亚国内政治斗争以及特恩布尔的下台，质询最终不了了之，但此次以对印太地区的援助为对象的质询对澳大利亚的南太政策产生巨大影响。2018年11月，澳大

---

① Stephen Dziedzic, Catherine Graue, “Donald Trump’s Top Security Advisers Visit the Pacific, Signifying Growing US Focus in the Region,” 11 March 2019, https: //www.abc.net.au/news/2019-03-11/two-of-donald-trumps-top-security-advisers-visit-pacific/10887678.

② Ben Kesling, “U.S. Military Refocuses on Pacific to Counter Chinese Ambitions,” 3 April 2019, https: //www.wsj.com/articles/u-s-military-refocuses-on-pacific-to-counter-chinese-ambitions-11554292920.

③ “Joint Statement from the President of the United States and the Presidents of the Freely Associated States,” 21 May 2019, https: //www.whitehouse.gov/briefings-statements/joint-statement-president-united-states-presidents-freely-associated-states/.

④ Parliament of Australia, “Inquiry into the Strategic Effectiveness and Outcomes of Australia’s Aid Program in the Indo Pacific and Its Role in Supporting Our Regional Interests,” 28 March 2018, https: //www.aph.gov.au/aidprogramoutcomes.

利亚总理莫里森公布了一个针对太平洋岛国的庞大援助计划，这个针对太平洋地区的基础设施金融方案（Australian Infrastructure Financing Facility for the Pacific，AIFFP）将为能源、运输、水务和电信项目提供 20 亿澳元赠款和长期贷款，把“澳大利亚与太平洋岛国的接触提升到一个全新水平”①。

2019 年 6 月，澳大利亚总理莫里森在赢得大选后将所罗门群岛作为海外出访的第一个国家，针对此次出访，外长佩恩指出，“总理访问所罗门群岛是政府强化太平洋‘进阶’政策的重要举措”②。莫里森访问所罗门群岛期间提出了一个 2.5 亿澳元的援助计划，涉及基础设施和人员培训等多个领域。与此同时，印度在“印太”战略的推动下，和巴布亚新几内亚共同宣布于 2019 年在巴新首都莫尔斯比港举办第三届印度—太平洋岛国合作论坛，论坛在 2014 年、2015 年举办过两届之后一直处于停滞状态，该论坛的重启是印度强化与太平洋岛国关系、落实“印太”战略的最新举措。③

三 “印太”战略落地太平洋岛国的原因分析

“印太”是一个地缘政治概念，印度洋、东南亚和太平洋是重要的三个组成部分，“印太”概念的落地主要依托美日澳印在上述三个地区的战略投入。与四国在南太平洋地区所进行的政策攻势相比，“印太”战略在印度洋和东南亚的推动明显过于迟缓，形成这种态势的原因主要有三个。

（1）“印太”战略的印度洋悖论。在 2017 年获得美日澳印四国共同认可之前，美国、日本和澳大利亚都曾经通过官方渠道阐述各自的“印太”理念，

① Scott Morrison, “Strengthening Australia's Commitment to the Pacific,” 8 November 2018, https://www.pm.gov.au/media/strengthening-australias-commitment-pacific.

② “Australian PM To Visit Solomon Islands in First Overseas Trip,” 27 May 2019, https://www.solomontimes.com/news/australian-pm-to-visit-solomon-islands-in-first-overseas-trip/9094.

③ “India Keen to Boost PNG Partnership,” 23 May 2019, https://postcourier.com.pg/india-keen-boost-png-partnership/.

但由于印度的消极，其回应始终没有在外交政策上形成气候。2010 年，时任美国国务卿希拉里使用“印太”描述奥巴马政府的“亚太再平衡”战略以及该战略与印度和澳大利亚之间的关系。[①] 2015～2017 年，美国太平洋司令部（现印太司令部）司令哈里斯在北京、新德里、洛杉矶、悉尼和华盛顿的多次演讲和国会证词中提到“印太”或者“印度洋—亚洲—太平洋”的概念，其论述主要集中在印度的重要性、美日澳印四边机制的建立以及中国作为战略竞争对手三个方面。[②] 澳大利亚在《2013 年国防白皮书》中指出，一个新的印太战略弧正在形成，印度洋和太平洋通过东南亚连接起来，印度日益崛起为一个重要的战略、外交和经济角色，以更加积极的姿态投入印太框架中。[③] 日本早在 2006 年就由时任官房长官的安倍晋三提出日美澳印的合作构想。2012 年，再次当选首相的安倍晋三在世界报业辛迪加发表文章《亚洲的民主安全菱形》，指出“由日本、美国的夏威夷、澳大利亚和印度组成的‘民主安全菱形’框架将确保从印度洋到西太平洋地区的安全”[④]。

“印太”概念尽管提出多时但在国际社会上一直不愠不火，主要原因是印度对“印太”的态度一直不明朗。事实上，没有印度洋的“印太”只能是一个“跛脚”概念，没有印度支持的“印太”也只能是一个战略上的空头支票。所以，为了让印度接受“印太”概念，美日澳三国动用了大量的外交资源以表明印度对“印太”的重要性。印度对“印太”概念的接受对其他三国而言犹如强心剂，使三方对于推动印太战略充满信心，印度的正式加入也让“印太”架构趋于完整。然而，印度承认“印太”并不代表四方

---

① 李向阳：《“印太”理念能否成为美国亚洲政策的基石?》，载李向阳主编《亚太地区发展报告（2018）》，社会科学文献出版社，2018，第 3 页。

② 钟飞腾：《美国的印太战略构想》，载李向阳主编《亚太地区发展报告（2018）》，社会科学文献出版社，2018，第 22～24 页。

③ “2013 Defence White Paper,” 1 May 2013, http://www.defence.gov.au/whitepaper/2013/docs/WP_2013_web.pdf.

④ Shinzo Abe, “Asia's Democratic Security Diamond,” 27 December 2012, https://www.project-syndicate.org/commentary/a-strategic-alliance-for-japan-and-india-by-shinzo-abe?barrier=accesspaylog.

在印度洋能够顺利开展合作。

第一，印度的战略目标是将印太置于其“东向行动”中实现战略东进，与美日澳三国希望在印度洋地区强化军事合作的目标并不一致。第二，印度需要借重四国机制的声势强化对南亚地区中小国家的威慑，巩固其次大陆霸主地位，[①] 这与美日澳的印太战略目标毫无关联。第三，中印关系转圜，美印之间的贸易战持续加剧，这些新情况使美日澳利用印度对抗中国的现实基础不再稳定，四国在印度洋地区难以形成合力。因而，美日澳印的目标错位和各方利益的复杂关联使印度洋无法成为“印太”战略的有效载体。

（2）南海局势缓和大幅挤压“印太”战略在东南亚地区的政策空间。东南亚是印太战略弧的中心地带，美日澳印对该地区展现了极大的重视和关注。2017 年 11 月 10 日，特朗普将首次阐述“印太”战略的地点选择在了越南岘港，在演讲中特朗普提到，“越南处于印太地区的中心位置”。11 月 11 日，来自美澳日印的官员在菲律宾马尼拉参加第 31 届东盟峰会期间举行会晤，正式建立“印太”协调机制，宣布“印太”时代到来。2018 年 1 月 25 ~ 26 日，东盟各国领导人应印度总理莫迪邀请前往新德里参加印度—东盟纪念峰会并出席印度“共和国日”纪念活动。日本也通过积极推动“亚非增长走廊”以及 CPTPP 巩固和发展与东南亚国家之间的双多边关系。美日澳印针对东南亚的外交举措和政策跟进都证明了东南亚在“印太”框架下的极端重要性。

2017 年 8 月 6 日，中国和东盟外长在马尼拉举行的中国—东盟（10 + 1）外长会上，顺利通过《南海行为准则》框架文件。2018 年 8 月 2 日，中国与东盟国家就《南海行为准则》单一磋商文本草案达成一致，表明中国和东盟国家无须其他国家的介入，有能力、有信心解决好南海问题。缺少了南海议题，美日澳印期望通过东南亚国家制衡中国的策略难以为继。尽

① 叶海林：《印度对美国印太概念的认知、诉求以及互动前景》，载李向阳主编《亚太地区发展报告（2018）》，社会科学文献出版社，2018，第 56 页。

管以美国为首的西方国家又利用“航行自由”大做文章，但事实表明，由于缺乏东南亚国家的支持，其政策选项和遏制中国的政策效果都非常有限。

（3）澳美日三国与太平洋岛国在历史渊源、安全外交、经贸往来以及自然环境等方面的密切联系为三国在南太平洋推动“印太”战略创造优势。澳大利亚是太平洋岛国论坛的创始成员，也是南太平洋地区最大的经济体，澳大利亚对地区秩序的把控和对地区议题的引导使其对太平洋岛国有着强大的影响力。以太平洋岛国中人口最多、经济实力最强的巴布亚新几内亚为例，澳大利亚在1946年到1975年受联合国委托管理巴布亚新几内亚，对巴新的政治体制、经济发展和对外贸易产生了广泛的影响。数十年来，巴布亚新几内亚一直是澳大利亚最主要的援助对象，至今澳大利亚仍然通过提供顾问和咨询等多种方式保持着对巴新政治经济的持续影响力。巴布亚新几内亚独立之后的第二年就与澳大利亚签署了自贸协定，双方还签署了《森林伙伴协议》《伙伴关系联合宣言》《经济合作协定》等一系列双边合作协定。澳大利亚是巴布亚新几内亚最大援助国、最大贸易伙伴与最大投资伙伴，两国领导人互访频繁。澳大利亚通过各种双边协定和关系网络和太平洋岛国牢牢绑定在一起，在制度上强化岛国对澳大利亚的依赖。

美国在南太平洋地区也有自己的“势力范围”，密克罗尼西亚联邦、马绍尔群岛以及帕劳在独立之前长期由美国托管，独立之后又与美国签订了“自由联合协定”，美国承诺在2023年之前通过信托基金每年向密克罗尼西亚联邦提供超过1.3亿美元的直接援助，向马绍尔群岛提供7000万美元的直接援助，截至2011年底，美国援助帕劳的信托基金达到了1.47亿美元，是三个国家的主要援助国。除了经济关系之外，协定还规定美国有义务为三个国家提供安全保障，允许自由联系国的国民前往美国工作等。这些全面而复杂的双边协定使美国在南太平洋地区拥有极大的特权。军事方面，美国在马绍尔群岛拥有洲际弹道导弹、导弹防御系统的试验基地，它们是美国印太司令部的重要组成部分，对美国具有重要的军事意义。

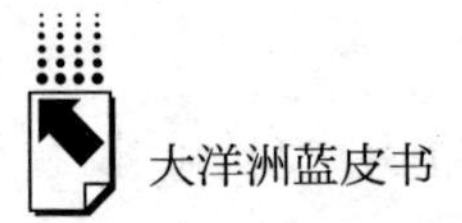

日本通常以岛国身份强调与太平洋岛国在地理上的相似性以及所面临的共同挑战，将岛国的身份认同和双多边关系发展联系起来。在应对气候变化、地震、海啸等自然灾害的问题上，日本和太平洋岛国具有共同的体会和认知。从2009年到2018年的四届日本—太平洋岛国领导人峰会上，减灾、可持续发展和环境保护一直都是峰会讨论的主题，日本还不断通过援助、人员培训等方式帮助太平洋岛国应对这些挑战。此外，由于太平洋岛国的专属经济区是日本鲣鱼和金枪鱼的主要供给来源，日本在打击非法捕捞方面与太平洋岛国有着一致的利益，日本不遗余力地为太平洋岛国提供巡航船只以及海洋安保人员的培训，帮助太平洋岛国提升海洋执法能力。共同的利益诉求以及海洋领域的合作增强了日本与太平洋岛国之间的天然联系，使日本在南太平洋推进“印太”战略获得了巨大的支持。

四　印太战略在太平洋岛国推进的前景

2018～2019年，美日澳印四方在南太平洋展开了凌厉的“印太”攻势，这些针对太平洋岛国的战略举措是否达到预期效果以及能否持续下去，关键在于太平洋岛国对自身的定位以及对“印太”战略的看法。

首先，太平洋岛国对自身的发展诉求越来越清晰，“太平洋外交”展现了太平洋岛国的外交独立性，对于是否接受“印太”战略，岛国有足够的外交选择空间。在经历了数十年的经济社会发展之后，太平洋岛国正发生两方面的重大改变。一方面，岛国人民对国家利益的认识更加清醒，对自身的发展目标和发展方向越来越明确。太平洋岛国由于特殊的地理位置和地理特点，遇到的发展问题与绝大多数国家并不相同。太平洋岛国认为，气候变化是关系到岛国生死存亡的最大单一威胁，建设“蓝色太平洋”（Blue Pacific）是应对气候变化挑战的重大纲领。① 另一方面，“太平洋外交”

① “Boe Declaration on Regional Security,” 6 September 2018，https：//www.forumsec.org/boe-declaration-on-regional-security/.

（Pacific Diplomacy）成为太平洋岛国表达自身观点、维护岛国利益的重要方式，即通过一种地区主义的途径共同参与全球治理。多数太平洋岛国经济发展落后，在国际社会上缺少话语权，只有联合起来才能发出自己的声音，被国际社会所重视。近年来，斐济、巴布亚新几内亚等太平洋岛国在全球治理领域显露头角证明了“太平洋外交”发挥的重大作用。对于“印太”战略，太平洋岛国也不会仅仅扮演一个被动接受的角色，而将最大限度地发挥主观能动性。

其次，“印太”战略未来的政策重点和执行力度决定了其在太平洋岛国的接受程度。美日澳印在南太平洋地区的政策选项跨度较大，内容涉及经济、安全、外交、环境等众多议题。以安全议题为例，对太平洋岛国而言，南太平洋地区最重大的安全威胁不是军事威胁，而是海洋资源和海洋环境所受到的破坏对可持续发展带来的威胁。与太平洋岛国的理解不同，“印太”作为一个地缘政治概念，首要关心的是军事安全和军事合作问题。此外，尽管美日澳印也对太平洋岛国所关心的海洋保护、非法捕捞等议题做出了回应，但是具体的应对措施如何，究竟能在多大程度上帮助岛国人民解决现实问题仍有待观察。

最后，太平洋岛国需要在大国的战略竞争中做出自己的判断和选择。“印太”战略的提出在很大程度上是为了对中国进行战略围堵，这一逻辑同样适用于太平洋岛国。对岛国人民而言，南太平洋地区的国际局势日趋复杂，战略竞争越发激烈，各个国家都有自己的合作方式和行为特点。以援助为例，中国对基础设施建设的重视以及所持的不干涉内政原则与西方并不相同。是跟随美日澳印维护“自由开放的印太战略”，还是和中国共建“21 世纪海上丝绸之路”，太平洋岛国需要根据自身的国情和国际环境做出综合判断。

附　　录

Appendix

B.17
2018年大洋洲大事记

王婷婷*

1月

11日　中国援斐济斯丁森桥和瓦图瓦卡桥项目举行通车仪式。

17日　中国外交部副部长郑泽光在广东省佛山市会见瓦努阿图总理萨尔瓦伊。

23日　中国新任驻斐济大使钱波在斐济国宾馆向斐济总统孔罗特递交国书。

29日　巴新主流媒体《信使邮报》整版就中国对巴新援助、投资项目进行介绍，积极评价中国对巴新援助和投资。

31日　新西兰颁布《儿童减贫法案》（Child Poverty Reduction Act），通过立法在政府预算报告中纳入儿童贫困的指标。

---

* 王婷婷，北京大学历史系博士研究生，教育部国别和区域研究培育基地——中山大学大洋洲研究中心研究人员，主要研究方向为环境史、新西兰问题。

2月

10～15日 第21届美拉尼西亚先锋集团领导人峰会在巴新莫尔斯比港召开，聚焦可持续发展目标。

19日 《国民报》报道，巴新政府计划于2020年前逐步叫停原木出口，开始在当地加工林业产品。

21日 2018年斐济确诊18例脑膜炎球菌病。

新西兰政府公布了“全面与进步跨太平洋伙伴关系协定”（CPTPP）全部文本和国家利益分析报告。

22日 中国援斐济车辆项目交接仪式在斐济首都苏瓦举行。

新西兰宣布对叙利亚的人道主义援助资金将增加150万新元。

23日 原澳大利亚副总理巴纳比·乔伊斯因婚外情丑闻宣布辞去副总理和澳国家党党首职务。

26日 巴新海拉省和南高地省发生7.5级地震。

澳国家党投票选举迈克尔·麦科马克任党首，同时接替乔伊斯就任澳大利亚副总理及基础设施和交通部长。

27日 中水集团远洋渔业股份有限公司所属远洋渔船“中水702”在所罗门群岛海域进行捕捞作业时，营救了3名已在海上漂泊20多天的所罗门群岛渔民。

27日 西蒙·布里奇斯（Simon Bridges）先生当选新西兰国家党党魁，葆拉·班尼特（Paula Bennett）女士续任国家党副党魁。

28日 澳大利亚政府强制要求汽车生产商和经销商召回安装了日本高田公司所产问题安全气囊的汽车，共计大约230万辆，是澳大利亚迄今规模最大的汽车召回行动。

瓦努阿图开始禁止砍伐、加工和出售花梨木。

3月

1日 新西兰外交部长温斯顿·彼得斯在罗伊国际政策研究所详细阐述

了本届联合政府的核心外交战略——太平洋重置。

萨摩亚政府宣布禁止在其海域进行商业性捕捞、出售和交易鲨鱼和鳐形目鱼。

习近平在人民大会堂同汤加国王图普六世举行会谈。

6日 澳大利亚与东帝汶签署了《东帝汶海海上边界条约》。新的海上边界条约的签署标志着两国有史以来首次成功地根据公约附件五完成调解程序。

8日 巴新总理彼得·奥尼尔接受了来自25家中资企业的100.6万基纳（约合31万美元）捐款。

南太地区宣布了一项1820万欧元区域计划，用于促进性别平等与解决针对女性的暴力问题。

16~18日 东盟—澳大利亚特别峰会在澳大利亚悉尼举行，主要聚焦安全和经济领域合作。

21日 新西兰宣布成功消灭了该国世界遗产地亚南极安蒂波迪斯群岛约20万只老鼠。

25日 新任驻新西兰兼驻库克群岛和纽埃大使吴玺抵达惠灵顿履新。

28日 中国同新西兰举行两国外交部第21次政治磋商。

29日 中国银行获得新西兰分行牌照。

4月

1日 新西兰最低工资提高至16.50新元/时。

3日 澳大利亚昆士兰州同中国科技部火炬高技术产业开发中心（火炬中心）签署谅解备忘录，其将在昆士兰州建立火炬健康与医药创新园。这将是火炬中心在海外设立的第一家生物医药领域专业园区。

5日 “今日澳洲2018”项目在日本启动，将持续到2018年11月。

11日 《国民报》报道，巴新议会最近一致性通过了新修订的严厉的《枪支法》。

12 日 新西兰宣布不再颁发新的海上油气勘探许可。

13 日 中国外交部长王毅在北京与到访的巴布亚新几内亚外交与贸易部长帕托举行会谈，聚焦巴新与“一带一路”建设。

16 日 澳大利亚在伦敦英联邦援助峰会（Commonwealth Aid Summit）上呼吁英国脱欧后加强介入太平洋地区。

17 日 新西兰总理阿德恩正式宣布放弃征收资本利得税，且承诺在她领导下政府将永远不会征收资本利得税。

23 日 《国民报》报道，巴新总理彼得·奥尼尔在第53届英联邦政府首脑会议上重申巴新对多边贸易体系的承诺。

25～27 日 太平洋岛国论坛经济和财政部长会议在帕劳举行，重点是增强太平洋地区的经济复原力。

5月

1 日 新西兰—中国关系促进委员会发布关于“一带一路”倡议的研究报告，从新西兰视角分析该倡议带来的发展机遇。

2 日 新西兰恢复裁军和军备控制部长的内阁职位，温斯顿·彼得斯被任命为部长。

亚洲基础设施投资银行（AIIB）宣布，理事会已批准巴布亚新几内亚作为其区域内新成员。

4 日 中国援助库克群岛阿皮尼考小学项目举行交接仪式。

7 日 澳大利亚金融监管机构“审慎监管局”批准了澳大利亚有史以来第一家数字银行 Volt Bank。

8 日 《国民报》报道，巴新与菲律宾签署了旨在降低巴新大米价格的《巴新—菲律宾农业技术合作协定》。

新西兰政府宣布将在未来四年内增加外援714.22亿新元，使海外发展资金增加30%，其主要用于太平洋地区。

澳大利亚公布联邦预算案，其中包括拨款13亿澳元援助太平洋岛国，占对外援助总额的30%，创下纪录。

14日 新西兰内阁同意批准《禁止核武器条约》。

18~19日 第8届太平洋岛屿峰会（The Eighth Pacific Islands Leaders Meeting，PALM 8）在日本福岛县磐城市举行。日本承诺继续在气候变化方面给予岛国重要支持，其中包括在萨摩亚建立一个新的太平洋气候变化中心。

22日 欧盟同意启动与澳大利亚和新西兰的贸易谈判。

25日 外交部长王毅与到访的新西兰副总理兼外长彼得斯举行会谈。

28日 浙江省贸促会驻斐济联络处揭牌仪式在苏瓦举行。

31日 《信使邮报》报道，巴新内阁决定成立国家天然气项目谈判小组，以负责审查拟实施的天然气项目。

31日 巴新举行《巴新统计发展战略（2018—2027）》启动仪式，以改善落后的统计情况。

6月

3~7日 澳大利亚外交部长毕晓普率团访问帕劳、密克罗尼西亚和马绍尔群岛。

7日 《信使邮报》报道，中国承建的巴新国家电网一期项目开工仪式在巴新蒙特哈根市举行。这是中巴新两国间第一个能源合作项目。

7日 新西兰全面禁止塑料微珠产品。

8日 澳、日、印、美四边团体在新加坡举行第二次会谈。

11日 澳美在斐济附近举行大规模军事演习，这是澳军在南太平洋地区最重要的演习之一。

11~14日 中国—新西兰自由贸易协定第四轮升级谈判在北京举行。

13日 澳大利亚和所罗门群岛举行双边会谈，讨论澳大利亚至所罗门群岛及巴布亚新几内亚之间的海底高速通信光缆的铺设工程计划。

14日 巴布亚新几内亚南高地省门迪发生暴乱。

持续了3年半的马努斯岛难民集体起诉澳大利亚政府及难民羁留中心（现已关闭）运营方的案件最终达成和解：澳大利亚政府将赔偿这些难民7000万澳元（约合5300万美元）。就和解赔偿金额而言，这是澳大利亚司法史上最大的人权类集体诉讼案。

20日 澳大利亚罗伊国际政策研究所公布了澳大利亚人对于目前全球趋势的态度的调查报告。

21日 中巴新两国签署《中华人民共和国政府与巴布亚新几内亚独立国政府关于共同推进丝绸之路经济带和21世纪海上丝绸之路建设的谅解备忘录》，巴新成为太平洋岛国地区首个与中方签署“一带一路”建设谅解备忘录的国家。

21～25日 巴新总理奥尼尔率领19名巴新官员和约50名在巴新中国企业家访华。两国同意将双边关系升级为全面战略伙伴关系。

24～25日 瓦努阿图总理萨尔瓦伊访问澳大利亚，希望签署安全协议，其涵盖灾难响应以及海事监控。

26日 新西兰“消除税基侵蚀和利润转移”法案在国会获得通过，以确保跨国公司缴纳公平税款。

27日 澳大利亚开始参加世界规模最大的海上军事演习——2018年环太平洋演习，出动潜艇及1600人的兵力，演习持续到8月2日。

28日 新西兰与中国香港签署便利贸易的双边互认协议（MRA）。

澳大利亚反外国影响法案获得议会通过。新法案旨在防止针对澳大利亚政客、媒体、种族群体以及民事社会组织的外国影响。

巴布亚新几内亚境内三省爆发脊髓灰质炎疫情，此事件为公共卫生紧急事件。

29日 英国国防巨头BAE系统公司（BAE Systems）获得澳大利亚价值350亿澳元的反潜艇护卫舰合同。

7月

1日 新西兰旨在提供经适房的KiwiBuild项目正式启动。

2日 《信使邮报》报道，巴新总理奥尼尔与布干维尔自治区主席莫米斯签署联合决议，对公投的行政管理、财政支持、成立独立机构监控公投等进行安排，为布干维尔自治区明年举行公投打下基础。

4~5日 中澳税务对话在澳首都堪培拉举行。

6日 新西兰发布了《2018年战略性国防政策声明》。

10~12日 “一带一路”澳大利亚研讨会在北领地达尔文举行。研讨会由澳中工商业委员会（Australia China Business Council）组织、北领地政府协办，是中国国务院总理李克强2017年访澳以来关于“一带一路”倡议的最高级别会议。

11日 澳大利亚总理特恩布尔、巴布亚新几内亚总理彼得·奥尼尔和所罗门群岛总理里克·霍尼普韦拉在布里斯班正式签署铺设海底光缆的协议。

12~14日 外交部副部长郑泽光对斐济进行工作访问。

15~18日 外交部副部长郑泽光对巴布亚新几内亚进行工作访问。

16~26日 菲律宾和澳大利亚在苏禄海展开联合军演，以提高打击“恐怖主义及海上劫持活动”的能力。

24~25日 澳美部长级会议在美国加州举行，会谈确认了“全面实施”美军和澳军在澳大利亚的兵力态势倡议。

25日 《国民报》报道，巴新政府已安排1500万基纳用于马努斯自由贸易区建设。

29日 澳外交部长毕晓普访问东帝汶，缓解两国因油气加工协商而陷入僵局的外交局势。

30日 中国政府援助巴布亚新几内亚第十六批药械捐赠仪式（价值约120万元人民币）在巴新莫尔斯比港总医院隆重举行。

31日 澳外交部长毕晓普宣布，澳大利亚将与美国和日本建立三边合作伙伴关系，共同投资印度—太平洋地区的基建项目。

8月

2日 澳大利亚政府表示将不会签署联合国《全球移民契约》。

4日 澳大利亚、美国与日本在新加坡举行三边战略对话，对南海的开发问题表达“深切担忧”。

4~5日 太平洋岛屿论坛官员委员会会议举行，议程涉及区域优先事项，包括安全、渔业、气候变化、弹性和可持续发展、贸易和海洋管理。

5日 澳大利亚驻印尼第二大城市——泗水总领事馆揭幕，成为澳大利亚驻印尼的第四座使领馆。

6日 太平洋岛屿论坛的小岛屿国家（SIS）分组举行第一次会议，议程集中在实施SIS战略。

非加太集团太平洋国家举行会议，议程重点是与欧盟的合作安排。

7日 澳大利亚人口突破2500万人大关，比预测提前了约33年。

10日 太平洋岛屿论坛外交部长在萨摩亚举行会议，讨论区域安全和集体外交。

14日 澳大利亚公布了首份国家软实力外交审查报告，呼吁重视社交媒体应用。

23日 澳大利亚政府发布《澳电信运营商5G安全指南》。

23日 巴新政府与国际农业发展基金会签订了一份价值8200万基纳（约合2550万美元）的贷款协议，用于农村市场建设。

24日 澳联邦自由党陷入领导权危机，三位部长一同向总理特恩布尔发起挑战，最终国库部长莫里森（Scott Morrison）在党内投票中胜出。

26日 澳新任总理莫里森宣布了内阁成员，自由党领导权挑战者达顿重返内阁，仍担任内政部长。外交部长毕晓普辞职，佩恩成为新任外交部长。派恩则出任国防部长。

28日 《国民报》报道，中国深圳援助的深圳—巴新抗疟中心在莫尔斯比港正式揭牌。

新西兰成立总理商业顾问委员会，作用是促使政府和企业之间建立更紧密的联系。

29日至9月5日 “科瓦里——2018”中澳美野战生存联合训练在昆士兰州凯恩斯（Cairns）举行。

31日 中国武夷公司向巴新东高地省政府捐赠大型农用设备仪式举行。

中国援助巴新医疗物资捐赠仪式在莫尔斯比港成功举办。

9月

3~6日 第49届太平洋岛屿论坛会议在瑙鲁举行，关注点是加强区域安全和增强复原力。澳总理莫里森缺席此次会议。

5日 澳大利亚宣称放弃将退休年龄从67岁上调到70岁的计划。

6日 《国民报》报道，自2016年起，巴新全国共有669人越狱。

6~15日 澳最大型海陆空军事演习“卡卡杜——2018”联演在达尔文港及其附近海域举行，共有中国、美国、日本、印度、加拿大等27个国家派出兵力或观察员参加，中国海军首次应邀参加。

7~9日 中共中央政治局委员、广东省委书记李希率中共代表团对巴新进行友好访问。

10~12日 广东省委书记李希率中共代表团对新西兰进行友好访问。

10~13日 中国—新西兰自由贸易协定第五轮升级谈判在北京举行，并结束了政府采购章节。

13日 中国援助瓦努阿图马拉坡学校扩建项目在维拉港举行移交仪式。

14日 中国承建的巴新南高地省门迪机场升级改造项目举行开工仪式。

14~22日 新西兰林业部长肖恩·琼斯（Shane Jones）访问中国和日本，促进外资对新林业投资。

17~28日 中澳“熊猫袋鼠——2018”联训在澳大利亚堪培拉和悉尼进行。这是中澳陆军第四次双边联训。

18日 据《国民报》报道，巴新计划部长马鲁表示，国家的最大挑战是年轻人的高失业率，大约80%的高中生在12年级毕业后无法找到工作。

18日 习近平会见萨摩亚总理图伊拉埃帕。

19日 李克强会见萨摩亚总理图伊拉埃帕。

25日 新西兰承诺在四年内提供至少3亿新元的气候援助，大部分用于太平洋地区。

26日 澳大利亚概述了到2025年或更早澳所有的包装都将可回收或可重复使用这一目标。

28日 太平洋岛屿论坛领导人在联合国大会第73届大会高级别会议期间呼吁联合国任命一位气候变化和安全问题特别顾问。

10月

1日 巴新国家电力公司与印度KEC国际有限公司签署了一份价值2.24亿基纳的合同，以用于拉姆输变电系统加固项目。

8日 澳大利亚国立大学发布新的公共数据库——中国在澳投资（Chinese Investment in Australia）数据库。

10日 澳大利亚和日本的国防部长和外交部长在悉尼举行第8届“2+2”会谈。

16日 澳宣布将驻以色列大使馆从特拉维夫迁到耶路撒冷。这引发印尼和马来西亚不满。

19日 中国援斐济北岛农业发展项目（第二期）实施协议在斐签署。

19~27日 来自16个国家的官员参加在新西兰奥克兰举行的区域全面经济伙伴关系协定（RCEP）第24轮谈判。

20日 因记者卡舒吉被害案，澳大利亚政府宣布“不再适合”参加在沙特阿拉伯举行的“未来投资计划”大会（Future Investment Initiative forum）。

25日 澳维多利亚州政府和中国国家发展和改革委员会签署“一带一路”谅解备忘录，维多利亚州成为第一个与中国经济规划机构就“一带一路”倡议签署谅解备忘录的澳大利亚州。

26日 12个太平洋国家参加非加太部长级贸易委员会会议以及非加太与欧盟联合会议。

29日 中澳举行第21次防务战略磋商。

31 日　澳宣布学术研究拨款“国家利益审查”新规。

中国外交部长王毅在莫尔斯比港与巴布亚新几内亚外交与贸易部长帕托举行会谈。

11月

1 日　澳大利亚宣布已和巴新签订协议，双方将联合重新开发巴新马努斯岛的隆布朗海军基地。

2 日　中国国家主席习近平同汤加国王图普六世互致贺电，热烈庆祝两国建交 20 周年。

4 日　法属新喀里多尼亚举行独立公投，56.4% 的参与者反对脱离法国。

5 日　中国援斐首个境外培训班“2018 年斐济水源分析和实验室实践海外培训班”在斐济首都苏瓦举行开班仪式。

5～10 日　首届中国国际进口博览会在上海举行，约 150 家澳大利亚企业、90 家新西兰企业和斐济企业参加了此次活动。

6 日　南澳大利亚州政府宣布将在上海设立新的贸易与投资办公室。

8 日　中国外交部长王毅在北京会晤澳外长佩恩，双方同意结合及利用各自的优势，来开展包括太平洋岛国在内的三边合作。

澳大利亚发布“太平洋支点”方针，外交政策重心转回南太平洋地区。

中澳举行第五轮外交与战略对话。王毅指出，双方要努力消除“互信赤字”。佩恩表示澳方不认为中国是军事威胁。

12～18 日　2018 年 APEC 其他峰会在巴新首都莫尔斯比港及其他城镇举行，APEC 领导人非正式会议主题是“把握包容性机遇，拥抱数字化未来”。此次会议首次在没有发表领导人共同宣言的情况下闭幕。

14 日　中国国务院总理李克强在新加坡会见新西兰总理阿德恩。双方同意以实际行动维护自由贸易。

在新加坡举行的东亚合作领导人系列会议期间，中国国务院总理李克强与澳大利亚总理莫里森举行会晤。

15日 新西兰总理阿德恩和澳大利亚总理莫里森在新加坡会晤期间，再次提出愿意将瑙鲁的船民安置到新西兰。

15日 中国国家主席习近平开始对巴布亚新几内亚进行国事访问、同建交太平洋岛国领导人会晤并出席亚太经合组织第二十六次领导人非正式会议。

16日 日本首相安倍晋三访问了澳大利亚达尔文，成为当地遭遇日本空袭77年来，首位来访的日本领导人。

澳大利亚正式宣布了新的军事设备采购计划，计划购买12~16架“死神”无人机，总采购费用至少为4亿澳元。

17日 澳大利亚确认和美国将共享马努斯岛上扩建后的隆布朗海军基地。

18日 巴布亚新几内亚电气化合作计划（The Papua New Guinea Electrification Partnership）举行签字仪式，澳大利亚、日本、新西兰及美国将共同资助该项目，目标为至2030年实现70%的电力覆盖率。

20日 澳大利亚否决香港长江和记实业集团（CK Group，“长实集团”）以130亿澳元收购澳最大的天然气管道输送公司APA集团（APA Group）的计划。

22日 澳总理莫里森在悉尼会晤印度总统科温德，为促进双方投资，签署了5项谅解备忘录。

26日 欧盟、澳大利亚政府、联合国、太平洋共同体和太平洋岛屿论坛秘书处正式启动“消除对妇女和女童暴力行为的太平洋伙伴关系”，致力于全面消除太平洋地区针对妇女和女童的暴力行为。

联合国公布《2018年排放差距报告》（Emissions Gap Report for 2018），指出澳大利亚或难以实现其在《巴黎协定》上所承诺的减排目标。

27日 澳大利亚通过外国捐款“禁令”，外国政府和国有企业将被禁止向任何“政治行为人”——包括政党、单个候选人及重要政治宣传者——捐款超过100澳元。

28~30日 中国—新西兰自由贸易协定第六轮升级谈判在北京举行，并实质性结束原产地规则章节谈判。

12月

3日　“2018年援助斐济临床专业护理海外培训班”开班仪式在斐济首都苏瓦殖民地战争纪念医院举行。

4日　新西兰宣布将建立14个新的外交职位，分别在萨摩亚、汤加、斐济、瓦努阿图、巴布亚新几内亚、所罗门群岛、基里巴斯和夏威夷。此外，还将在东京、北京、布鲁塞尔和纽约安排4名新外交官，以协调太平洋地区的发展政策和伙伴关系。

澳自由党章程迎来重大修订，确保领袖做满任期，以期杜绝频繁换帅。

6日　澳备受争议的反加密法案在参议院获得通过。

10日　首批2架最先进的战斗机飞抵澳大利亚纽卡斯尔（Newcastle）。澳大利亚为了购买72架F-35战斗机预计耗资170亿澳元。

据《澳大利亚人报》报道，除国防相关项目和“耶稣鱼”液化石油气项目外，澳大利亚北领地与中国签订的协议数（至少38项）是该地与美国（1项）和日本（3项）签订协议数总和的近10倍。

12日　新成立的澳大利亚航天局（Space Agency）落户阿德莱德，以推动南澳成为澳大利亚创新和技术中心。

15日　澳政府决定正式承认西耶路撒冷为以色列的首都，但决定暂不迁使馆。

16日　澳大利亚国防军前总司令、新南威尔士州州督赫尔利被委任为下一任总督。

19日　澳总理莫里森前往伊拉克，接见特别部队士兵以及负责培训伊拉克陆军抗击恐怖组织伊斯兰国的澳国防军人员。

联合国《全球移民契约》（Global Compact for Migration）以152票赞成、5票反对、12票弃权获联合国大会通过，澳弃权，新西兰支持。

20日　外国持有农业用地登记处（FOALG）公布了年度报告，全澳有

13. 4% 的农业用地为外国资本持有，较 2017 年的 13. 6% 略有下跌。

21 日 受澳大利亚宣布将驻以色列大使馆从特拉维夫迁至耶路撒冷影响，印尼推迟双方自贸协定的签署。

30 日 “全面与进步跨太平洋伙伴关系协定”（CPTPP）生效。

Abstract

From 2018 to 2019, the political, economic and diplomatic situation in Oceania remained stable. In terms of political situation, there has been another change of leadership in Australia caused by intra-Party struggle. Within the ruling coalition party, right-wing parliamentarians initiated a vote of no confidence in Prime Minister Turnbull. Despite the attempt, they forced the latter to resign through the collective resignation of ministers, which was eventually succeeded by moderate right-wing parliamentarian Morrison. Australian politics continues to be progressively rightist. New Zealand and the major island countries have maintained a stable political situation. On the economic level, the differences between Australia, New Zealand and island countries, as developed economies in Oceania, have not been significantly alleviated. Australia and New Zealand continue to maintain relatively significant economic growth relying on exports of resource-based products and services, while Oceania island countries, apart from individual resource-based products, have a larger range. It relies heavily on foreign investment, aid and remittance support. These phenomena have become a normal state of uneven development of various undertakings in Oceania in the past 15 years.

From 2018 to 2019, Oceania's diplomacy was active, and the internal differentiation and choice were also developed around the influence of external factors. China, South Korea and Japan, located on the western edge of the Pacific Ocean, have increased their participation in Oceania's regional affairs, especially in aid and diplomatic cooperation with island countries. At the same time, new developments have taken place in the field of regional cooperation in Oceania. Australia and New Zealand have also publicly stated that they will intensify their intervention in the affairs of South Pacific island countries. In particular, they have suddenly announced a substantial increase in assistance and support to island countries, while strengthening security and defense cooperation with Vanuatu and other countries. At the same time, foreign and defense officials expressed concern about the rapid rise of the influence of China and other non-traditional powers in the region, but they were refuted and criticized by many Pacific island countries concerned. This fully reflects that the region's influence on China's inexorably growing regional influence is still in the stage of adaptation.

The hype about the concepts of "US-Japan-India-Australia" alliance and "Indo-Pacific" is a hot topic in Oceania's foreign and international affairs this year, which has attracted a lot of attention both within and around the countries concerned. Although Australia, as one of the pillars, has consolidated its position in the U. S. Global Security Institutional arrangements, there is no more substantive new military cooperation than the renewal of arms purchases.

The development of China's relations with Oceania is also an important content and highlight of the development of Oceania's foreign affairs this year. President Xi Jinping attended the APEC Leaders' summit in Port Moresby, Papua New Guinea, and held a collective meeting with the leaders of the island countries that established diplomatic relations. He reiterated China's policy position and won wide recognition and praise. Under the framework of the Belt and Road, cooperation between China and Papua New Guinea has become one of the important growth points of China's overseas investment.

Keywords: Oceania; Australia; New Zealand; Pacific Islands; Diplomatic Relations

Contents

Ⅰ General Report

Abstract: In 2017 –2018, countries in the South Pacific were developing in various paces and speed. The Australia, New Zealand were performing far more smoothly than the islands countries. In politics, most countries were stable while Australia turned to be a unique one by changing prime minster after a series of "de coup". In economics, all countries witnessed a slow growth rate. However, the small islands countries suffered from a more tough situation as always because of debts and natural disasters. With the changing regional and international politics, the cooperation among the South Pacific countries were promoted in different levels. Powers around the Pacific Rim cast more energy and attention to the countries in the Basin. China became the most significant factors in facilitating a more active regional cooperation.

Keywords: Oceania; Economic Development; Political Stable; Regional Cooperation

Ⅱ Australia Reports

Abstract: Australia witnessed once again in 2018 an intra-Party political "coup" in which Prime Minister Tony Abbot was ousted by its own Party. Obviously, the "coupe" is the aftermath of a combination of factors, among which Abbot's reforms of Australian welfare system, including medicare and education, which had generated nationwide dissatisfaction, were on the top list. Much worse, this situation had been markedly exacerbated by such unpleasant data as the rapid decline of Australian economy, the rise of unemployment rate and the widening gap between the rich and the poor, which might be attributable to global economic downturn in general and Australian imbalanced economic structure in particular. As a result, the National Party lost confidence in Abbot and wished to save the forthcoming general election by replacing him with a more popular politician. The motivations behind this "coup" mainly arising from domestic politics mean significant impacts on Australian internal affairs and its general election, rather than its foreign policy. As its largest trading partner and the most energetic economy in the world, China is enjoying increasing influence on Australia and their economic interdependence is ever-growing, which constitute the groundwork for their strategic partnership and ensure a stable Sino-Australian relationship void of radical changes resulting from the replacement of governments in Australia.

Keywords: Australian Internal Affairs; General Election; Economic Innovation and Development; Sino-Australian Economic Cooperation and Trade; Sino-Australian Strategic Partnership

B. 3 The Analysis of China-Australia Relations in the Year of 2018 -2019

Mike Chia-Yu Huang / 037

Abstract: China and Australia have experienced turbulent bilateral ties in the year of 2018 -2019, which has to a large extent spoiled the exchanges between two countries. Even though Australian Prime Minister Scott Morrison tried to hold out an olive branch to China to ease the tension, limited progress has been made. This paper argues that the unstable domestic politics in Australia and Canberra's distrust of China's rapid rise and its Belt and Road Initiatives are still the main causes of the current setback in the China-Australia relations. How these two countries see each other is also influenced by the latest development in world politics. Despite that it is unlikely to witness a rapid paced diplomatic thaw between two sides within a short period of time, the bilateral tie is not going to deteriorate either. The strategy of cooperative competition is likely to be the best strategy for both Chinese and Australian leaders to maximize their own national interests in the near future.

Keywords: China; Australia; The Belt and Road; National Security

B. 4 Australian Climate Change Policy under Morrison Administration

Wang Xuedong, *Fang Shijie* / 051

Abstract: Climate change is an important issue affecting Australian political development, and climate change policy is a barometer of Australian political game. On the basis of explaining Australia's climate change policy during the Morrison Administration, this report focuses on the reasons for the change of Australia's climate policy. This report considers that economic structure, partisan game, public opinion and international environment are the four basic motivations for shaping Australia's climate change policy during the Morrison Administration. Among them, the economic structure plays a decisive role in

Australia's climate change policy. Looking ahead, Australia's climate change policy will continue to advance steadily in a relatively conservative way.

Keywords: Climate Change Policy; Australia; Morrison Administration

Abstract: From 2000 to 2018, the economic ties between Australia and India have become more and more close. The development of bilateral, multilateral and sub-regional economies can not be separated from the participation of Australia and India. Moreover, with the gradual rise of the new concept of "Indo-Pacific Region", Australia's trade contacts with India have been further increased. This paper uses literature analysis, inductive analysis and historical analysis to illustrate the development of Australia-India trade relations from 2000 to 2018, aiming at exploring the role of India-Pacific strategy in the development of Australia-India trade relations. This paper points out that the import and export trade between Australia and India increased significantly from 2000 to 2018. The total bilateral trade volume increased more than eight times. The trade relationship between Australia and India shows the characteristics of strong complementarity of trade structure, tortuous growth of total trade volume and coexistence of trade cooperation and imbalance. In addition, in the context of the rise of India-Pacific strategy, Australia and India have effectively resolved the negative impact of ethnic conflicts, and bilateral trade relations have ushered in new opportunities for development.

Keywords: Australia-India Trade Relations; The Trade Structure; Trade Imbalance; Indo-Pacific Strategy

B. 6 The Research on Development of Higher Vocational Education in Australia *Chen Yunzhe, Zhang Jinhui* / 086

Abstract: Vocational education in Australia is a successful model in the world, which lays a foundation for the development of Vocational Education in the world. This study makes an in-depth analysis of the developmental process and characteristics of Vocational Education in Australia, summarizes its successful experiences and provides policy suggestions for the development of Vocational Education in the Future

Keywords: Australia; Vocational Education Australia; Life-long Education

Ⅲ New Zealand Reports

B. 7 A Review of New Zealand's Domestic and Foreign Policies in 2018 –2019 *Wang Tingting* / 102

Abstract: New Zealand's current coalition government promises to be "a transformational government", committed to bring changes from domestic policy through to foreign policy. The goal of economic strategy is to build a productive, sustainable and inclusive economy. This means moving beyond narrow economic indicators and measures of success, and instead puts the well-being of our people and the environment at the centre. For the internal affairs, the government is expanding investment in the areas like health, education, housing, and justice etc. , which were "long neglected" by the former government. At the same time, a series of policies were adopted to respond climate change, in order to achieve the net zero carbon target of 2050. Besides, the government is more proactive and vigor in foreign affairs, the core of its policy is the "Pacific reset" strategy, which is to maintain New Zealand's leadership in the Pacific region. In brief, more changes were brought, but so far the coalition government looks more transitional, rather than transformational.

Keywords: New Zealand; Transformational Government; Well-being; Pacific Reset

B. 8 The Evolution of China-New Zealand Relations since 2018

Abstract: Since the coalition based on labor party formed the new government of New Zealand, generally speaking, the relations between China and New Zealand have developed positively. The economic cooperation between two sides maintains strong momentum, while the two sides' official interactions are frequently and have lead to some fruitful agreements. At the same time, some setbacks or negative events also occurred in the bilateral relations, including the issues concerning Huawei, New Zealand's Defense Statement and Pacific Reset policy; the problems have caused some distrust and concerns about the relations. The visit of prime minister Jacinda Ardern in 2019, to some extent, releases the concerns and demonstrates the two sides' willness to move forward further. However, the setbacks also reveal pressures caused by the new conditions that two sides are facing; how to deal with the conditions and the pressures is critical to the future of the bilateral relation.

Keywords: China; New Zealand; China-New Zealand Relations; Oceania

B. 9 New Zealand Medical and Health System Research

Abstract: This paper makes a comprehensive and holistic study of New Zealand's medical and health system. Firstly, the paper gives a detailed description of New Zealand's medical and health system from five aspects: the development process of New Zealand's medical and health system, the provision of medical services, the situation of medical resources, the medical and health management system and the sharing mechanism of medical expenses. Secondly, based on the analysis of the medical and health situation in New Zealand, the paper explains the characteristics of the medical and health system in New Zealand: the coordinated and unified medical and health management system, the referral system and hierarchical diagnosis and treatment system linked by general practice clinics, and the standardized and efficient medical information system. Third, although New Zealand's health care system is at a higher level than that of other OECD countries, it still faces a series of challenges, such as heavy burden on public hospitals, shortage of medical personnel and serious aging. Finally, the paper concludes that the high level of medical and health care in New Zealand is mainly attributed to its possession of a coordinated and unified administrative management system, the establishment of a complete mechanism for sorting out the medical and health needs of patients and orderly medical treatment.

Keywords: New Zealand; Medical and Health Care; The Health Care System

Ⅳ Pacific Islands Countries Reports

B. 10 The Pacific Island Countries: A Review of the Year 2018 –2019

Wang Zuocheng / 179

Abstract: The situation in PICs is between joy and sorrow in 2018. The elections in PICs are generally smooth, and hotspot issues keep flaring up. The economy growth of PICs is weak, and the pertinacious illness in economy still exist. Plenty of social issues are yet to be resolved. Facing China's rising in South Pacific , The major countries battle it out. China is facing increasing challenges, and Pacific island countries are strengthening the blue Pacific concept and promoting regional integration.

Keywords: The Pacific Island Countries; Political Situation; Blue Pacific

Abstract: Under the framework of the 21st Century Maritime Silk Road, China follows the Silk Road Spirit of "peace and cooperation, openness and inclusiveness, mutual learning and mutual benefit" and the principle of "extensive consultation, joint contribution and shared benefits", and continuously promotes cooperation with Pacific island countries to achieve new progress. By 2018, China and all of the eight Pacific island countries having established diplomatic relations with China signed a Memorandum of Understanding on the Belt and Road Initiative, and the cooperation between the two sides in the fields of trade, investment, agriculture, tourism, infrastructure, and cultural exchanges gradually deepened, which has played an important role in promoting the economic and social sustainability of the Pacific island countries and laying a solid foundation for future cooperation between China and Pacific island countries.

Keywords: The Belt and Road; Pacific Island Countries; Regional Cooperation; Five Connectivities

Abstract: Along with China's new diplomatic concept of advocating a community of Shared future for mankind, active participation in global health governance has become an important part of China's foreign relations. From 2018 to July 2019, China continued to increase medical and health assistance to Pacific island countries. It signed a number of agreements on medical assistance and cooperation with south Pacific island countries, and sent medical teams to Pacific island countries free of charge and unconditionally donated corresponding medical supplies and equipment. In addition, the Chinese navy's peace ark medical vessel continues to provide free medical and health services to Pacific island countries.

Keywords: The Belt and Road; Pacific Island Countries; Health Aid

Abstract: China's "two sessions" was held in March 2018. China will continue to actively promote the Belt and Road Initiative (BRI), strengthen exchanges and cooperation with other countries, and enable China's reform and opening up to benefit mankind. China and Papua New Guinea established diplomatic relations in 1976. In June 2018, the two parties signed a memorandum of understanding on the BRI. The new relations between China and Papua New Guinea are developing rapidly towards a prosperous and closer relationship. Today, Papua New Guinea has become China's largest investment destination in the Pacific island countries and the largest volume of import and export trade. Papua New Guinea is actively responding to "The Belt and Road" Initiative. This article will focus on analyzing the foundation and causes of Pakistan's new bright spot in promoting the BRI and analyzing the opportunities and challenges of China and Papua New Guinea in the construction of the BRI.

Keywords: The Belt and Road; Papua New Guinea; Maritime Strategy

V Special Reports

Abstract: With the increasing of Oceania strategic position in the Asia-Pacific region even the Indo-Pacific region in recent years, its rank in Japan's diplomatic layout has advanced and has become an important part of Japan's strategy of achieving a "normal state" . In 2008, taking geo-politics, geo-economy, geo-security into consideration, Japan has achieved relocation towards Oceania in the policy level. Japan's foreign policy towards the strategic partners of Oceania and the South Pacific island countries has also continuously put forward new measures on the basis of the past, which reflects the strong geopolitical security as well as presents a new trend of enriching cooperation issues and diversifying cooperation methods.

Keywords: Japan; Oceania Diplomacy; Policy Relocation

Abstract: On the basis of attaching great importance to the traditional "Four Powers diplomacy", Moon Jae-in government is dedicated to making Korean diplomacy going global truly. Under this background, diplomacy towards Oceania has become one of the key directions of Korean diplomacy in 2018. South Korea has strengthened exchanges with Oceania countries through political diplomacy, economic diplomacy and cultural diplomacy, which further promotes the development of bilateral relations. However, some problems also exist such as insufficient attention, slow economic and trade development as well as inadequate humanities exchanges. Therefore, South Korea has made efforts to adjust its diplomacy to Oceania, aiming to highlight key points and comprehensively deepen relations with Oceania countries, and make it a key area for promoting South Korea's economic and social development, enhancing national influence, and strengthening its ability to set the international agenda.

Keywords: New Relations; Special Friendship; New Southern Policy; MIKTA

Abstract: This paper sorts out the South Pacific policy of the United States, Japan, Australia and India under the framework of Indo-Pacific, analyzes the reasons why the four countries choose Pacific Island Countries as a focus of Indo Pacific Strategy. From the perspective of geography, the Pacific Ocean, Southeast Asia and the Indian Ocean are the three important components of the Indo-Arc. During the concept transition from Asia-Pacific to Indo-Pacific, the strategic position of the Pacific Island Countries (PICs) has been greatly enhanced. Due to the difficulties encountered in the Indian Ocean and Southeast Asia and basing on the natural advantages of four countries in the South Pacific, Indo-Pacific strategy is far more policy-intensive in PICs than in other regions. In the face of intense competition of major powers in the South Pacific region, especially when Indo-Pacific strategy aims to hedge China's Belt and Road Initiative, Pacific Island Countries need to make judgments and choices basing on their own development needs.

Keywords: Indo-Pacific Strategy; Pacific Island Countries; Strategic Upgrade Pacific Step up; The Belt and Road

Ⅵ Appendix

皮 书

智库报告的主要形式
同一主题智库报告的聚合

✤ 皮书定义 ✤

皮书是对中国与世界发展状况和热点问题进行年度监测，以专业的角度、专家的视野和实证研究方法，针对某一领域或区域现状与发展态势展开分析和预测，具备前沿性、原创性、实证性、连续性、时效性等特点的公开出版物，由一系列权威研究报告组成。

✤ 皮书作者 ✤

皮书系列报告作者以国内外一流研究机构、知名高校等重点智库的研究人员为主，多为相关领域一流专家学者，他们的观点代表了当下学界对中国与世界的现实和未来最高水平的解读与分析。截至 2020 年，皮书研创机构有近千家，报告作者累计超过 7 万人。

✤ 皮书荣誉 ✤

皮书系列已成为社会科学文献出版社的著名图书品牌和中国社会科学院的知名学术品牌。2016 年皮书系列正式列入“十三五”国家重点出版规划项目；2013~2020 年，重点皮书列入中国社会科学院承担的国家哲学社会科学创新工程项目。

中国皮书网

（网址：www.pishu.cn）

发布皮书研创资讯，传播皮书精彩内容
引领皮书出版潮流，打造皮书服务平台

栏目设置

- **关于皮书**

何谓皮书、皮书分类、皮书大事记、
皮书荣誉、皮书出版第一人、皮书编辑部

- **最新资讯**

通知公告、新闻动态、媒体聚焦、
网站专题、视频直播、下载专区

- **皮书研创**

皮书规范、皮书选题、皮书出版、
皮书研究、研创团队

- **皮书评奖评价**

指标体系、皮书评价、皮书评奖

- **互动专区**

皮书说、社科数托邦、皮书微博、留言板

所获荣誉

- 2008 年、2011 年、2014 年，中国皮书网均在全国新闻出版业网站荣誉评选中获得“最具商业价值网站”称号；
- 2012 年，获得“出版业网站百强”称号。

网库合一

2014年，中国皮书网与皮书数据库端口合一，实现资源共享。

权威报告·一手数据·特色资源

皮书数据库

ANNUAL REPORT(YEARBOOK) DATABASE

分析解读当下中国发展变迁的高端智库平台

所获荣誉

- 2019年，入围国家新闻出版署数字出版精品遴选推荐计划项目
- 2016年，入选“‘十三五’国家重点电子出版物出版规划骨干工程”
- 2015年，荣获“搜索中国正能量 点赞2015”“创新中国科技创新奖”
- 2013年，荣获“中国出版政府奖·网络出版物奖”提名奖
- 连续多年荣获中国数字出版博览会“数字出版·优秀品牌”奖

成为会员

通过网址www.pishu.com.cn访问皮书数据库网站或下载皮书数据库APP，进行手机号码验证或邮箱验证即可成为皮书数据库会员。

会员福利

- 已注册用户购书后可免费获赠100元皮书数据库充值卡。刮开充值卡涂层获取充值密码，登录并进入“会员中心”—“在线充值”—“充值卡充值”，充值成功即可购买和查看数据库内容。
- 会员福利最终解释权归社会科学文献出版社所有。

数据库服务热线：400-008-6695
数据库服务QQ：2475522410
数据库服务邮箱：database@ssap.cn
图书销售热线：010-59367070/7028
图书服务QQ：1265056568
图书服务邮箱：duzhe@ssap.cn

社会科学文献出版社 SOCIAL SCIENCES ACADEMIC PRESS (CHINA) 皮书系列
卡号：774792878632
密码：

S 基本子库
SUB DATABASE

中国社会发展数据库（下设 12 个子库）

整合国内外中国社会发展研究成果，汇聚独家统计数据、深度分析报告，涉及社会、人口、政治、教育、法律等 12 个领域，为了解中国社会发展动态、跟踪社会核心热点、分析社会发展趋势提供一站式资源搜索和数据服务。

中国经济发展数据库（下设 12 个子库）

围绕国内外中国经济发展主题研究报告、学术资讯、基础数据等资料构建，内容涵盖宏观经济、农业经济、工业经济、产业经济等 12 个重点经济领域，为实时掌控经济运行态势、把握经济发展规律、洞察经济形势、进行经济决策提供参考和依据。

中国行业发展数据库（下设 17 个子库）

以中国国民经济行业分类为依据，覆盖金融业、旅游、医疗卫生、交通运输、能源矿产等 100 多个行业，跟踪分析国民经济相关行业市场运行状况和政策导向，汇集行业发展前沿资讯，为投资、从业及各种经济决策提供理论基础和实践指导。

中国区域发展数据库（下设 6 个子库）

对中国特定区域内的经济、社会、文化等领域现状与发展情况进行深度分析和预测，研究层级至县及县以下行政区，涉及地区、区域经济体、城市、农村等不同维度，为地方经济社会宏观态势研究、发展经验研究、案例分析提供数据服务。

中国文化传媒数据库（下设 18 个子库）

汇聚文化传媒领域专家观点、热点资讯，梳理国内外中国文化发展相关学术研究成果、一手统计数据，涵盖文化产业、新闻传播、电影娱乐、文学艺术、群众文化等 18 个重点研究领域。为文化传媒研究提供相关数据、研究报告和综合分析服务。

世界经济与国际关系数据库（下设 6 个子库）

立足“皮书系列”世界经济、国际关系相关学术资源，整合世界经济、国际政治、世界文化与科技、全球性问题、国际组织与国际法、区域研究 6 大领域研究成果，为世界经济与国际关系研究提供全方位数据分析，为决策和形势研判提供参考。

法律声明

“皮书系列”（含蓝皮书、绿皮书、黄皮书）之品牌由社会科学文献出版社最早使用并持续至今，现已被中国图书市场所熟知。“皮书系列”的相关商标已在中华人民共和国国家工商行政管理总局商标局注册，如LOGO（ ）、皮书、Pishu、经济蓝皮书、社会蓝皮书等。“皮书系列”图书的注册商标专用权及封面设计、版式设计的著作权均为社会科学文献出版社所有。未经社会科学文献出版社书面授权许可，任何使用与“皮书系列”图书注册商标、封面设计、版式设计相同或者近似的文字、图形或其组合的行为均系侵权行为。

经作者授权，本书的专有出版权及信息网络传播权等为社会科学文献出版社享有。未经社会科学文献出版社书面授权许可，任何就本书内容的复制、发行或以数字形式进行网络传播的行为均系侵权行为。

社会科学文献出版社将通过法律途径追究上述侵权行为的法律责任，维护自身合法权益。

欢迎社会各界人士对侵犯社会科学文献出版社上述权利的侵权行为进行举报。电话：010-59367121，电子邮箱：fawubu@ssap.cn。

社会科学文献出版社